16 Apr

*L'Éveil du bébé
aux sons et à la musique*

Nicole Malenfant

L'Éveil du bébé aux sons et à la musique

Préface de Gilles Julien, pédiatre
Illustrations de Roxane Paradis

Les Presses de l'Université Laval

Les Presses de l'Université Laval reçoivent chaque année du Conseil des Arts du Canada et de la Société d'aide au développement des entreprises culturelles du Québec une aide financière pour l'ensemble de leur programme de publication.

Nous reconnaissons l'aide financière du gouvernement du Canada par l'entremise de son Programme d'aide au développement de l'industrie de l'édition (PADIÉ) pour nos activités d'édition.

Révision linguistique : Solange Deschênes
Mise en pages : Diane Trottier
Maquette de couverture : Mariette Montambault
Illustrations : Roxane Paradis
Photos : Nicole Malenfant

ISBN 2-7637-8067-9
© Les Presses de l'Université Laval 2004
Tous droits réservés. Imprimé au Canada

Distribution de livres Univers
845, rue Marie-Victorin
Saint-Nicolas (Québec)
Canada G7A 3S8
Tél. (418) 831-7474 ou 1 800 859-7474
Téléc. (418) 831-4021
http://www.ulaval.ca/pul

*Je dédie ce livre au merveilleux bébé que fut ma fille Vanessa,
elle qui a su enrichir mes connaissances et ma vie
par ses grandes vérités d'enfant bien réelle.*

Table des matières

Remerciements XV
Préface XVII
Introduction 1

Chapitre 1
Les composantes de l'éveil sonore et musical 7
La nature de l'enfant de 0 à 2 ans 11
    Très tôt, des compétences étonnantes 12
    L'intelligence sensorimotrice 19
    Le besoin de confiance et d'autonomie 21
    Au-delà des normes et des théories du développement 22
Ce qu'est la musique 31
    Du point de vue traditionnel 31
    La musique selon le bébé 33
    Différence entre bruit et son 35
Le développement auditif 39
    Le système auditif 40
    Les principales caractéristiques des sons 41
    Les habiletés auditives 45
    Les problèmes d'audition 48
    Le rôle de l'audition dans les apprentissages 49
    L'oreille musicale : innée ou acquise ? 50
    La peur des bruits 51
La pollution par le bruit 53
    Les effets néfastes du bruit 53
    Quelques solutions pour contrer le bruit 55
    Le fond sonore continu : un poison pour le bébé 57

Vers une définition de l'éveil sonore et musical 58
    À travers les soins prodigués 59
    Avec le corps et les cinq sens 60
    Les nombreux bienfaits de l'éveil sonore et musical 64
    Pour amorcer les expériences sonores 65

Chapitre 2
L'éveil aux sons et à la musique 69

L'oreille prénatale 72
    Comment le fœtus entend 72
    Ce que le fœtus entend 72
    Une impressionnante mémoire auditive 79
    L'influence de l'environnement 82

L'éveil sonore et musical du nourrisson (de 0 à 3 mois) 84
    Une adaptation auditive 85
    Le bébé prématuré 87
    En mode réceptif 88
    Aux commandes des réflexes 89
    Une perception globale 91
    Des moments propices 91
    Les préférences sonores du nourrisson 93

L'éveil sonore et musical du poupon (de 4 mois à la marche) 95
    Des réactions maintenant volontaires 96
    « Coucou ? Ah ! » 96
    « Chut ! Je veux m'entendre... » 97

L'éveil sonore et musical du trottineur (de la marche à 2 ans) ... 99
    « Capab'... tout seul » 99
    « Si je peux parler, je peux chanter » 100
    « Moi, moi, moi... » 101
    « Je peux maintenant imaginer » 102
    « Je suis unique » 104

Suggestions d'activités d'animation 113

Chapitre 3
La voix – Les comptines et les chansons 145

L'intérêt inné pour la voix humaine 147
Le pouvoir expressif de la voix 151
La façon de parler au bébé 152
    Le « parler bébé » 153
    Parler au bébé dans une autre langue 158
    La musique du prénom choisi 160
Pourquoi chanter en présence d'enfants ? 162
    La voix en direct : une manière d'être avec le bébé 162
    Une chanson « doudou » 168
    Vers une initiation à la musique 169
    Bébé ne chante pas, que faire ? 170
    Un « plus » pour les habiletés langagières 173
    Au service du développement global 174
Quoi chanter ? 177
    Un répertoire adapté à la toute petite enfance 178
    Des critères pour choisir une comptine ou une chanson 185
Comment chanter ? 188
    Vous savez parler ? Alors, vous pouvez chanter 188
    Vive la simplicité ! 189
    Plus on chante, mieux on chante 197
Quand chanter ? 199
    De petites escales tout au long de la journée 199

Annexe 1 – Dix-huit comptines et chansons originales pour enfants
(sur le disque compact) 205
Annexe 2 – Vingt-huit comptines et chansons populaires pour bébés
issues de la tradition enfantine de la France et du Québec
(sur le disque compact) 225

Chapitre 4
Le matériel sonore 245

Le corps comme matériel sonore 249
    L'enfant 249
    L'adulte 251

Les objets et les matériaux domestiques 252
    Les sons de la vie quotidienne 252
    Des sons inusités 254
    Jouer à reconnaître des sons en direct 255
    Objets et matériaux sonores variés 257
    Exploration active avec objets passifs 259
    Les mains exploratrices 261
    Les besoins particuliers des 1½ à 2½ ans 263
    Observer, surveiller et laisser jouer 265
    Mille et un attraits visuels 268
    Un aménagement invitant 271

Les jouets sonores commerciaux 275
    Une nouvelle réalité 276
    Le plaisir de l'enfant ne s'achète pas 276
    Des critères de choix 278
    Hochets 279
    Objets à tirer ou à pousser 281
    Couineurs et objets bruiteurs 282
    Mobiles, boîtes musicales et boutons musicaux 283
    Jouets sonores électroniques 285
    Centres d'activités 288
    Jouets « instruments de musique » 289

Les petits instruments de musique conventionnels 290
    Quels instruments choisir ? 291
    Maillets, bâtons et mailloches : mise en garde 298
    Exploration libre et exploration assistée 299
    Jouer de la musique aux enfants 301
    L'entretien des instruments de musique 306
    L'approvisionnement 308

Chapitre 5
Les musiques enregistrées 311

Pourquoi faire écouter de la musique aux bébés ? 313
    Le fœtus à l'écoute 315
    En se dandinant 317
    Les goûts musicaux se développent 320
    Les besoins particuliers des enfants 321

Quelles musiques faire écouter ? 323
    Au-delà des goûts personnels 324
    Esquisse d'une discographie 326
    Ce qui plaît aux enfants : mythes et réalités 328
    Les sons enregistrés 330
    La télé et les vidéos 332
Comment et quand faire écouter de la musique ? 334
    La participation des bébés 334
    Dans les activités de tous les jours 338
    Une bonne habitude à prendre 342
    Attention à la musique de fond continue 347

Bibliographie **353**

Remerciements

Rien ne me prédestinait à m'adonner à la musique étant enfant. Je n'avais pas de proches qui s'intéressaient à la musique ou qui en jouaient. Je crois que ce sont les chansons que mes sœurs aînées rapportaient de l'école qui ont fait surgir en moi ma passion pour la musique, qui n'a depuis, cessé de m'habiter. Merci aux chansons et aux grandes sœurs qui chantent et qui émerveillent les petites sœurs... D'aussi loin que je me souvienne, j'aimais danser, chanter, prêter attention aux sons environnants. Je me souviens du bruissement des feuilles du peuplier près de la maison familiale qui m'enchantait au plus haut point. Merci au vent qui fait chanter les arbres et qui égaie les enfants... Quand ce fut à mon tour de me retrouver sur les bancs d'école, j'ai vite pris goût à lire la musique grâce à la méthode Ward. Puis, j'ai eu l'immense bonheur d'apprendre à jouer du piano et de la flûte grâce aux leçons de musique que mes parents ont bien voulu m'offrir. Merci aux professeurs qui transmettent leur amour de la musique et aux parents qui soutiennent leur enfant dans leur intérêt.

Encore aujourd'hui, j'aime danser et chanter, m'amuser à découvrir et à faire des sons ; mais plus que tout, j'adore regarder et écouter les bébés le faire. Leur univers me fascine toujours autant après plus de vingt-cinq ans de métier. J'admire les personnes qui s'occupent des tout-petits de manière consciencieuse et de qui je ne cesse d'apprendre : les éducateurs et éducatrices, les parents, les grands-parents. Qu'ils trouvent ici l'expression de ma plus sincère reconnaissance à leur égard.

La réalisation d'un livre et d'un disque compact requiert la collaboration de plusieurs personnes que j'aimerais chaleureusement remercier. Premièrement, les talents de musicien-arrangeur-compositeur de Michel Bonin méritent une mention spéciale. Grâce à ses nombreuses habiletés et à sa passion pour la musique, les chansons et les musiques du disque ont pu prendre leur envol pour le grand bonheur des petits.

Je suis également redevable envers Monique Rousseau, ma grande amie depuis près d'un quart de siècle, qui a mis en musique plusieurs textes de chansons, en plus de faire des arrangements musicaux respectant le style recherché.

Grandement merci à Roxane Paradis qui a prêté son savoir-faire et son sens artistique à illustrer ce que j'ai tenté d'expliquer. Ma gratitude va également à Raynald Trottier pour avoir cru en mon projet. Ses commentaires m'ont éclairée sur bien des aspects du livre.

Vouant une grande admiration à monsieur Gilles Julien pour son travail remarquable en pédiatrie sociale, j'ai été honorée de sa participation en rédigeant la préface de mon livre.

Que dire de ma belle « ado », Vanessa, qui a bien voulu partager l'ordinateur avec sa maman pendant plusieurs soirées. Enfin, que mon amoureux soit tendrement remercié pour le soutien moral qu'il m'a offert tout au long du processus d'écriture.

Comment ne pas remercier les éducatrices, parents et enfants qui m'ont permis d'enrichir le livre de toutes ces photos qui valent mille mots. Mes remerciements vont au CPE L'Univers des Petits, au CPE Pierre-Boucher, au CPE La Ribambelle, et au CPE Arlequin, de même qu'à Isabelle Grenier, ma nièce, à Mathieu Lamontagne, son mari, ainsi qu'à leur petit trésor, Benjamin.

Préface

Qui n'a pas rêvé un jour de se faire bercer par la musique ? L'auteure, Nicole Malenfant, propose dans ce beau livre rien de moins que de rendre les sons et la musique accessibles au bébé et au jeune enfant pour lui faire plaisir, mais aussi pour aider son développement global. Comment y résister ?

Pour un pédiatre, le développement de l'enfant est un sujet de préoccupation constant. Nous voulons agir tôt, nous voulons dépister, nous insistons sur la stimulation précoce et nous souhaitons renforcer les parents dans leur démarche vers le développement optimal de l'enfant. Par ailleurs, nous savons tous que les premières années de vie sont déterminantes pour assurer le bien-être global et la qualité de vie. C'est une période où les fondements s'établissent pour assurer la santé physique, psychologique et sociale. L'apprentissage de la communication compte parmi les bases les plus importantes avec celle de l'attachement sécure. Or, les sons et la musique contribuent doublement à soutenir l'attachement et à fournir des préalables de communication d'une façon simple et harmonieuse. Comment s'en passer ?

Parcourir *L'Éveil du bébé aux sons et à la musique*, c'est se familiariser avec une approche novatrice qui permet pour tous l'accès à des outils de travail qui vont favoriser le développement de l'enfant et qui sont connus de l'accompagnant, qu'il soit maman, papa, grand-parent ou intervenant. Chacun pourra utiliser et adapter les connaissances qu'on y retrouve à sa façon et dans des moments privilégiés. La mère les appliquera dans l'intimité pour mieux communiquer avec son enfant et créer un attachement plus sécure. Le papa les utilisera pour prendre sa place auprès de l'enfant et développer des liens d'intimité uniques. La famille s'en servira pour créer des modes d'échange et d'interrelation durables. L'intervenant les choisira pour agir en prévention et pour renforcer les capacités de l'enfant dans des situations de risque ou de difficulté.

Dans le premier chapitre, la source de plaisir qu'est la musique s'associe au son qui devient une porte d'entrée pour accéder à l'ensemble du corps de bébé. L'éveil sonore et musical contribue à la détente, à l'écoute, à la coordination motrice, aux habiletés intellectuelles ainsi qu'au développement du langage verbal, affectif et social. Quel programme complet !

Le chapitre deuxième nous conduit dans un voyage vers l'univers auditif de la petite enfance où, en tout premier, c'est la voix chantée de la maman qui laisse une empreinte rassurante et stimulante. Puis la berceuse calme l'enfant plus jeune, les voix se font rassurantes, les paroles ont de plus en plus de sens et les jeux sonores deviennent interactifs jusqu'à ce qu'arrive l'explosion sonore des mots significatifs.

Au chapitre trois, l'auteure fait l'apologie du lien des sons avec l'augmentation de l'attachement, cette base essentielle au développement. Elle nous fait comprendre que les mots d'amour, les sons de caresse et les simples murmures qui sont produits avec cœur agissent comme autant de baisers sur l'enfant, ce qui est certes de nature à l'apaiser et à motiver son développement global.

Je vois malheureusement encore trop d'enfants en clinique à qui on ne parle pas et qui ne parlent pas ! Ici, on parle de l'intérêt du jeune enfant pour la voix humaine, surtout lorsqu'elle agit en synchronie et dans un mode d'échange avec des sons et des mots chantants et avec des mimiques qui parlent. L'importance de ces petites attentions sonores pour le développement du langage de l'enfant est indéniable. Le plaisir que procure cet échange est immédiat et peut combler n'importe quel parent.

On trouve aussi dans ce chapitre une multitude de conseils pratiques qui permettent d'agir musicalement auprès de l'enfant chaque jour et en chaque occasion tout en respectant l'âge et le niveau de développement de chaque enfant. On nous parle de toutes les conditions qui sont favorables pour mieux soutenir l'enfant dans le quotidien, les meilleurs moments, les meilleures positions, le type de paroles et de chansons qui conviennent selon le besoin ainsi que le rythme qu'il vaut mieux adopter. On se fait prendre au jeu des meilleures façons de faire avec un enfant. On apprend surtout qu'« une langue maternelle ou non, ça s'apprend dans des bras aimants et non à la télévision ! » Ne serait-ce que pour cette phrase, il faut lire ce livre.

Les chapitres quatre et cinq nous amènent dans la réalité pratique avec une foule de conseils et d'outils pour accompagner l'enfant dans la démarche de la connaissance des sons et de la musique. On apprend facilement comment aider l'enfant à développer des habiletés d'écoute et d'expression par différents moyens sonores et en toute sécurité. On découvre avec satisfaction que les meilleurs jouets musicaux et ceux qui sont le plus appréciés des enfants restent encore les plus simples : le hochet, le mobile musical, la boîte à musique.

Tout récemment, sans vraiment mesurer la portée de ce geste, j'ai mis un des meilleurs jouets musicaux à l'entrée de la clinique : un simple bouton musical dissimulé dans un gros oiseau jaune. Ce devait être une simple façon d'attirer l'attention des enfants et de leur faire plaisir, mais j'apprends que c'est aussi un outil précieux de stimulation et il fait fureur !

Le privilège de faire écouter de la musique aux bébés et aux petits enfants a un sens et un effet indéniable sur plusieurs facettes du développement de l'enfant, selon l'auteure. Plus particulièrement, la musique assure la détente ; elle contribue à stimuler la créativité, à accroître la capacité à communiquer et elle favorise la coordination. Chez les enfants atteints de divers troubles de développement, la musique produit aussi un effet indéniable pour toucher la communication dans un mode qui favorise l'éveil et les apprentissages.

Ce livre contient donc une abondante source de renseignements et de motivation pour mieux faire avec le nourrisson et l'enfant. En complément, il s'accompagne d'illustrations claires et évocatrices produites par Roxane Paradis et d'un disque compact remarquable qu'il fait plaisir à écouter et à utiliser avec les enfants. Pendant son écoute, je me suis surpris à rêver à de belles histoires passées avec mes propres enfants et à surtout à celles à venir avec ma nouvelle petite Charlotte (je ne suis que le grand-père). Je pense aussi à tous les enfants que je souhaite aider en multipliant les moyens pour assurer leur développement optimal. Voilà un outil de plus mais surtout un moyen unique et plaisant qui manquait dans notre boîte à outils pour stimuler les enfants.

« Faire sentir la musique aux bébés », voilà la phrase qui je pense résume bien ce que Nicole Malenfant souhaite provoquer chez le lecteur. La musique se dit ; elle se chante et se murmure. La musique rassure ; elle berce et elle stimule. La musique est surtout une sensation, un frisson et une façon de favoriser le contact privilégié avec l'enfant. Faire sentir la musique aux enfants, c'est leur donner accès à un langage précoce et durable, c'est aussi se donner avec eux un privilège de communication unique.

Gilles Julien, médecin et pédiatre social

Introduction

Il était une fois une jardinière à qui l'on avait confié une tâche que peu de personnes, hélas, ne voulaient accomplir malgré la valeur qu'on lui reconnaissait. Cette tâche consistait à prendre soin d'une merveilleuse petite plante qui avait élu domicile dans un endroit trop peu connu appelé *le jardin de l'éveil sonore et musical*. Même si, d'emblée, la brave jardinière ne connaissait par les lois qui régissaient la croissance de la petite plante en terrain musical, elle savait néanmoins comment ne pas lui nuire.

Portée par sa curiosité et son amour pour les plantes, la jardinière découvrit peu à peu le monde de l'éveil sonore et musical qui se révéla de plus en plus intéressant à ses yeux. Au fil des jours, elle sut offrir à la merveilleuse petite plante l'ensoleillement, l'emplacement, le terreau, l'engrais et l'eau dont elle avait besoin pour bien se développer dans le monde des sons et de la musique.

C'est ainsi qu'une magnifique petite plante put s'épanouir de façon extraordinaire parmi les autres plantes venues s'établir à ses côtés. Depuis ce temps, la jardinière et les merveilleuses petites plantes prennent plaisir à faire connaître le jardin de l'éveil sonore et musical pour le grand bonheur de tous.

La merveilleuse **plante** représente un jeune **enfant** plein d'énergie doté d'un potentiel inouï, qui vit dans un lieu méconnu appelé le **jardin de l'éveil sonore et musical**. La plante y croît sous le regard bienveillant d'une **jardinière** qui évoque la personne susceptible de s'occuper de l'enfant, soit le parent, l'éducateur ou l'éducatrice. Animée par son amour pour les enfants, éclairée par ses connaissances des besoins réels des bébés, la **jardinière** relève le défi d'apprivoiser peu à peu le domaine de l'éveil sonore et musical. Elle réussit à offrir au bébé l'essentiel de ce qu'il a besoin pour développer ses habiletés auditives et expressives.

Pour permettre à la plante de prendre racine dans le jardin des sons et de la musique, la **jardinière** lui procure un **endroit** sécuritaire, confortable et invitant pour qu'elle grandisse en confiance tant physiquement qu'émotionnellement. Ce lieu approprié est représenté, d'une part, par le bon emplacement du jardin et de la plante et, d'autre part, par le terreau fertile grâce auquel s'enracine la plante. Par ailleurs, on reconnaît le besoin qu'a le bébé de s'épanouir dans un environnement sécurisant lui permettant de s'aventurer librement dans la découverte des sons et de la musique.

La lumière et la chaleur du **soleil**, dont a besoin la **plante** pour croître, correspondent aux attitudes attentionnées et prévoyantes, aux paroles et gestes chaleureux de l'adulte en plus des soins attentionnés qu'il dispense au bébé pour assurer son bien-être et son développement global. De fait, la bienveillance de l'adulte constitue une autre condition de base pour bien accompagner l'enfant dans son éveil aux sons et à la musique. À cela s'ajoute l'esprit de jeu avec lequel l'adulte favorise les expériences musicales du bébé dans la vie quotidienne.

Les **comptines et les chansons** que l'adulte chante au bébé ainsi que **les sons et les musiques** qu'il lui fait entendre sont symbolisés par l'**eau**, source de vie, dont s'abreuve la plante. Pareil à la plante qui flétrit lorsqu'elle est privée d'eau, le potentiel auditif et expressif du bébé s'affaiblit sans chansons ni musique. Quant aux **objets sonores** et aux **instruments de musique**, ils correspondent à l'**engrais** qui enrichit la terre. Malgré qu'il ne soit pas indispensable, l'engrais contribue néanmoins à optimiser la vitalité de la plante tout comme les objets sonores et les instruments accroissent l'affinement des habiletés auditives et expressives du bébé sans toutefois être essentiels.

À l'image de la **jardinière** qui apprend beaucoup des plantes en les regardant croître, l'adulte fait son initiation musicale en observant les bébés, en se laissant guider par leur façon bien à eux de réagir aux sons, aux silences et à la musique.

POURQUOI CE LIVRE ?

La conception élitiste de la musique ainsi que la croyance selon laquelle l'éveil sonore et musical est un domaine réservé aux initiés ou aux doués sont tenaces. Pourtant, on peut favoriser le potentiel musical du bébé avec un minimum de connaissances en musique. Le livre *L'Éveil du bébé aux sons et à la musique* tente de démystifier l'éveil sonore et musical que tant de personnes craignent faute de connaissances et d'expérience. Il apporte des indications générales sur le code musical en invitant le lecteur à développer son acuité auditive par des exercices proposés.

À partir d'un rappel des aspects importants du développement de l'enfant de la période prénatale jusqu'à la troisième année de vie, l'ouvrage propose une définition de l'éveil sonore et musical qui mène à une approche de la musique adaptée au bébé. La démarche suggérée est axée sur le jeu, sur la qualité du lien affectif entre le bébé et l'adulte et sur le développement global de l'enfant de 0 à 2 ans. De plus, l'ouvrage donne des précisions sur les nombreux bienfaits de l'éveil sonore et musical et fournit des moyens concrets de favoriser son éclosion.

À QUI EST DESTINÉ LE LIVRE ?

L'Éveil du bébé aux sons et à la musique s'adresse à toutes les personnes concernées de près ou de loin par l'éducation à la première enfance, c'est-à-dire à ceux et celles qui prennent soin des bébés : les parents, les professionnels de la première enfance soit les éducatrices, les responsables de services de garde, les puéricultrices, les assistantes maternelles, que l'on désigne par le terme générique « adultes ». Ce guide veut également rejoindre les personnes qui interviennent auprès des tout-petits ayant des limitations fonctionnelles – physiques, intellectuelles, motrices, sensorielles – et leur fournir des outils de base pour mener les bébés au plaisir de découvrir l'univers des sons. Quant à l'appellation « garderie », elle englobe les endroits où l'enfant est susceptible de se retrouver à l'extérieur de la maison familiale, c'est-à-dire le centre de la petite enfance ou la garderie, au Québec, ou les structures d'accueil, en France. Plus que des modes de garde, ces endroits doivent être considérés avant tout comme des lieux de vie pour le bébé.

Introduction

COMMENT UTILISER LE LIVRE?

Le lecteur est invité à parcourir le livre en suivant l'ordre des chapitres. Il prendra alors connaissance des notions de base qui le prépareront à expérimenter la démarche proposée. Aussi, il trouvera des conseils pratiques pour présenter les comptines ou les chansons, pour amener les bébés à porter attention aux sons ou à faire l'audition de musiques et à explorer des objets sonores ou des instruments de musique.

On pourra se référer aux informations accompagnant les illustrations et les photos de même qu'aux fiches d'activités proposées au centre du livre, pour suggérer aux enfants des expériences musicales enrichissantes qui deviendront, espérons-le, d'heureux souvenirs. Libre à l'utilisateur de choisir une activité au hasard ou d'en sélectionner selon les besoins ciblés, le lieu, le matériel et le moment. De plus, il pourra utiliser le disque compact pour apprendre de nouvelles comptines et chansons avant de les chanter aux enfants, et pour découvrir de nouvelles musiques à leur faire entendre. Surtout, il fera ses propres expériences dans un seul et même but: susciter le goût pour la musique et le plaisir d'apprendre chez les petits.

Que le soleil brille de tous ses feux, que la terre et l'eau nourrissent les merveilleuses plantes du jardin de l'éveil sonore et musical. Et que les jardinières continuent d'enchanter les bébés de chansons, de musiques et de petits jeux sonores pour qu'enfin on reconnaisse à l'éveil sonore et musical toute la valeur à laquelle il a droit.

CHAPITRE 1
Les composantes de l'éveil sonore et musical

- ☼ La nature de l'enfant de 0 à 2 ans 11
  - Très tôt, des compétences étonnantes 12
  - L'intelligence sensorimotrice 19
  - Le besoin de confiance et d'autonomie 21
  - Au-delà des normes et des théories du développement ... 22
- ☼ Ce qu'est la musique 31
  - Du point de vue traditionnel 31
  - La musique selon le bébé 33
  - Différence entre bruit et son 35
- ☼ Le développement auditif 39
  - Le système auditif 40
  - Les principales caractéristiques des sons 41
  - Les habiletés auditives 45
  - Les problèmes d'audition 48
  - Le rôle de l'audition dans les apprentissages .. 49
  - L'oreille musicale : innée ou acquise ? 50
  - La peur des bruits 51
- ☼ La pollution par le bruit 53
  - Les effets néfastes du bruit 53
  - Quelques solutions pour contrer le bruit 55
  - Le fond sonore continu : un poison pour le bébé ... 57
- ☼ Vers une définition de l'éveil sonore et musical ... 58
  - À travers les soins prodigués 59
  - Avec le corps et les cinq sens 60
  - Les nombreux bienfaits de l'éveil sonore et musical ... 64
  - Pour amorcer les expériences sonores 65

> « *L'amour et la musique sont
> les deux ailes de l'âme.* »
> Hector Berlioz

Jadis, les sons et la musique faisaient naturellement partie de la vie. On écoutait le vent afin de prévoir les conditions météorologiques susceptibles d'influencer les récoltes. Pour souligner les événements heureux, on jouait de la musique, on chantait et puis on dansait. La musique rassemblait les gens en plus de les faire rêver. Elle allait de soi. À la mort d'un proche, on partageait sa douleur en psalmodiant un texte ou on se recueillait sur une mélodie. La musique apportait un certain apaisement. On coupait le bois en rythme régulier et bien marqué pour soutenir les efforts. On se donnait du courage à défricher les terres arides en improvisant des chants qui aidaient à transcender la dure réalité de l'esclavage. La musique ravivait l'espoir dans le cœur des gens. De plus, elle rappelait les valeurs liées à la communauté et à l'époque.

Il n'y a pas si longtemps encore, l'écoute et l'expression musicale marquaient la vie des gens. L'attention aux sons, le chant et la musique accompagnaient tout naturellement les petits et grands moments de l'existence. La musique faisait partie des traditions orales.

Les mobiles musicaux et les disques n'avaient pas encore remplacé les voix naturelles pour consoler les bébés. On fredonnait des mélodies qui étaient transmises de génération en génération. Quant aux jouets sonores industrialisés, ils n'existaient pas. On fabriquait des hochets rudimentaires avec des bouts de bois et des cailloux que l'on offrait aux bébés pendant que les mères vaquaient aux tâches domestiques. On portait attention aux sons de l'environnement sans avoir à passer par des jeux commerciaux de reconnaissance auditive. Bref, l'éveil sonore et musical se situait au cœur même de la vie des gens et reflétait les particularités et les valeurs propres à chaque culture et à chaque époque.

On serait porté à croire que l'éveil sonore et musical n'est plus ce qu'il était jadis. Pris entre la nostalgie du passé et l'adaptation à une nouvelle réalité, nous sommes appelés à redéfinir le rôle de la musique dans notre vie d'adulte et dans celle des enfants.

En dépit des nombreuses transformations qu'il a subies au cours des années, l'éveil sonore et musical subsiste encore de nos jours. Malgré l'avènement du modernisme avec sa panoplie de jouets sonores, de jeux électroniques et de disques conçus spécialement pour eux, les enfants d'aujourd'hui manifestent toujours autant d'intérêt pour les sons de la nature, pour les berceuses chantées par ceux qui assurent leur bien-être et pour les musiques jouées avec de vrais instruments.

On peut dire que l'éveil sonore et musical existe depuis toujours, et dans tous les pays du monde, et se trouve là où des êtres vivants s'attardent et s'intéressent aux sons et aux musiques de leur environnement.

Pour définir ce que devrait être une démarche d'éveil sonore et musical menée en bas âge, on doit premièrement revenir au point de départ, c'est-à-dire à l'enfant lui-même : partir de ses caractéristiques de développement et de ses besoins réels et s'en inspirer pour lui proposer des expériences enrichissantes en matière de sons, de chansons et de musique. Puis, une mise en relation avec la musique s'impose. Quelle est-elle en général, et plus spécifiquement pour un bébé de 3, 9, 18 mois ou 2 ans ? Comment fonctionne l'ouïe ? Le bruit est-il nuisible au bébé ? Comment peut-on décrire les qualités des sons ? La musique de fond a-t-elle sa place en éducation musicale ? Autant de questions auxquelles nous tenterons de répondre dans ce chapitre initial avant de proposer une définition de l'éveil sonore et musical de l'enfant de 0 à 2 ans.

Une véritable approche de la musique et des sons adaptée à la toute petite enfance prend sa source dans une connaissance éclairée de l'enfant de même que dans une conception renouvelée de la musique.

LA NATURE DE L'ENFANT DE 0 À 2 ANS

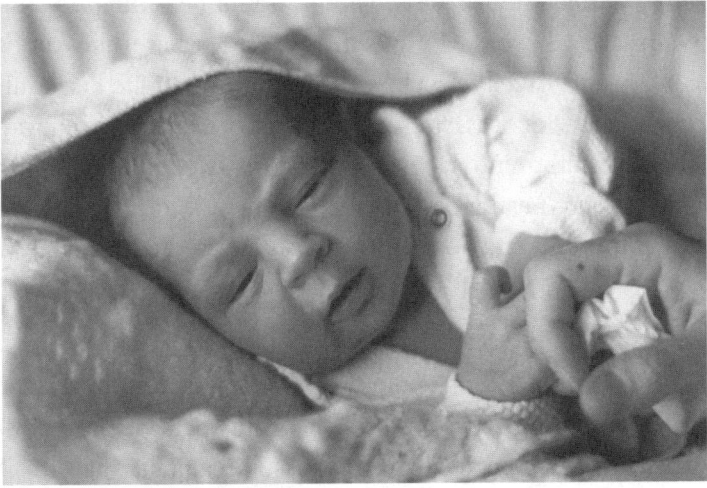

Dès sa naissance, le bébé est stimulé par une force intérieure qui le pousse à croître à tous niveaux. Notamment, il participe activement au développement de ses nombreuses capacités auditives et expressives.

Depuis les années 1950, les recherches menées en psychologie infantile ont apporté des données concluantes quant à l'importance des premières années de la vie. Plus précisément, on a pu recueillir des informations surprenantes quant au rôle décisif des facultés sensorielles, notamment l'ouïe, dans le développement de l'enfant durant les premiers mois, les premiers jours et même pendant la période précédant la naissance. Éclairé par ces révélations, le monde de l'éducation à la petite enfance s'est mis peu à peu à parler d'éveil et de précocité.

Ce n'est pas en tant que spécialiste de la musique qu'il faut démystifier l'éveil sonore et musical chez le bébé, mais plutôt comme défenseur de son bien-être. Pour ce faire, ce sont toutes les potentialités de l'enfant qui doivent être prises en compte en non seulement ses habiletés auditives et expressives.

À partir des années 1960, on a vu déferler de nombreuses méthodes actives d'éducation où il était question d'éveil aux sciences, d'initiation aux mathématiques, de sensibilisation à l'écriture, de stimulation précoce aux arts, d'éveil à la musique. C'est à croire que l'enfant était resté inapte jusque-là à se développer à un point tel que des adultes bien intentionnés, des vidéocassettes ou des cours devaient dorénavant prendre en charge ses apprentissages. Pourtant, on sait comment la nature fait à elle seule tout un travail pour amener le petit à découvrir le monde et les gens qui l'entourent, et à construire sa conscience de lui-même.

TRÈS TÔT, DES COMPÉTENCES ÉTONNANTES

Déjà à sept mois de grossesse, le fœtus peut distinguer des sons. Dès sa troisième semaine de vie, le nourrisson réagit aux paroles chantantes que sa mère lui adresse alors qu'il faut attendre à six semaines pour que le visage maternel, considéré comme le stimulus visuel favori du bébé, déclenche une réaction semblable. Autre fait étonnant, le bébé, à six mois, peut reprendre vocalement un son répétitif simple produit par une personne qui s'adresse à lui en le regardant. C'est également très tôt que le bébé déploie une grande énergie à suivre du regard une source sonore qui se déplace dans son champ de vision. En somme, le tout-petit semble doté d'un fabuleux potentiel auditif et expressif qui ne demande qu'à être libéré dans des conditions optimales.

> Plus que jamais auparavant, on sait aujourd'hui que le bébé et même le fœtus ressentent et comprennent beaucoup de choses. Heureusement qu'on est bien loin de l'époque où l'on croyait qu'ils étaient dépourvus de sensations et d'émotions.

En plus d'exercer ses sens, le bébé met à contribution ses nombreux réflexes jusqu'à trois mois. Tout comme pour le fœtus, il continue à avoir peu de maîtrise sur ses mouvements. Il tourne la tête, met son poing dans sa bouche, agite les bras et les jambes involontairement. En réaction à des stimuli, il regarde, entend, suce, goûte, sent, ouvre les yeux ou écarte les bras à la suite d'un bruit soudain ; il gazouille et pleure pour s'exprimer. À partir de quatre mois environ, le nourrisson exécute des mouvements plus complexes et de manière délibérée.

Regardez le bébé vivre, vous constaterez qu'il possède déjà très tôt plusieurs capacités auditives trop souvent insoupçonnées.

Grâce à sa maturation neurologique et à sa volonté, le bébé peut aussi, à cet âge, ouvrir sa main pour prendre un objet et ensuite la refermer. Mais ce n'est qu'à partir de neuf mois qu'il parvient à relâcher l'objet intentionnellement. Puis le mouvement de pince, c'est-à-dire la prise d'un objet entre le pouce et l'index, apparaît. On assiste alors à un véritable déploiement de sa motricité fine.

Remarquez comment les mouvements volontaires et plus coordonnés prennent le dessus sur les réflexes, à partir de l'âge de quatre mois. Désormais, le bébé peut ouvrir et fermer sa main, à volonté, pour s'approprier un objet convoité.

À partir de sept mois, les mains et les yeux du bébé sont de plus en plus coordonnés. Aussi, il est porté à répéter une action simple ayant provoqué une réaction intéressante. C'est ainsi qu'Audrey, huit mois, appuie sur le gros bouton coloré d'un tableau d'activités et entend, à son grand étonnement, des sons. Elle éprouve un tel plaisir à faire cette activité qu'elle répétera plusieurs fois ce geste, au grand désespoir de son entourage.

La coordination œil-main ouvre l'enfant à de nouvelles avenues. En effet, la motricité fine, c'est-à-dire les petits mouvements de bras, de mains et de doigts, associés à la vue, permet au bébé, dès l'âge de quatre mois, d'agripper un hochet, de le porter à sa bouche et de l'agiter.

Entre 8 et 18 mois, une acquisition importante s'installe progressivement dans le développement cognitif de l'enfant. Il s'agit de la permanence de l'objet qui consiste à conserver en mémoire une personne ou un objet. Cette nouvelle capacité permet à l'enfant de comprendre que les êtres et les objets continuent d'exister même s'il ne peut les voir, les entendre ou les toucher. L'intérêt du bébé pour le jeu du coucou révèle la mise en place de cette acquisition. Étant plus conscient des personnes qui prennent soin de lui et auxquelles il est maintenant très attaché, le bébé réagit fortement à leur absence ou à leur disparition de son champ de vision. On parle alors d'angoisse de la séparation caractéristique de l'âge de huit mois.

Entre 8 et 18 mois, proposez au bébé des jeux qui favorisent la permanence de l'objet, c'est-à-dire la capacité de repérer des sons et des objets hors de sa vue. Cette acquisition marque une étape importante dans son développement intellectuel.

On dira d'un bébé qu'il est « sauvage » ou farouche pour parler de sa réticence à aller dans les bras d'un inconnu ou parce qu'il ne répond pas au sourire d'un visiteur. Pourtant, il s'agit d'une réaction tout à fait normale à cette étape-ci de son développement où il devient plus conscient des nouveaux visages. En agissant de la sorte, le bébé démontre ni plus ni moins qu'une évolution normale de son intelligence.

À partir de 15 mois, présentez à l'enfant des images qui évoquent une chanson qu'il connaît. Vous le verrez faire preuve de représentation mentale pour retracer son souvenir dans sa mémoire et reprendre un extrait sans avoir nécessairement besoin de l'entendre.

Avec la capacité de réfléchir avant d'agir, la possibilité de se faire des images dans sa tête et de les conserver en dehors de la perception immédiate ou de l'évoquer par une photo ou une image évocatrice, l'enfant, vers 18 mois, fait preuve de représentation mentale, c'est-à-dire qu'il peut réagir au-delà de l'action immédiate. Cette nouvelle acquisition marque aussi le début des jeux d'imitation auxquels l'enfant prend plaisir. Il aime, entre autres choses, reproduire les bruits et les démarches d'animaux qu'il a vus faire plus tôt.

Encouragez les jeux d'imitation sonore et gestuelle du bébé.

Le fait de se déplacer de façon indépendante en rampant ou en marchant permet au tout-petit d'avoir accès aux objets et de découvrir leurs propriétés respectives, d'explorer son environnement, d'avoir un point de vue différent sur le monde qui l'entoure. Cette acquisition engendre également des effets sur son développement intellectuel, car elle permet de consolider sa compréhension, d'enrichir sa mémoire, de structurer sa pensée, d'établir des liens, de faire des déductions à la suite de nombreux essais et erreurs. Ces habiletés lui permettent d'acquérir un sentiment de compétence indispensable à la construction de sa personnalité.

Chapitre 1 ▪ Les composantes de l'éveil sonore et musical   19

L'INTELLIGENCE SENSORIMOTRICE

> Indépendamment de ses origines et de sa culture, l'enfant entre 0 et 2 ans vit intensément et globalement les sensations, les émotions, les impressions grâce à son activité motrice et à ses cinq sens qui lui servent d'outils de connaissance.

La psychologie du développement nous l'a révélé : l'enfant de moins de deux ans vit ses expériences essentiellement à travers ses sensations et ses actions. Jean Piaget a nommé cette première période du développement cognitif, le stade sensori-moteur. Il s'agit d'une sorte de mode de penser corporel caractérisé par une appropriation très pratique du monde qui l'entoure.

Observez le bébé agir... Il vous guidera mieux que quiconque dans ses besoins, ses goûts et ses capacités.

Voyons comment Ludovic, 10 mois, développe son intelligence dans une situation qu'il vit et comprend à travers ses perceptions sensorielles. À l'audition d'un bruit fort et soudain, Ludovic sursaute. Il tourne la tête pour tenter de localiser le bruit, mais en vain, il ne reconnaît pas le bruit entendu et se met à pleurer. Aussitôt, une voix familière et un regard bienveillant viennent à sa rencontre. Ludovic se laisse prendre par les bras toniques de son papa ; il enfouit son visage dans son cou dont il reconnaît l'odeur ; il capte la douce vibration de sa voix qui résonne dans sa poitrine. En retrouvant ces sensations agréables qui lui sont familières, Ludovic se sent compris et aimé. Il se calme en se disant que le monde est bon et qu'il fait bon vivre. Par l'entremise des sensations éprouvées décodées en sentiments de réconfort, Ludovic fait des relations entre les événements, les objets et les personnes, coordonne et emmagasine des informations sensorielles lui permettant d'acquérir des connaissances qu'il pourra appliquer à d'autres problèmes.

C'est par ses cinq sens et son corps que le bébé fait des apprentissages en découvrant le monde qui l'entoure, en se découvrant lui-même et les autres. Il est alors bien engagé dans le stade sensorimoteur qui caractérise son développement intellectuel entre 0 et 2 ans.

Pour appréhender la réalité, l'enfant recourt, en plus de ses perceptions, à ses capacités motrices. C'est ainsi que Mirka, âgée de 11 mois, fait la découverte d'une feuille de papier déposée sur le plancher. Elle traverse la pièce en rampant et parvient à la saisir après trois tentatives. Elle froisse la feuille de papier, l'agite, la frotte contre le sol, la chiffonne à nouveau, la porte à sa bouche, répète quelques actions, puis les varie pour constater leur effet. Finalement, Mirka se désintéresse de la feuille et part à la recherche d'un autre objet. Les actions de Mirka caractérisées par la répétition et l'apprentissage par essais et erreurs l'amènent à connaître ce qu'est une feuille de papier du point de vue des sons, de la texture, de la transparence, de la température, du poids, de la couleur, de l'odeur et de la saveur. Les expériences motrices et sensorielles du tout-petit lui permettent d'atteindre des formes de raisonnement plus complexes dont il aura éventuellement besoin pour parler, déduire et abstraire.

Remarquez comment le bébé travaille fort pour comprendre la réalité qui l'entoure par les perceptions qu'il recueille et les gestes qu'il déploie. C'est toute son intelligence qui est à l'œuvre et sa personnalité qui se construit.

LE BESOIN DE CONFIANCE ET D'AUTONOMIE

> La personnalité de l'enfant sera affectée par ses expériences autant intellectuelles qu'affectives.

Si le développement intellectuel du tout-petit est primordial dans la construction de sa personnalité, sa croissance affective l'est tout autant. On reconnaît de plus en plus l'importance du bien-être affectif dans l'émergence du potentiel du bébé. Pour jouir d'une bonne santé psychologique, le bébé doit pouvoir se sentir en sécurité.

Selon la théorie psychosociale d'Erikson, la confiance de base du bébé s'établit principalement à travers les soins qu'on lui prodigue durant les 18 premiers mois de la vie. Le sentiment de sécurité l'amène peu à peu à prendre conscience de son propre moi, à se considérer comme une personne à part entière, ce qui l'amènera à faire entrer l'autre dans son monde. Ce faisant, le petit enfant expérimente ses propres idées et ses besoins qui le portent à être plus autonome, à s'affirmer mais aussi à s'opposer aux limites qu'on lui impose.

Avec ses facultés intellectuelles accrues, la socialisation du tout-petit se met en place graduellement.

Peu à peu, le tout-petit fait entrer l'autre dans son univers.

AU-DELÀ DES NORMES ET DES THÉORIES DU DÉVELOPPEMENT

Les conclusions auxquelles arrivent les grands chercheurs de la psychologie infantile, comme Piaget et Erikson, ne s'appliquent pas à toutes les cultures du monde, mais valent principalement pour les pays occidentaux. En effet, les indications relatives à l'âge d'apparition de certaines habiletés comme marcher, tourner la tête, empoigner un petit objet, diffèrent quelque peu selon que le bébé observé vit en Europe ou en Afrique (Olds et Papalia, p. 119). Toutefois, la succession des capacités demeure la même et obéit à des règles universelles : l'enfant s'assoit avant de marcher, gazouille avant de parler, tète avant de mastiquer, parle avant de chanter. Aussi, le développement moteur évolue dans un ordre précis qui se veut standard : du simple au complexe (saisir un objet avec toute la main avant de le prendre entre le pouce et l'index), de l'intérieur vers l'extérieur (bouger les épaules avant les poignets) puis de haut en bas (de la tête vers les orteils).

La connaissance du développement de l'enfant est une condition essentielle pour bien accompagner l'enfant dans son éveil sonore et musical. Bien que chacun se développe selon son rythme propre, son hérédité, sa personnalité et l'environnement dans lequel il évolue, on arrive à dégager des caractéristiques communes servant à donner des indications générales de l'ensemble de son développement.

Malgré des traits communs chez les bébés, chacun d'eux se distingue des autres par sa personnalité, ses goûts, son rythme d'apprentissage.

Le tableau 1.1 présente une partie des expériences possibles vécues par l'enfant de 0 à 2 ans. Les informations, qui doivent être traitées avec souplesse et discernement, visent essentiellement à attirer l'attention de l'adulte désireux de comprendre les besoins généraux des enfants afin de mieux y répondre. Les éléments sont donnés selon un ordre approximatif d'apparition tout en proposant des niveaux d'âge se situant dans la norme.

Tableau 1.1
Les jalons du développement de l'enfant de 0 à 2 ans

Âge approximatif	Habiletés psychomotrices (mouvements, posture, manipulation, perceptions sensorielles)	Capacités intellectuelles (pensée, logique, connaissance, mémoire, etc.)	Capacités langagières (communication pré-verbale et verbale)	Caractéristiques socio-affectives (état, sentiments, intérêt pour les autres)
De la naissance à un mois Distingue des objets situés à moins de 30 cm de lui. L'ouïe et le toucher sont les sens les plus développés.	Exerce ses réflexes : succion, agrippement, réaction à un bruit fort et soudain, etc.	Capte les sensations de manière indifférenciée.	S'exprime par les pleurs. Fait de petits sons gutturaux.	Manifeste ses besoins et réagit selon que la situation lui apporte plaisir ou douleur. Esquisse un sourire sans raison apparente (sourire néonatal). S'apaise au son d'une voix qui lui est très familière dès la deuxième semaine de vie. Se calme ou se montre attentif lorsqu'il est étreint.
1 à 3 mois	Exerce ses réflexes de manière plus coordonnée. Réagit fortement aux bruits forts et soudains. Fixe le regard des personnes qui s'occupent du bébé. À 3 mois, il reconnaît sa mère.		Vocalise, grogne, pleurniche, soupire et rit. Articule des sons de voyelles : *eueueu* de manière volontaire. Le babillage se développe rapidement à partir de deux mois. Répond en gazouillant aux paroles chantantes de sa mère.	Produit un sourire social (entre 3 et 6 semaines) en réponse à une voix ou un visage familier. Fait des mimiques de désolation. Observe les visages et suit les déplacements des personnes.

Tableau 1.1 (suite)
Les jalons du développement de l'enfant de 0 à 2 ans

Âge approximatif	Habiletés psychomotrices (mouvements, posture, manipulation, perceptions sensorielles)	Capacités intellectuelles (pensée, logique, connaissance, mémoire, etc.)	Capacités langagières (communication pré-verbale et verbale)	Caractéristiques socio-affectives (état, sentiments, intérêt pour les autres)
	Répète des mouvements qui lui procurent des sensations agréables. Porte ses mains à sa bouche.			Exprime des émotions de tristesse, d'anxiété et de colère. S'apaise lorsqu'on lui parle doucement et qu'on le prend.
À partir de 4 mois A doublé son poids de naissance. A une capacité visuelle proche de celle de l'adulte. Début de la motricité intentionnelle.	Agrippe ses draps. Explore les objets avec l'ensemble de ses sens. Tend la main vers un objet offert. Prend un objet mais ne peut le laisser tomber (préhension). Porte les choses à sa bouche. Associe la vision aux mouvements de la main et du corps pour mener à bien ses actions (coordination œil-main). Répète des actions qui produisent des résultats : agiter un objet. Peut se retrouver sur le ventre après s'être retourné du dos au ventre. Cherche un objet sorti de son champ de vision.	Reconnaît les préparatifs des événements routiniers qu'il connaît bien tels les repas et le bain. Y réagit en salivant ou en s'agitant. Dissocie son activité de celle de son partenaire. Exerce une volonté d'action. Cherche à reproduire vocalement certains sons familiers. Crie pour réclamer de l'attention.	Fait des chaînes de voyelles : *aaaaaaaa*, *eueueueueu* (gazouillement). Fait des rires plus marqués. Tourne la tête lorsqu'on l'appelle.	S'en tient à des jeux solitaires ou à ceux qui sont faits en complicité avec un adulte. S'intéresse de plus en plus à son entourage et différencie les personnes. Manifeste une préférence pour certains hochets ou objets. N'aime pas être seul longtemps.

Tableau 1.1 (suite)
Les jalons du développement de l'enfant de 0 à 2 ans

Âge approximatif	Habiletés psychomotrices (mouvements, posture, manipulation, perceptions sensorielles)	Capacités intellectuelles (pensée, logique, connaissance, mémoire, etc.)	Capacités langagières (communication pré-verbale et verbale)	Caractéristiques socio-affectives (état, sentiments, intérêt pour les autres)
À partir de 6 mois	Fait des débuts de déplacements locomoteurs : se traîne sur le ventre, à quatre pattes, sur le fessier. S'écoute gazouiller. Passe un objet d'une main à l'autre en le secouant et en l'examinant.	Est capable d'anticiper le mouvement des objets : il regarde une balle tomber de la table et qui s'apprête à rouler sur le plancher. Se concentre sur une même activité.	Émet des sons pour attirer l'attention. Répète des syllabes formées de consonnes et de voyelles : *ba-ba-ba-ba, ma-ma-ma, du-du-du* (lallation). Ce phénomène est universel peu importe la langue maternelle des parents. Commence à émettre des consonnes avec des voyelles : *bababa, dédédé* (babillage). Peut reprendre intégralement un son entendu. Le langage propre à la communauté linguistique dans lequel baigne le bébé débute.	Est généralement joyeux et alerte. Peut exprimer de la peur. Ses nouvelles acquisitions motrices lui procurent un grand sentiment de liberté, mais s'accompagnent d'insécurité. Réagit aux visages étrangers ainsi qu'à leur voix. Joue seul par moment.
À partir de 8 mois Peut s'asseoir seul.	Suit du regard un déplacement visible. Ouvre et ferme des contenants. Enfonce des boutons sonores. Met des objets ou de l'eau dans un récipient qu'il vide et remplit à nouveau.	Comprend qu'un objet ou qu'une personne qui disparaît de sa vue continue d'exister (permanence de l'objet). Cherche un objet qu'on a caché devant lui. Cherche à atteindre ses buts : se déplacer pour aller chercher un objet envié, éclater de rire pour faire recommencer un jeu apprécié, tirer sur une couverture pour attirer un objet à lui.	Les vocalises deviennent moins fréquentes. Les bébés malentendants cessent de vocaliser ; ils deviennent muets. Fait des demandes en combinant gestes et sons vocaux.	Préfère la présence de personnes qui lui sont familières. Réagit fortement à la disparition temporaire des personnes très significatives comme la mère, le père, l'éducatrice (angoisse de séparation). Commence à s'intéresser aux objets comme objet consolateur : doudou, animal en peluche qu'on appelle objet de transition.

Tableau 1.1 (suite)
Les jalons du développement de l'enfant de 0 à 2 ans

Âge approximatif	Habiletés psychomotrices (mouvements, posture, manipulation, perceptions sensorielles)	Capacités intellectuelles (pensée, logique, connaissance, mémoire, etc.)	Capacités langagières (communication pré-verbale et verbale)	Caractéristiques socio-affectives (état, sentiments, intérêt pour les autres)
	Joue à *donner* et *recevoir* un objet. Porte ses pieds à sa bouche.	Recherche des objets ou des personnes que l'on évoque. Répond à son prénom. Cesse son activité lorsqu'on lui parle.		Démontre un éventail d'émotions. Manifeste tendresse et affection. Observe sa propre image dans le miroir et y réagit sans toutefois se reconnaître.
À partir de 9 mois	Laisse volontairement tomber un objet qu'il tient dans sa main. Ne porte presque plus les objets à sa bouche, car ses nombreux déplacements occupent ses mains autrement.	Comprend certains mots : « non », son prénom, maman, biberon, etc. Comprend la fonction de désignation. Par exemple, à la question : « Où est maman ? », le bébé regarde en direction de sa mère. Répète inlassablement des actions qu'il aime.	Comprend une vingtaine de mots sans pouvoir encore les prononcer.	Est plus autonome dans ses découvertes. Fait *au revoir* de la main et *bravo* si on lui demande.
À partir de 12 mois A triplé son poids de naissance. Commence à marcher. Dit son premier mot.	Marche. Explore les objets de manière très active. Déménage des objets d'un endroit à l'autre. Tâtonne, explore. Cherche autour de lui lorsqu'il entend une voix connue.	Commence à résoudre des problèmes par essais et erreurs : « Que se passe-t-il si je fais cela ? » Conçoit les objets comme ayant une existence propre. Recherche la nouveauté : après avoir frappé un trousseau de clés, il cherche une autre façon de faire sonner l'objet. Reconnaît une personne, un animal familier sur une photo.	Comprend une cinquantaine de mots. Prononce ses premiers mots appartenant distinctement à sa langue maternelle. Fait ses premières phrases : un mot = une phrase. « Core » signifiant « J'en veux encore » (holophrase).	Aime la compagnie des pairs, mais joue en parallèle sans interagir. Démontre une certaine indépendance : résiste, dérobe un jouet. Joue concrètement avec eux. Démontre une autonomie dans les soins personnels : tient son biberon, mange avec ses doigts. Est plus conscient de lui. Commence à se reconnaître dans le miroir.

Tableau 1.1 (suite)
Les jalons du développement de l'enfant de 0 à 2 ans

Âge approximatif	Habiletés psychomotrices (mouvements, posture, manipulation, perceptions sensorielles)	Capacités intellectuelles (pensée, logique, connaissance, mémoire, etc.)	Capacités langagières (communication pré-verbale et verbale)	Caractéristiques socio-affectives (état, sentiments, intérêt pour les autres)
				Peut exprimer de la jalousie, de la honte, de la timidité, de la fierté (émotions dites sociales). Aime retrouver ses objets au même endroit.
À partir de 15 mois	Tient sa cuillère. Tourne les pages d'un livre cartonné.	Montre un objet du doigt.	Utilise un mot pour induire une signification complète : *toutou* signifiant *Je veux mon toutou*. Reprend des exclamations de son entourage : *Voilà ! Allez hop ! Oh ! la la*	Se réjouit devant des jouets nouveaux. Cherche à attirer l'attention en coupant la parole.
À partir de 18 mois Période marquée par une explosion des capacités cognitives.	Marche avec plus d'aisance, marche de côté, de reculons. Court, saute, monte un escalier en se tenant à la rampe. Est de plus en plus capable de cesser un mouvement qu'on lui demande de faire. Peut manifester une préférence pour l'usage de la main droite ou de la main gauche (latéralité). Participe à l'habillage surtout s'il se fait sous forme de jeu.	Se représente mentalement les événements, les objets, les personnes en leur absence (représentation symbolique). Commence à utiliser des moyens autres que l'essai et erreur pour atteindre des buts : il peut réfléchir avant d'agir. Se reconnaît clairement sur une photo. A une meilleure conscience du temps. Peut reconnaître les objets manquants.	Prononce entre 10 et 60 mots désignant des personnes, des objets, des actions. Prononce les premières phrases de deux ou trois mots : « *Veux toutou.* » « *Papa pati.* » Démontre un développement accéléré du langage. Réfère à lui en disant son prénom.	Veut choisir et décider ce qui lui plaît. Manifeste une aversion pour le mot « non ». A un grand besoin d'indépendance. Refuse de donner la main, par exemple. S'oppose facilement aux requêtes de l'adulte. Vit une période de « *Je suis capable* ». Commence à s'intéresser à des situations et à des activités de groupe.

Tableau 1.1 (suite)
Les jalons du développement de l'enfant de 0 à 2 ans

Âge approximatif	Habiletés psychomotrices (mouvements, posture, manipulation, perceptions sensorielles)	Capacités intellectuelles (pensée, logique, connaissance, mémoire, etc.)	Capacités langagières (communication pré-verbale et verbale)	Caractéristiques socio-affectives (état, sentiments, intérêt pour les autres)
À 24 mois A toutes ses dents. Apparition des premiers signes de maturation physiologique préalables à l'entraînement à la propreté. La permanence de l'objet est complètement acquise.	Se retient et relâche au bon moment. Commence progressivement l'apprentissage à la propreté. Descend un escalier. Mange proprement. Est capable de se laver les mains.	Commence à utiliser ses jouets à des fins d'imitation : fait semblant de laver sa poupée, de brasser de la soupe, etc. Est capable de prêter vie à un objet inanimé : une poupée se transforme en bébé réel tel qu'il le perçoit. Utilise l'imitation différée : peut imiter un comportement déjà observé en l'absence du modèle. Démontre une certaine capacité de classification : pareil/pas pareil, couleur, dimension, type d'objets. A encore une pensée centrée sur ses besoins et sur sa façon de comprendre la réalité (pensée égocentrique).	Fait plusieurs phrases télégraphiques de deux mots ou plus : « *veux bras.* » Utilise la négation par « non » : *non le bain.* Comprend environ 250 mots et peut en dire plus d'une centaine. Apprend et retient des comptines et des chansons courtes.	Prend beaucoup d'initiative et s'intéresse de plus en plus aux personnes de son entourage : père, frères et sœurs, compagnons de groupe. Joue le plus souvent seul tout en cherchant la compagnie des autres. Aime se rendre utile et imiter les autres.

Nous n'avons pas à enseigner les habiletés à l'enfant, mais plutôt à favoriser les conditions nécessaires pour qu'il puisse réaliser ses propres apprentissages sous le regard aimant des personnes qui veillent sur lui.

La plupart du temps, l'enfant n'apprend pas mieux ni plus vite si on lui montre comment faire ; il vaut mieux lui offrir les moyens appropriés de réaliser ses propres apprentissages.

On a remarqué que le rythme d'apprentissage des enfants stimulés systématiquement par les adultes était comparable à celui des enfants qui profitaient d'une liberté d'expérimentation. Dans les mêmes conditions affectives et environnementales, un enfant que l'on entraîne à marcher ne marche pas plus vite ou mieux qu'un autre qui l'apprend seul. C'est la qualité d'acquisition qui diffère. On note davantage d'agilité, d'aisance et de plaisir chez le bébé dans l'approche libre comparativement à l'approche assistée.

En priorité, les besoins de base du bébé doivent être pris en compte. Rappelez-vous qu'un bébé rassasié, reposé et dispos est plus enclin à s'intéresser aux sons et à la musique qu'un bébé affamé, fatigué ou malade.

CE QU'EST LA MUSIQUE

Maintenant qu'on connaît les principales caractéristiques du développement du bébé entre 0 et 2 ans, voyons à définir la musique dans une perspective d'approche véritablement adaptée à la première enfance.

DU POINT DE VUE TRADITIONNEL

> La musique est une forme de vibration structurée, une combinaison de sons quels qu'ils soient, avec ou sans mélodie, rythmés ou non, produits par la voix, les objets, les instruments de musique ou les synthétiseurs.

Le mot « musique » évoque généralement une catégorie précise de musique : celle faite de mélodie, de rythme, d'accords, c'est-à-dire un code composé de notes de musique définies par leur hauteur (do, ré, mi, fa, sol, la, si do) et par leur durée (noire, blanche, ronde, etc.) que l'on peut noter sur du papier à musique avec une clé et une portée à cinq lignes. C'est à cette musique issue de la culture occidentale – musique classique, populaire, jazz et folklore – que nous sommes conditionnés ; ses bases ont été jetées, en Occident, il y a moins de 600 ans.

Pour bon nombre de personnes, la musique est un langage spécialisé qui demeure mystérieux et inaccessible. On l'apprend dans les conservatoires, à l'école, on l'entend à la radio et à la télévision. Pourtant, cette sorte de musique ne constitue qu'un seul type de musique parmi un ensemble très varié. Il existe aussi des musiques de l'Inde, du Bali, de la Chine, avec leurs micro-tons, leurs gammes à plus de sept notes, la musique électro-acoustique peu connue, les chants des enfants pygmées, les jeux de gorge kattajak tant appréciés des Inuits, mais qui seraient d'abominables fautes de goût dans une école traditionnelle de musique.

Les musiques peu diffusées dans les médias se trouvent plus difficilement sur le marché. Il faut savoir les chercher dans les magasins spécialisés et dans Internet. Pourquoi s'en tenir à quelques types de musique alors qu'il en existe une grande variété ne demandant qu'à sortir de l'ombre ?

Ce n'est pas la musique qui est universelle, mais son effet réel sur l'imaginaire et sur l'affectivité des personnes qui l'écoutent.

Contrairement à une idée très répandue, la musique n'est pas universelle. Il en est de la musique comme des langues : nous ne comprenons pas davantage la musique du théâtre nô des Japonais que leur langue. Subjective, la musique possède son code culturel lié au vécu d'un groupe ou d'une société et même d'un individu. De fait, c'est son effet sur l'affect et sur l'imaginaire qui est universel.

La musique et les sons ne laissent personne indifférent : ils émeuvent, font rire, rendent triste, ravivent l'énergie selon le contexte.

Pour la plupart des adolescents et des adultes, la musique est synonyme d'objet de consommation, de divertissement, de remplissage du vide, de mode ou de style de vie. Mais, pour le bébé, elle revêt une tout autre valeur : elle est une source intarissable de découverte et de plaisir. Pour l'adulte avisé, elle est un moyen par excellence de développer l'écoute naturelle du bébé et d'enrichir sa personnalité.

LA MUSIQUE SELON LE BÉBÉ

Certes, la musique est faite de sons. À partir du moment où ils sont organisés de manière volontaire, on parle de musique. « L'art de combiner des sons » : voilà la définition que propose le dictionnaire pour le mot « musique ». Selon François Delalande (1984), le son constitue le dénominateur commun à toutes les musiques, toutes provenances, époques et styles confondus. Un son se veut une vibration acoustique créant une sensation auditive. Or, une combinaison de sons créant des impressions auditives ou une émotion peut être considérée comme de la musique. Conséquemment, on en vient à concevoir le son comme point de départ des activités d'écoute, de découverte et de création sonore des enfants.

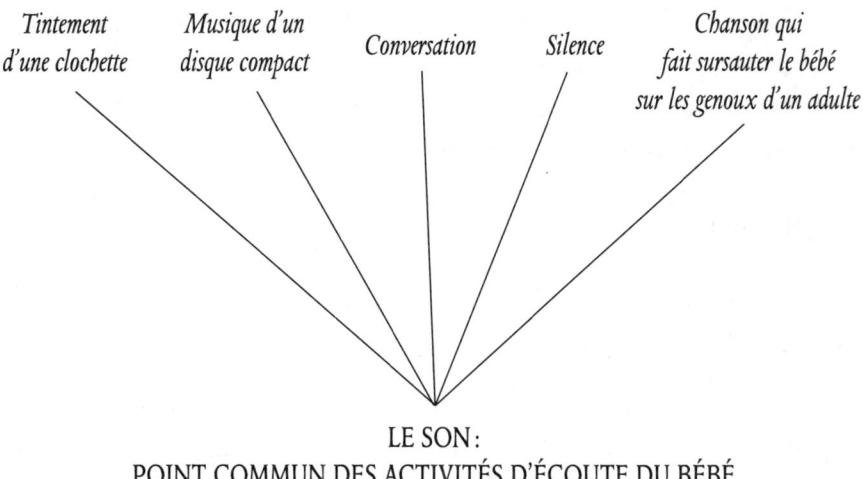

Figure 1.1 – Pour le bébé, tout est prétexte à exercer ses habiletés auditives en présence de sons. Il considère le son comme un objet de jeu.

Vue de cette manière, la musique se trouve partout dans la vie du bébé, des premiers sons perçus dans l'utérus aux mélodies entendues dans les bras apaisants en passant par le grincement de la porte ou la chute d'un objet. Elle s'imbrique à l'ensemble du corps vécu du bébé dans un lieu et un temps donnés. Elle crée une sensation auditive tantôt agréable, tantôt moins agréable ; par moment, elle se fait soit envoûtante, soit, au contraire, repoussante.

Pour le tout-petit, la musique devient le langage par excellence qui précède les mots, qui permet de s'exprimer, de se reconnaître avec ses pairs dans une culture commune (Bustarret, 1982, p. 161).

Figure 1.2 – La musique revêt un sens très varié pour le tout-petit.

DIFFÉRENCE ENTRE BRUIT ET SON

Le son est un matériau vivant : il naît, vit et meurt (Renard, p. 117). On peut considérer le bruit comme un son qui apporte essentiellement une information élémentaire : Qu'est-ce que c'est ? D'où vient le bruit ? Que signifie-t-il ? Il donne des indices généraux sur un événement de même que sur sa cause. C'est ainsi qu'un enfant s'interroge sur les sons qu'il vient de repérer : ce sont des pas qui viennent du corridor et qui se rapprochent. « Serait-ce ceux de maman ? » se demande-t-il. La chute d'un objet l'amène à se demander ce qui a pu tomber. Le vrombissement du moteur d'une auto l'amène à constater qu'il n'aime ce son fort.

Contrairement au bruit, le son est perçu pour lui-même, pour ses caractéristiques musicales au-delà de l'information de base qu'il apporte. Autrement dit, le son dépasse le renseignement initial pour devenir l'objet d'une écoute plus attentive ou plus consciente. Par exemple, un enfant s'attarde aux sons que produit la fermeture éclair de son manteau en la glissant vers le haut. Au-delà de l'indice de départ – le son du mouvement ascendant de la glissière –, il perçoit intuitivement diverses qualités des sons : la durée (le son est plus long si je prends mon temps), l'intensité (le son est doux) et sa texture (le son est granuleux). Il convient de parler de *son* davantage que de *bruit* lorsqu'il s'agit d'une écoute attentive.

Le terme « son » convient davantage que le mot bruit lorsqu'on porte attention à ce qui est entendu et que l'on exerce une écoute intérieure : le son du vent, le son des pas, le son de la fanfare, le son de la respiration.

On peut aussi considérer le bruit comme un intrus. Par exemple, si l'on porte attention au chant des cigales alors que la musique de Mozart provenant de la pièce voisine perturbe son écoute, on parlera de bruit. En pareil cas, la musique de Mozart est vue comme intrusive, voire incommodante. Dans une autre situation, une enfant concentrée à écouter la chanson que lui chante son papa perçoit comme du bruit les notes de flûte que joue son grand frère tout près d'elle.

Chapitre 1 ▪ Les composantes de l'éveil sonore et musical   37

Qu'il est intéressant de voir et d'entendre le chien jouer à la balle avec son maître !

Le tout-petit ne porte pas de jugement et ne fait pas de sélection discriminatoire entre un bruissement de feuilles et une musique provenant d'un disque compact. Il peut s'intéresser autant à l'un qu'à l'autre, s'ils sont tous les deux porteurs de sens ou de sentiments. Le premier son signifie pour le bébé la joie d'être dehors alors que le second représente la joie de danser.

Encadré 1.1 Différence entre bruit, son et musique

Bruit : vibration sonore qui apporte une information de base, qui renseigne sur l'origine ou la cause du bruit. « On entend le bruit des autos en provenance de l'autoroute. » « D'où vient ce bruit qu'on entend ? » Le bruit peut aussi être considéré comme une source sonore dérangeante ou désagréable. « Le bruit du ventilateur m'a empêché de dormir. » « Cesse de jouer du piano, je n'entends pas ce qu'on me dit au téléphone. »

Son : vibration acoustique créant une sensation auditive. Point de départ de toute musique. On parle davantage de son que de bruit lorsqu'on écoute attentivement. « Le son de la harpe est agréable. » « Écoute le son du diapason. » « J'aime le son des criquets. »

Musique : ensemble de sons combinés qui induit un sens chez la personne qui écoute. « Les feuilles qui bougent dans l'arbre font une musique ravissante. » « Quand la musique des bongos se fait entendre, je me mets à danser. »

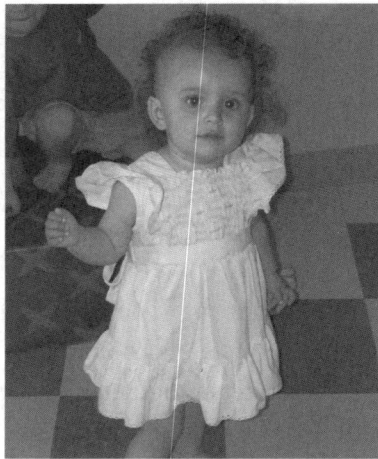

L'écoute requiert une concentration extraordinaire de la part du bébé.

Une promenade à l'extérieur permet l'écoute de sons intéressants.

LE DÉVELOPPEMENT AUDITIF

À la naissance, l'ouïe est plus développée que la vue.

On serait porté à croire que l'audition se fait essentiellement par le système auditif, mais il n'en est rien. Il faut savoir que l'écoute s'effectue aussi par le corps qui joue un rôle important dans la perception des vibrations. En effet, la peau, les os, les liquides corporels, en plus du tympan, captent les vibrations des sons et de la musique. C'est ainsi que les malentendants arrivent à capter des sons de basse fréquence en se plaçant près d'enceintes acoustiques diffusant de la musique à haut volume. Leur peau et leurs os perçoivent les vibrations sonores alors que leur tympan reste inactif. Quant au cerveau, il interprète l'information transmise par la vibration sonore à la manière d'un ordinateur.

On s'entend pour considérer le fonctionnement de l'audition comme une opération organique des plus fascinantes.

Vérifiez par vous-même comment votre corps participe à l'audition de sons et pas seulement vos oreilles. Faites-en l'expérience en appuyant votre dos contre une enceinte acoustique diffusant de la musique avec des basses fréquences. C'est une méthode qu'utilisent les malentendants pour capter des vibrations sonores.

LE SYSTÈME AUDITIF

La transmission du son, de sa réception acoustique jusqu'à sa transformation neurologique, est un processus complexe qui se déroule en une fraction de seconde. L'ensemble de l'oreille agit à la fois comme un récepteur de son et un transformateur de signal. En ce sens, on peut dire que l'audition se fait de manière à la fois mécanique et électrique. L'appareil auditif se compose de trois grandes parties constituées de plus de 20 000 cellules. On retrouve l'oreille externe, l'oreille moyenne et l'oreille interne.

La conduction du son, de l'oreille externe à l'oreille interne, bat des records de vitesse. En effet, elle se fait en moins d'une seconde.

La formation du pavillon de l'oreille commence vers la huitième semaine de grossesse. Qu'ils soient décollés ou collés, grands ou petits, les pavillons jouent le même rôle, celui de diriger les sons vers la partie interne de l'oreille. L'oreille externe capte les sons davantage dans un milieu aérien que liquidien. On parle alors d'onde acoustique.

Recueilli par l'oreille externe, le son traverse un petit canal appelé « conduit auditif » jusqu'au tympan constitué d'une fine membrane. Lorsque le son atteint le tympan, celui-ci se met à vibrer pour ensuite transformer les ondes acoustiques en ondes mécaniques. En vibrant, le tympan pousse trois osselets placés en chaîne – le marteau, l'enclume et l'étrier – qui font augmenter les vibrations en permettant la transmission de ces vibrations à l'oreille interne.

La cochlée remplie de liquide et tapissée de milliers de cils minuscules est responsable de recevoir les impulsions mécaniques en provenance de l'oreille moyenne. Par les nerfs auditifs, elle achemine les vibrations sonores jusqu'au cerveau sous forme d'influx nerveux, qui le décode aussitôt en message.

En plus de jouer un rôle capital dans le processus d'audition, l'ensemble des parties de l'oreille est essentiel dans la fonction de l'équilibre.

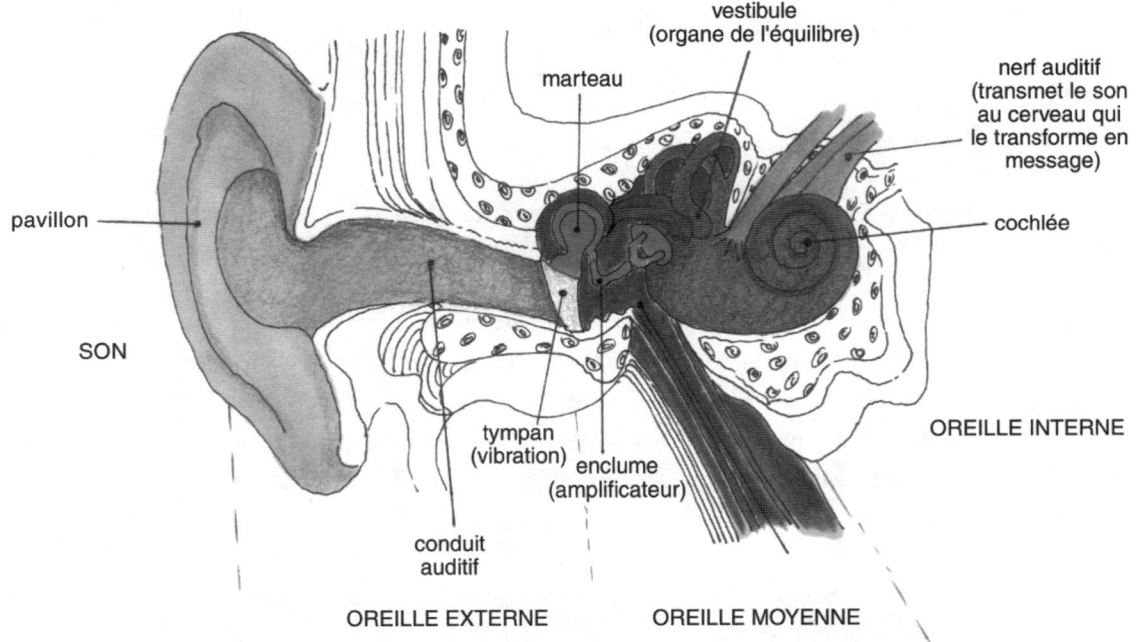

Figure 1.3 – L'ouïe : un organe tout aussi fascinant que complexe.

LES PRINCIPALES CARACTÉRISTIQUES DES SONS

Le rôle que doit prendre la musique dans les lieux que fréquente l'enfant devrait être à la hauteur de la place qu'elle occupe dans notre vie d'adulte. On ne peut accompagner l'enfant dans son éveil sonore et musical si l'on se sent soi-même démuni ou non motivé à relever un tel défi. C'est pourquoi nous nous proposons de définir les principales propriétés des sons afin de pouvoir mieux les reconnaître dans la vie de tous les jours. En s'habituant à les repérer, l'intérêt pour les sons s'accroît, l'habileté à le faire s'affine et le plaisir augmente. C'est un moyen par excellence pour accroître son acuité auditive. On présente un exemple d'exercice d'identification de sons à la figure 1.4.

Tout près de la fenêtre, se fait entendre une voix douce et aiguë au rythme lent.

↓   ↓   ↓   ↓   ↓

Provenance   Densité   Timbre   Intensité   Hauteur   Durée (tempo)

Figure 1.4 – Exemple d'identification de qualités de sons correspondant à une situation donnée.

On ne peut parler d'éveil sonore et musical de l'enfant sans aborder celui de l'adulte. Pour être un éveilleur de sons, il faut soi-même être un éveillé. Appréhender les sons et la musique avec une écoute consciente : voilà le but visé par un éveil aux sons et à la musique.

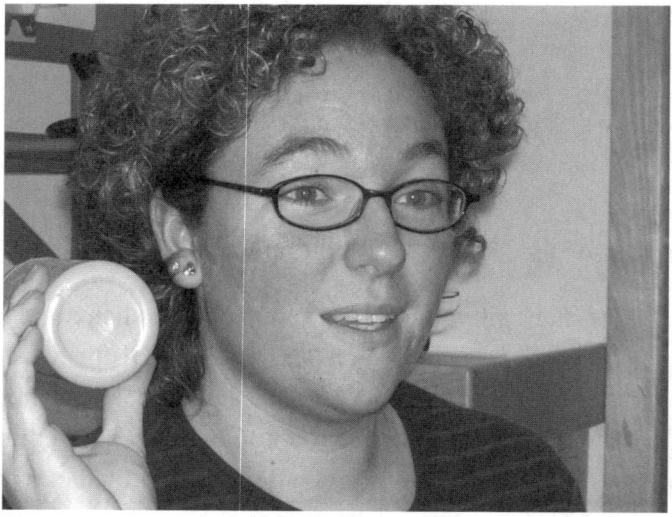

« Écoute le silence qu'il y a dans la bouteille... »

Une personne qui dispose d'une audition normale peut entendre une variété de sons isolés ou organisés parmi lesquels on retrouve les principales caractéristiques qui sont listées dans l'encadré 1.2.

Encadré 1.2 Les principales caractéristiques des sons

L'intensité peut être douce ou forte. Il y a aussi des sons de plus en plus forts ou de plus en plus doux. La mesure scientifique correspondante est le décibel (dB) : 20 décibels équivalent à un chuchotement, 60 à une conversation animée. On évalue à 90 dB le bruit dans une discothèque, seuil critique au-delà duquel on risque un dommage auditif irréversible en exposition prolongée ; 25 à 40 dB devraient représenter le niveau normal d'une ambiance d'une salle d'enfants réussissant à comprendre les interpellations des autres et à communiquer avec aisance. Mais il n'est pas rare que le niveau de bruit se situe entre 60 et 90 dB dans un groupe de jeunes enfants.

Le timbre est une caractéristique propre à distinguer les instruments de musique, les objets et les voix, les uns des autres. Il peut s'agir de son cristallin ou sourd, de son lisse ou rugueux, clair ou nasillard, sec ou résonant, frappé ou secoué, saccadé ou lié. Le timbre est la couleur, la personnalité du son. Un do joué par un piano n'est pas le même que celui produit par une trompette. Le timbre dépend du matériau (instrument, voix, objet) et de l'attaque, c'est-à-dire le premier instant où le son existe (Renard, p. 116).

La hauteur se situe du grave à l'aigu. Le hertz (Hz) sert de mesure de fréquence des vibrations par minute. L'oreille humaine peut capter les fréquences se situant entre 20 et 20 000 Hz. Un piano, par exemple, produit des fréquences allant de 27 Hz à 4 200 Hz. Dans le système musical traditionnel, la hauteur des sons est représentée par les notes de la gamme : do, ré, mi, fa, sol, la, si. On parle de registre, de tessiture ou d'étendue des sons : grave, médium, aigu, et d'intervalles pour signifier la différence de hauteur entre deux sons.

N.B. La hauteur des sons est le paramètre le plus difficile à repérer.

La provenance ou la direction des sons, où il est question de sons éloignés ou proches, de sons qui s'éloignent ou qui se rapprochent.

La densité. On dit qu'il y a peu ou beaucoup de sons. En l'absence relative de sons, on parle de silence. On évoque aussi les termes compact ou aéré pour parler de densité sonore.

La durée suppose qu'il y a des sons longs et des sons courts. Dans le code musical, ce sont les noires, les croches et les blanches qui représentent la durée. Il est question aussi de rythme : rythme lent ou rythme rapide. De tempo qui réfère à la vitesse : de plus en plus lent ou de plus en plus rapide. On peut percevoir aussi les suspensions de son qui font entendre des silences.

L'organisation équivaut à la structure des sons : continuité ou discontinuité, répétition ou contraste.

Amusez-vous à percevoir les sons de votre environnement : en faisant la cuisine, en vous promenant, en vaquant à vos tâches. Puis décrivez les sons que vous entendez à l'aide du vocabulaire suggéré. Ainsi, vous deviendrez plus conscient de ce que vous pourrez nommer. En plus d'affiner votre oreille, cet exercice influencera indirectement les habitudes d'écoute des enfants qui suivront votre exemple.

Ce sont ces caractéristiques de sons qui seront exploitées dans les petites activités que l'adulte pourra proposer aux enfants. (Voir la section « Suggestions d'activités d'animation » au centre du volume.)

La musique remplit son rôle à partir du moment où l'écoute s'inscrit non pas dans une classification figée, mais dans une expérience vivante des sons. « Les sons que produit naturellement l'enfant sont déjà un potentiel musical à explorer » (Renard, p. 118).

LES HABILETÉS AUDITIVES

> Entendre est involontaire et désigne la réception des stimuli acoustiques, alors qu'écouter est une action volontaire. On peut entendre sans écouter, mais on ne peut pas écouter sans entendre.

Pour apprécier des sons, il ne suffit pas de les entendre ; il faut pouvoir aussi les écouter, y porter attention. De plus, nous pouvons les discriminer, c'est-à-dire en relever des détails puis en conserver l'expérience grâce à la mémoire. Les quatre composantes – sensation, attention, discrimination et mémoire – sont interreliées et agissent simultanément pour constituer l'organisation perceptive qui permet, entre autres, de découvrir le monde, de le comprendre et d'agir sur lui (Lauzon, p. 97).

> Sensation, attention, discrimination et mémoire travaillent conjointement dans le développement des capacités auditives.

L'écoute est l'habileté à prêter l'oreille, à être attentif, à être disponible aux sons, qu'ils soient musicaux ou non. C'est un acte qui se fait de l'intérieur. Ne dit-on pas « être à l'écoute de son corps, de ses émotions ? » On peut comparer l'écoute à une énergie, à un acte de concentration qui nous rend présent et disponible à soi, aux autres et au monde environnant. Par ailleurs, le mot écouter prend son sens de l'étymologie latine *auscultare* signifiant ausculter, c'est-à-dire explorer les sons intérieurs de l'organisme. Cette définition suppose l'idée d'intériorisation nécessaire à l'écoute.

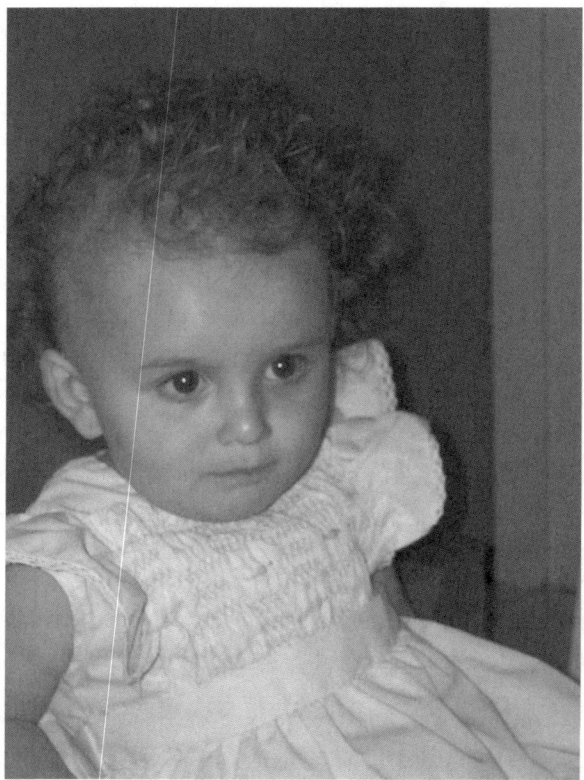

L'écoute, c'est de l'énergie concentrée qui nous rend présent et disponible à ce qui se passe en soi, autour de soi. C'est une attitude de réceptivité, une intimité vécue face aux divers stimuli captés. Elle exige du temps et de la disponibilité.

En grandissant, le bébé aura la capacité de s'attarder de plus en plus intentionnellement à un son, à une musique. La fréquence d'attention ainsi que sa durée croîtront conjointement avec le développement de son cerveau. Son rapport aux sons, exclusivement passif au tout début de sa vie, deviendra de plus en plus actif au fur et à mesure que se développeront ses capacités motrices et intellectuelles.

La vision sert de partenaire dans la capacité d'écoute. Elle complète ou confirme l'information recueillie dans l'audition, et vice versa. Indéniablement, il existe un lien étroit entre le regard et l'écoute, la vue et l'ouïe. On écoute aussi avec nos yeux.

Le bébé écoute aussi avec ses yeux, c'est-à-dire que sa vue et son ouïe collaborent conjointement dans le traitement des stimuli sonores.

LES PROBLÈMES D'AUDITION

Soyez attentifs aux indices pouvant révéler des problèmes d'audition chez l'enfant. Cligne-t-il des yeux à l'audition d'un bruit fort ? Se retourne-t-il lorsque vous l'interpellez à une distance raisonnable ? Si vous avez l'impression qu'il entend moins bien après avoir été malade, par exemple, n'hésitez pas à consulter un professionnel de la santé. Un problème d'audition peut engendrer un retard dans le développement du langage et de la pensée de l'enfant.

Même s'il existe des différences individuelles dans les habiletés auditives, les problèmes d'audition existent bel et bien et doivent être dépistés à temps. La plupart du temps, le degré de surdité diffère d'une oreille à l'autre. La perte auditive peut s'expliquer par un problème de perception ou de transmission des sons. On peut l'attribuer à une cause génétique ou à un facteur neurologique ou, encore, à des otites séreuses à répétition caractérisées par la présence de liquide derrière le tympan survenant souvent en l'absence de douleur.

Une baisse d'audition prolongée cause inévitablement des dommages sur le développement du langage et sur l'ensemble des apprentissages. En cas de doute, une consultation auprès d'un professionnel de la santé s'impose pour cerner l'origine du problème et permettre à l'enfant de communiquer tout en continuant de se développer sur les plans intellectuel et social.

LE RÔLE DE L'AUDITION DANS LES APPRENTISSAGES

Le développement de la capacité d'attention constitue la pierre angulaire dans l'évolution du langage. Un bébé ne peut apprendre à parler sans avoir préalablement distingué des sons. C'est par la perception de phonèmes, de syllabes, de phrases et d'intonations que le bébé se sensibilise aux constituantes de la parole. À un an, il peut comprendre une cinquantaine de mots et commence à en prononcer quelques-uns. À deux ans, il comprend près de 250 mots et il peut en dire la moitié. Mais, bien avant cette acquisition, il saisit la signification globale du message par la mélodie de la voix. Il décode la joie, le plaisir, l'irritabilité dans le langage.

Les habiletés auditives et expressives participent largement au développement du langage. Elles offrent aux enfants un moyen de connaissance et un mode de communication avant l'apparition des premiers mots.

Outre le langage, l'attention joue un rôle primordial dans la réalisation de nombreux apprentissages. En effet, dans plusieurs situations, autant sociales que scolaires, l'enfant doit répondre à des stimulations auditives, les organiser et en comprendre le sens (Gagné, p. 53). À l'école, l'enfant se fera souvent dire : « Écoute bien… Sois attentif… Ouvre grandes tes oreilles. » Se concentrer, écouter, être attentif sont des opérations mentales qui tracent la voie à bon nombre d'apprentissages que l'enfant est appelé à faire tout au long de l'enfance.

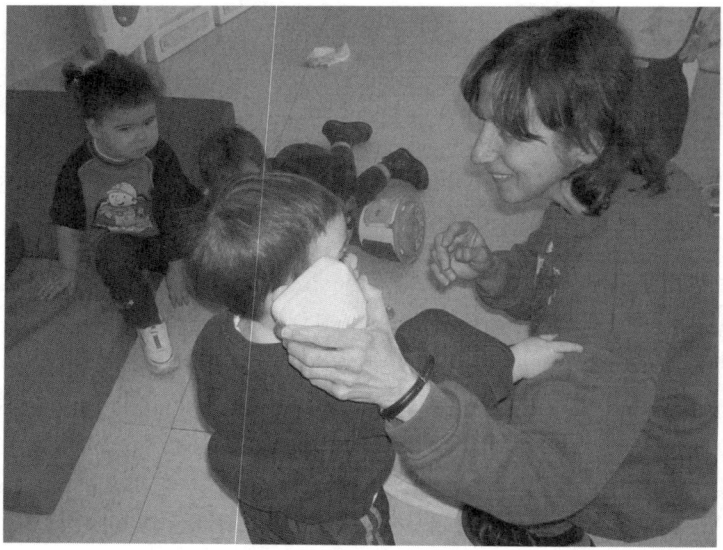

L'attention trace la voie à de nombreux apprentissages.

Dans la communication verbale, le langage perceptif (la compréhension) apparaît avant le langage expressif (production de sons et de mots) ; tout comme en éveil sonore et musical, la perception des sons précède l'expression sonore.

L'OREILLE MUSICALE : INNÉE OU ACQUISE ?

Même s'il peut sembler difficile d'évaluer l'influence exacte de l'inné et de l'acquis dans le développement de l'enfant, on s'entend généralement pour reconnaître l'apport des deux facteurs que plusieurs auteurs évaluent à 50/50.

Le talent musical est soumis à l'influence combinée de l'hérédité et de l'environnement.

Au-delà des stimulations reçues, le penchant de l'enfant pour la musique semble émerger naturellement. Contrairement aux idées préconçues, les capacités de l'enfant ne s'expriment pas plus tôt parce qu'on l'a soumis à une stimulation précoce. Avec l'apparition des habiletés du petit enfant, il existe une période de maturation que l'on se doit de respecter. Il y a des enfants prodiges, c'est-à-dire qui manifestent un talent pour la musique alors que les parents ne semblent pas avoir de don particulier. On retrouve également ceux qui possèdent une aptitude supérieure à la moyenne pour apprendre à jouer d'un instrument de musique et dont les parents sont doués. C'est la preuve que l'hérédité joue un rôle déterminant dans les aptitudes musicales. Néanmoins, les enfants musicalement doués, qui ne représentent qu'un infime pourcentage, auront tout de même besoin d'un environnement stimulant et propice pour les mener vers un apprentissage de la musique et de la pratique instrumentale qui, de toute façon, ne peut réellement débuter avant l'âge de trois ans.

LA PEUR DES BRUITS

La sensibilité aux bruits se manifeste chez certains bébés, plus que d'autres. La réaction aux lumières vives, aux variations de température et aux changements semble aller de pair avec l'hypersensibilité sonore. En vieillissant, quelques enfants persisteront à réagir fortement aux stimuli sonores tandis que d'autres changeront de comportements. La peur des bruits ne peut se limiter à une seule cause. Mais il semble que les réactions de l'entourage y soient pour quelque chose. Il y a aussi la personnalité de l'enfant, l'habitude, les conditions de vie qui peuvent expliquer le phénomène.

La peur des bruits forts, inconnus ou imprévisibles figure parmi les phobies des enfants occidentaux durant leur deuxième année de vie. (Bee et Boyd, 1990) : bruits de sirène, bruits de ventilateur, bruits d'aboiement, de tonnerre, de moteur, d'appareils électroménagers. À partir de 18 mois, la vie imaginaire de l'enfant s'intensifie. Il distingue mal l'imaginaire de la réalité, ce qui explique ses réactions exacerbées face à certains bruits. Outre le fait que les peurs intenses se dissipent généralement au fur et à mesure que l'enfant grandit et qu'il gagne confiance en lui, elles requièrent une attention particulière de la part de l'adulte pour éviter qu'elles ne dégénèrent en peurs chroniques.

Vers 18 mois, l'enfant peut commencer à avoir peur de certains bruits alors qu'il n'en était rien auparavant. Il importe de le soutenir dans cette étape passagère en évitant de banaliser son sentiment, en le ridiculisant, en l'ignorant ou en le surprotégeant.

Si l'on ne peut se soustraire à certains bruits, comme le tonnerre, par exemple, on peut toutefois en maîtriser d'autres. C'est le cas du bruit du moulin à café, du mélangeur ou de l'aspirateur que craignent souvent les petits. Une approche progressive est recommandée. Pour commencer, on avertit l'enfant qu'il y aura un gros bruit qui ne durera pas longtemps et qu'il n'a rien à craindre. Puis, on l'expose graduellement aux sons appréhendés, d'abord pour une très courte durée, et puis de plus en plus longtemps en suivant son rythme. Dans tous les cas, il faut éviter de surprotéger l'enfant, de l'ignorer, de dramatiser la situation ou, pire encore, de le ridiculiser. Compréhension, approche en douceur et aide patiente sauront aider l'enfant à surmonter ses craintes face aux bruits qui ne sont, la plupart du temps, que passagères.

La peur des bruits forts, soudains et inconnus est considérée comme normale chez l'enfant, surtout entre un et deux ans. Grâce à la bienveillance de l'adulte, l'enfant traverse généralement cette période passagère avec confiance.

LA POLLUTION PAR LE BRUIT

On se soucie peu de la santé de nos oreilles. Pourtant, il s'agit d'un organe fragile qui souffre de plus en plus de fatigue auditive. Le problème de bruit existe bel et bien dans nos milieux de vie. La maison, les lieux fréquentés par les enfants n'ont pas échappé à l'avènement de la surstimulation sonore caractéristique des temps modernes : télévision, radio, musique, ordinateur, bruits d'appareils, bruits de la circulation automobile, sonnerie du cellulaire, nombre élevé de personnes dans une même pièce, etc.

LES EFFETS NÉFASTES DU BRUIT

Les salles bondées où se trouvent réunis 40, 60 et 80 enfants pour le repas du midi, les locaux aménagés en aires ouvertes qu'on tente bien que mal de diviser, les voix fortes qui interpellent les enfants à distance, les musiques de fond tentant vainement de masquer le bruit ambiant sont des causes connues de la fatigue auditive. On retrouve aussi les matériaux de construction et l'architecture intensifiant les bruits, la déficience de l'isolation acoustique comme causes de surcharge sonore dans les lieux éducatifs.

Saviez-vous que les bruits sont plus nocifs pour les enfants que pour les adultes ? En effet, le fond sonore continu et les bruits forts briment la patience, la concentration et le plaisir d'apprendre.

Les expositions sonores élevées et de longue durée ont des effets dommageables sur les enfants ainsi que sur les adultes. En effet, on a rapporté une tendance à agir plus bruyamment ainsi qu'une augmentation de l'agitation et de l'agressivité en présence de bruits continus comme les cris, les voix, les bruits des jouets, les pleurs, sans compter les bruits provenant des locaux voisins, de la cour extérieure et de la rue.

Dans un tel brouhaha, les enfants recourent à des stratégies pour tenter de comprendre les consignes de l'éducatrice et pour communiquer avec les autres. Davantage de comportements agressifs, une communication verbale limitée et, par conséquent, une socialisation moindre ont été remarqués. À un âge où l'apprentissage des structures langagières et l'acquisition des compétences sociales de base sont essentiels, cet état de fait est inconcevable. Outre ces effets néfastes, trop de bruits élève le taux d'hormones de stress, entraînant une plus grande vulnérabilité aux infections.

Chapitre 1 ▪ Les composantes de l'éveil sonore et musical   55

La musique de fond rend difficile le repérage de bruits suspects pouvant annoncer des dangers potentiels.

En masquant les sons émis par les enfants et le bruit de leurs jeux, la musique de fond réduit les chances de détecter des bruits suspects. C'est ainsi que, dans la cour extérieure, des pleurs d'enfants deviennent inaudibles en raison de la musique rock qui y est diffusée, rendant alors impossibles les interventions qui s'imposent.

QUELQUES SOLUTIONS POUR CONTRER LE BRUIT

En matière de solutions, diverses pistes peuvent être envisagées. C'est la combinaison de plusieurs moyens que l'on recommande pour prévenir ou pour corriger les problèmes de bruit.

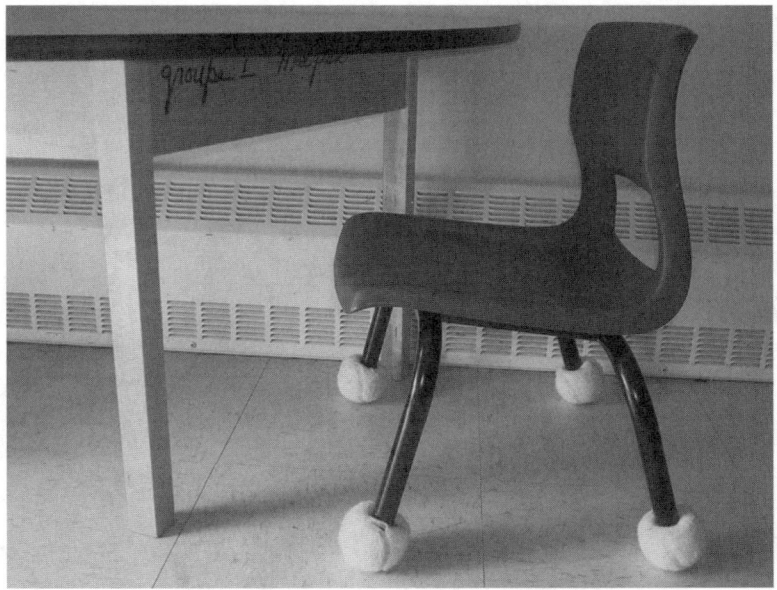

La présence de surfaces à réverbération réduite, l'élimination de la musique de fond, le recouvrement des pieds de chaises participent à la réduction du bruit en garderie.

Encadré 1.3 Moyens contribuant à diminuer le bruit

- Murs acoustiquement étanches.
- Plafond absorbant la réverbération.
- Couvre-plancher coussiné.
- Utilisation de carpettes lavables sous les jouets bruyants.
- Recouvrement des pieds de chaises à l'aide de balles de tennis dans lesquelles on a pratiqué des encoches.
- Réduction du nombre de personnes dans un même espace : en respectant les heures de repas et de repos propres à chaque bébé, moins d'enfants se retrouvent en même temps au même endroit, ce qui réduit considérablement le niveau sonore.
- Diminution des interventions à distance.
- Abolition du fond sonore continu : musique, télévision, etc.
- Abaissement du volume de la voix parlée.

Par des moyens simples, vous pouvez contribuer à la réduction du bruit dans les lieux de vie des enfants : diminution du volume de la voix, allègement des interventions à distance.

LE FOND SONORE CONTINU : UN POISON POUR LE BÉBÉ

Dans un environnement où il y a une alternance naturelle entre bruit et silence, l'oreille moyenne fournit un effort constant d'adaptation. Cette variation raisonnable d'intensité sonore est plus que souhaitable pour le développement auditif du bébé. À la manière de la pupille qui s'adapte constamment à l'intensité lumineuse, se dilate ou se contracte, l'oreille moyenne procède à une saine gymnastique dans une ambiance sonore dont l'écart entre les niveaux minimal et maximal se situe entre 10 et 30 dB. Cette différence s'estompe lors de la diffusion d'un fond musical continu – même à faible intensité –, ce qui a pour effet d'égaliser les niveaux sonores. L'oreille du jeune enfant exerce une saine écoute dans un milieu sonore contenant des surprises, des contrastes, des intensités variables qui permettent l'accommodation de l'oreille (Bustarret, 1982, p. 25).

Épargnez au bébé le fond sonore continu, car il représente un véritable poison pour son oreille et son cerveau.

VERS UNE DÉFINITION DE L'ÉVEIL SONORE ET MUSICAL

> L'éveil aux sons et à la musique est un moyen tout désigné pour canaliser la sensibilité au rythme et à la mélodie présente chez le bébé.

De la simple constatation que le fœtus entend aux recherches qui révèlent le détail des habiletés auditives du bébé, à peine quelques années se sont écoulées. Heureusement, les résultats des études ont pu se rendre là où vivent les enfants et sensibiliser les adultes qui s'en occupent à l'importance de leur développement auditif. Il est question davantage de continuité de l'éveil sonore et musical que d'éveil tout court, car le bébé, en naissant, possède déjà un système de reconnaissance auditive qui a pu être rodé durant la période prénatale.

On se doit de garder une conception large de l'éveil sonore et musical. Il ne se définit pas seulement à travers une pédagogie du développement, pas plus qu'il se réduit à des notions précises ou à un type de musique en particulier. Il n'est ni restrictif ni formel, mais multidimensionnel.

> Durant les deux premières années de la vie, l'éveil aux sons et à la musique du bébé se vit pleinement au quotidien dans le rapport avec son environnement et surtout en relation avec les personnes qui veillent sur lui.

Entre 0 et 2 ans, on est loin encore, et heureusement, des conventions propres à l'enseignement de la musique, d'une méthode systématique d'éducation musicale telle que l'on peut retrouver chez les enfants plus âgés : sensibiliser aux notes de musique le plus tôt possible, amener à reconnaître les qualités de sons selon une hiérarchie établie ou enseigner le nom des instruments de musique. Le temps venu, mais rarement avant l'âge de 6 ou 7 ans, l'enfant pourra être initié à la pratique instrumentale et au langage musical usuel, s'il s'y montre intéressé. Mais, d'ici là, le petit enfant déploie d'étonnantes capacités musicales qui ne demandent qu'à être canalisées dans les meilleures conditions possibles.

À TRAVERS LES SOINS PRODIGUÉS

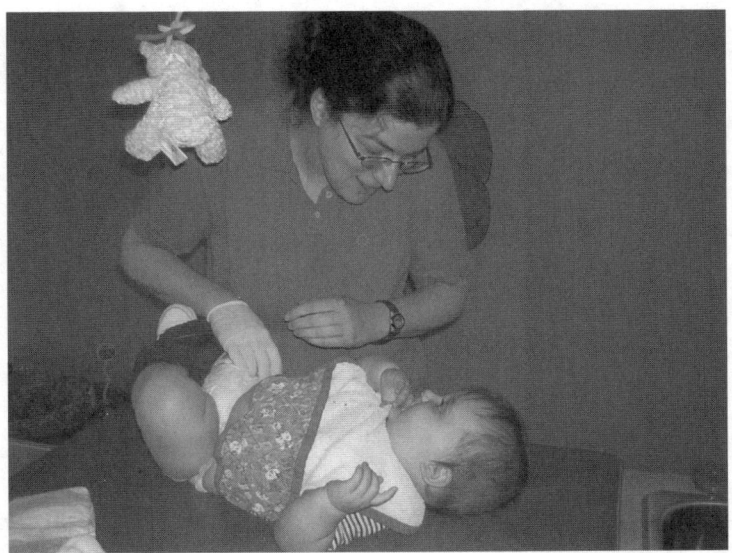

Moment intime par excellence, le changement de couche accompagné de regards tendres, de gestes bienveillants et d'une chanson amusante est une occasion privilégiée d'établir un contact des plus chaleureux avec le bébé.

Puisque environ 80 % du temps passé auprès des nourrissons est consacré aux soins d'hygiène, à l'habillage, à l'alimentation et au repos, plusieurs de ces moments peuvent intégrer de courtes animations sonores ou musicales. Une chanson ou une formule rythmée peut servir de repère pour installer un rituel à la sieste, en plus de constituer un excellent moyen d'attirer l'attention ou de modérer une tension qui surgit.

À l'intérieur de ces périodes, l'adulte veille à répondre aux besoins physiologiques et affectifs des bébés en joignant des comptines, des chansons et des petits jeux corporels. En ce sens, on pourrait parler de *soins relationnels chantants* (Pinelli, p. 56, 2004). Pour le reste, c'est le jeu

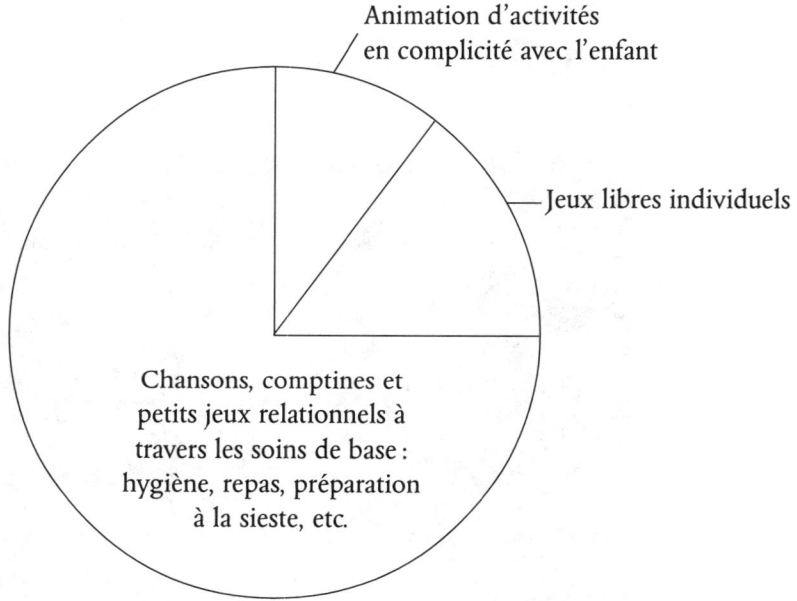

Figure 1.5 – La répartition des activités d'éveil sonore et musical dans l'horaire quotidien.

libre qui monopolise l'intérêt des enfants pour ne laisser qu'une mince portion de temps aux petites animations dirigées.

AVEC LE CORPS ET LES CINQ SENS

Les sons et la musique sont avant tout des sensations qui s'imprègnent dans le corps. L'éveil musical du tout-petit, c'est l'éducatrice qui imite le moteur d'une auto qui passe, le papa qui réconforte son bébé en lui fredonnant une douce mélodie à l'oreille, la grande sœur qui ferme la radio pour éliminer la surcharge sonore ; c'est un bambin qui regarde

Les premiers moments musicaux se vivent souvent en contact étroit avec un adulte.

l'adulte scander quelques rythmes ou l'enfant qui s'intéresse à la sérénade de Mozart qui le fait valser dans les bras de sa mère. Pour le bébé, les premières émotions musicales naissent souvent d'un moment de partage et d'échange.

Puisque l'enfant ne morcelle pas ses découvertes, voyez à lui présenter des situations ouvertes et propices aux plaisirs multisensoriels : tactile, kinesthésique, auditif et visuel. Les textures des tissus, la pesanteur des objets, les saveurs des aliments sont des expériences qui stimulent les mêmes circuits neurologiques que ceux qui sont concernés par l'éveil sonore et musical.

Puisque l'enfant appréhende la réalité avec tous ses sens, il fait ses découvertes sonores en y joignant des perceptions tactiles, visuelles, olfactives et même gustatives. On peut le voir s'intéresser aux sons que produit la cuillère de bois en la frappant tout en s'attardant à la texture du matériau et à sa saveur.

En plus de représenter une perte de temps, l'exercice prématuré de certaines fonctions, comme reproduire une mélodie au xylophone, peut démotiver l'enfant, car il n'est pas prêt à effectuer ce type d'apprentissage qui est trop complexe pour ses capacités motrices et intellectuelles.

C'est pourquoi on l'encourage à explorer les objets de manière multisensorielle. Plaisir, joie, spontanéité, exploration libre et jeu devraient constituer les principes de base de tout éveil à la musique en bas âge sans imposer ses modèles, ses goûts et sa propre conception de la musique.

L'éveil sonore et musical dépasse largement le sens d'un pré-apprentissage de la musique. Il réfère au développement de la sensibilité, de l'expression, de la curiosité, d'une écoute plus large du monde et de ses nombreuses réalités, d'une ouverture sur les arts et sur la vie en général.

Chapitre 1 ▪ Les composantes de l'éveil sonore et musical 63

L'éducation musicale menée entre 0 et 2 ans doit favoriser une approche corporelle, sensorielle et affective des phénomènes sonores et musicaux en concordance avec le stade et le rythme de développement de l'enfant.

> Le concept d'éveil sonore et musical comprend une conception globale de l'enfant, voire une vision intégrée de l'être humain. L'éveil sonore et musical de l'enfant de 0 à 2 ans prend racine dans la façon d'être dans son corps, de ressentir et de vivre. Il se veut aussi une démarche sensible pour favoriser l'activité corporelle et sensorielle du petit enfant à travers les sons et la musique.

LES NOMBREUX BIENFAITS DE L'ÉVEIL SONORE ET MUSICAL

Au-delà de l'acquisition du sens du rythme et de la mélodie, on s'entend pour dire que l'éveil sonore et musical de l'enfant de 0 à 2 ans apporte des effets bénéfiques sur l'ensemble de son développement, comme en témoigne l'encadré 1.4.

Encadré 1.4 Aperçu du rôle de l'éveil sonore et musical dans le développement global de l'enfant de 0 à 2 ans

Détente : Relâchement général des tensions musculaires à l'audition d'une chanson ou d'une musique agréable pour l'enfant.

Sentiment de bien-être et de sécurité par l'audition d'une musique apaisante pour l'enfant.

Écoute : Accroissement de la capacité d'attention.

Différenciation et reconnaissance des sons.

Sens musical : Éveil au rythme, à la mélodie, au phrasé musical, à la structure de la forme musicale, etc.

Coordination motrice : Capacité de coordonner les gestes avec les paroles d'une chanson ou avec le rythme d'une musique.

Habiletés intellectuelles : Structuration de la pensée, des facultés de raisonnement, de la compréhension, de la logique, du lien de cause à effet, de la mémoire.

Sollicitation de l'imagination.

Représentation mentale : évocation d'une chanson par un geste ou une image.

Développement du langage verbal : Compréhension linguistique.

Sensibilisation aux intonations et aux fluctuations de la voix, au rythme et à la structure de la phrase.

Enrichissement du vocabulaire.

Entraînement de l'appareil phonatoire par la reproduction de bribes de chansons.

Affectivité : Plaisir, expression et intériorisation d'émotions et de sentiments.

Participation à la création du lien d'attachement par les berceuses et les jeux chantés partagés avec l'adulte.

Socialisation : Ouverture aux autres en les regardant danser, rythmer, écouter. Participation à une petite danse ou à un jeu musical.

POUR AMORCER LES EXPÉRIENCES SONORES

De manière générale, l'éveil sonore et musical, durant les deux premières années de la vie, peut être amorcé par quatre moyens : l'enfant lui-même, l'entourage humain, l'environnement contrôlé et l'environnement non contrôlé. L'idéal visé serait d'intégrer ces quatre composantes dans l'univers de l'enfant.

Tableau 1.2
Les moyens d'amorcer l'éveil sonore et musical

Expériences musicales	Initiateur	Accompagnateur
Productions vocales spontanées : bruits de bouche, babil, chantonnement. Découvertes d'abord fortuites puis de plus en plus intentionnelles des propriétés sonores d'objets usuels, du mobilier ou de jouets. Exemples : relâchement volontaire d'un bol en plastique créant un bruit de chute que le bébé répète, agitation rythmée d'un hochet intercalée de silences, frappements saccadés des pieds sur la table à langer, jeu de transvidage dans le bac à riz, tintement d'une cuillère sur la table, etc.	L'enfant lui-même	L'adulte encourage cette expression spontanée par des réactions d'approbation ou un dialogue en écho. Il ne perçoit pas que du bruit dans les explorations sonores du petit. Il remarque son intention, son désir d'expression quand il s'écoute, s'arrête et reprend, accélère ou modifie un motif rythmique.

Tableau 1.2 (suite)
Les moyens d'amorcer l'éveil sonore et musical

Expériences musicales	Initiateur	Accompagnateur
Participation à des petits jeux animés : chansons à gestes, comptines reprises avec différentes intonations, réactions motrices à l'écoute d'une musique rythmée.	L'entourage humain : l'éducatrice et les autres enfants	En plus de chercher à développer l'écoute et l'expression vocale et corporelle, l'adulte propose ces jeux comme moyen d'accroître la connaissance du corps, la représentation spatiale et la conscience de l'autre.
Reconnaissance de sons familiers à partir d'un enregistrement maison.	L'environnement contrôlé	L'adulte fait des choix de qualité quant au moment et à la durée de l'activité, voit à la pertinence des sons en fonction des capacités et des intérêts des enfants, joint des images signifiantes pour favoriser la reconnaissance auditive, etc.
Écoute de sons d'oiseaux dans la cour extérieure. Intérêt porté aux silences ponctuels présents dans une ambiance sonore.	L'environnement non contrôlé	L'adulte tente de minimiser les effets négatifs d'un environnement sonore trop bruyant et élimine la musique de fond. Il trouve des moyens pour créer des ambiances calmes indispensables à l'éclosion des activités d'écoute. Il porte régulièrement attention aux sons et aux silences de l'environnement et invite l'enfant à faire de même.

Dans la mise en place des prédispositions auditives et expressives du tout-petit, le rôle de l'adulte est de la plus haute importance. Dans le prochain chapitre, nous verrons comment il peut soutenir concrètement le bébé dans ses découvertes selon différents facteurs, dont son niveau de développement.

Tout adulte motivé, même non musicien, peut participer au développement musical du tout-petit.

CHAPITRE 2
L'éveil aux sons et à la musique

- ☼ **L'oreille prénatale** 72
  - *Comment le fœtus entend* 72
  - *Ce que le fœtus entend* 72
  - *Une impressionnante mémoire auditive* 79
  - *L'influence de l'environnement* 82
- ☼ **L'éveil sonore et musical du nourrisson (de 0 à 3 mois)** 84
  - *Une adaptation auditive* 85
  - *Le bébé prématuré* 87
  - *En mode réceptif* 88
  - *Aux commandes des réflexes* 89
  - *Une perception globale* 91
  - *Des moments propices* 91
  - *Les préférences sonores du nourrisson* 93
- ☼ **L'éveil sonore et musical du poupon (de 4 mois à la marche)** 95
  - *Des réactions maintenant volontaires* 96
  - *« Coucou ? Ah ! »* 96
  - *« Chut ! Je veux m'entendre... »* 97
- ☼ **L'éveil sonore et musical du trottineur (de la marche à 2 ans)** 99
  - *« Capab'... tout seul »* 99
  - *« Si je peux parler, je peux chanter »* 100
  - *« Moi, moi, moi... »* 101
  - *« Je peux maintenant imaginer »* 102
  - *« Je suis unique »* 104

> « Un enfant, c'est de l'espoir en petits souliers. »
> *Gilles Vigneault*

Pendant très longtemps, on a cru que le fœtus était tout à fait impuissant et qu'il ne pouvait ni ressentir ni entendre ou penser. Or, depuis des études menées ces dernières années, on sait que le bébé à naître fait déjà des acquisitions. Entre autres, il réagit au son et apprend même de celui-ci.

On a longtemps repoussé les témoignages des femmes enceintes qui disaient que leur bébé réagissait à des voix, à des bruits et à de la musique. Il aura fallu que des scientifiques viennent le confirmer par leur recherche, pour reconnaître le bien-fondé des anecdotes relatées. Désormais, la sensorialité et la mémoire auditive du fœtus sont reconnues. Mais on est en droit de se demander comment se développe l'oreille pendant la grossesse, ce que le fœtus entend, comment il le fait et à partir de quand.

C'est essentiellement par l'ouïe et le toucher que le bébé à naître fait ses premiers contacts avec sa mère et son environnement. Non seulement il entend des sons, mais il peut y réagir et même les reconnaître.

L'OREILLE PRÉNATALE

> L'utérus est le premier lieu sonore de l'enfant dont il demeurera imprégné toute sa vie durant.

COMMENT LE FŒTUS ENTEND

Après le toucher, l'ouïe est le premier organe sensoriel à se construire dans l'utérus. Le nerf auditif chargé de transmettre le son en influx nerveux au cerveau est d'ailleurs le premier nerf du corps à entrer en fonction. Le fait est que l'aire d'audition dans le cerveau figure parmi les premiers développements à se faire chez l'être humain.

Dans l'utérus, la conduction des sons se fait d'abord par les liquides du corps, la masse musculaire et osseuse sous forme de sensations tactiles. Le corps de la mère et celui du fœtus participent tous deux à la transmission sonore. Puis, vers le cinquième mois de grossesse, le système auditif, qui est alors suffisamment développé, entre en jeu dans la perception des sons. Dès lors, le bébé entend les sons autant par ses oreilles que par ses os, ses muscles et ses fluides corporels. Plus la grossesse avance, plus l'audition se perfectionne.

> C'est d'abord par l'intermédiaire des tissus intra-utérins et du liquide amniotique que le fœtus sent les vibrations sonores provenant autant de l'intérieur que de l'extérieur. Puis à partir du cinquième mois de grossesse, en plus de percevoir les sons avec son corps, le fœtus les entend avec son appareil auditif.

CE QUE LE FŒTUS ENTEND

Le niveau de perception fœtale a pu être mesuré dès la vingt-huitième semaine de gestation à travers les modifications observées dans le rythme cardiaque et les mouvements du fœtus. Déjà en 1962, Salk, un chercheur américain, a démontré que le fœtus percevait le rythme cardiaque de la mère (Tomatis, p. 221-222). Un obstétricien français a pu enregistrer des sons que le fœtus pouvait entendre quelques heures avant sa naissance en insérant un petit microphone dans l'utérus, après la rupture des membranes. L'expérience a démontré que les battements cardiaques de la mère constituaient un bruit de fond d'où se détachait sa voix.

La voix de la mère parvient transformée au fœtus, notamment avec les sons aigus en moins. Toutefois, elle demeure familière au fœtus de par son rythme et son ton particuliers. La voix maternelle devient l'un des premiers modes de communication vers l'enfant à naître (Campbell, p. 41).

Le fœtus capte les bruits organiques maternels, chacun avec ses tonalités et son rythme propres. Il perçoit les bruits intestinaux semblables à ceux que l'on entend en posant l'oreille sur le ventre de quelqu'un. Il y a aussi les bruits de la respiration de sa mère, ceux de sa digestion et de l'écoulement sanguin dans l'aorte et les gros vaisseaux. Il entend les sons de l'environnement comme le brouhaha d'une foule, de la même façon que l'on capte les voix et les sons avec la tête sous l'eau. Malgré le fait qu'ils soient filtrés, les sons demeurent néanmoins reconnaissables.

Durant la vie intra-utérine, l'enfant se trouve en relation directe avec sa mère. En même temps qu'elle contribue à la construction des muscles, des os, des organes du fœtus, elle établit avec lui une communication sonore, par les vibrations de sa voix. La pulsation de son cœur, sa voix, le bruit de sa respiration, les gargouillements de sa digestion, le bruit d'écoulement de ses vaisseaux sanguins sont autant de bruits qui parviennent jusqu'à lui.

Ce sont surtout les basses fréquences, les graves, que le fœtus perçoit le mieux alors que les sons aigus, les hautes fréquences, lui sont moins perceptibles. Il perçoit également le clapotis produit par ses mouvements dans le liquide amniotique, sons qui seraient comparables à ceux d'une mer paisible. Aussi, il entend ses propres battements de cœur qui se trouvent amplifiés par le liquide amniotique.

L'ambiance sonore *in utero* réserve à l'enfant à naître tout un concert de sons des plus diversifiés...

Les bruits intra-utérins les plus perceptibles sont les graves alors que les aigus le sont moins. On peut supposer qu'une musique contenant des basses fréquences se rende bien au fœtus.

En sachant que le bébé est déjà à l'écoute dans l'utérus, il y a lieu de se demander si les bruits forts et soudains peuvent l'affecter. En plus d'être dérangé par les sons eux-mêmes, le fœtus subit les effets physiologiques des émotions ressenties par la mère au contact des mêmes sons. La réaction se traduit par une sécrétion d'hormones du stress, appelées cortisol, qui traversent le placenta pour envahir le système sanguin du bébé. Par conséquent, le fœtus est susceptible de ressentir un stress lorsque sa mère se trouve dans un environnement à haut volume sonore. La musique forte, les bruits de la circulation automobile, les lieux bruyants situés près de pistes d'atterrissage, le tintamarre des endroits publics ou tout simplement les voix fortes et les cris agissent sur les émotions de la femme enceinte et sur son état physiologique, ce qui peut poser des problèmes au bébé à naître (Campbell, p. 47). Ce sont les sons de grande intensité répétés sur une longue période et les bruits puissants et soudains qui risquent le plus d'engendrer de l'anxiété et du stress.

L'exposition régulière à des bruits forts pendant la grossesse, surtout ceux de basse fréquence, crée du stress tant chez le bébé que chez la mère.

On a cherché à savoir comment le bébé percevait la voix humaine dans l'univers intra-utérin et particulièrement celle de la mère. Contrairement aux autres voix, la voix maternelle se trouve doublement amplifiée. Elle rejoint le bébé depuis l'extérieur du corps de la mère comme les autres voix, et de l'intérieur puisque les vibrations parcourent les os et les tissus organiques de la mère (Campbell, p. 59). La voix parlée d'une personne extérieure se rend au fœtus de manière légèrement moins déformée que la voix maternelle.

On a constaté que les voyelles des mots d'un texte lu à voix haute par la mère sont audibles dans 60 % des cas, surtout pour les mots isolés et bien articulés. Ce que le fœtus perçoit le plus, c'est l'allure générale de la parole, la prosodie constituée de mélodie et de rythme, qui lui parvient inchangée. Contrairement à la voix parlée, la transmission de la voix chantée de la mère se fait de façon supérieure. Il faut dire que le chant contient des harmoniques qui rehaussent la qualité des sonorités.

À la période prénatale, l'empreinte auditive de l'enfant est marquée par la voix de la mère, surtout si celle-ci est chantée.

Non seulement le fœtus entend les sons et y réagit, mais il apprend de ceux-ci. Dans le cas où le fœtus est soumis à des sons répétés, il démontre une habileté à différencier des sons. L'accoutumance constitue une forme d'apprentissage élémentaire qui survient lorsqu'une information répétée retient l'attention. L'auditeur finit par ne plus prêter attention aux stimuli connus pour réagir aux nouveaux sons.

Le fœtus reconnaît les voix et les sons familiers et peut même localiser leur provenance. Il manifeste aussi un intérêt pour le rythme et la mélodie. Après sa naissance, le bébé qui aura été stimulé par le chant maternel recherchera ses bienfaits tout comme ceux du balancement rythmé de ses pas et des battements de son cœur.

Le fœtus se montre particulièrement sensible à l'intensité (force, volume) et au timbre (ton de voix, par exemple). Aussi, il reconnaît les sons familiers et les voix de l'environnement de la mère et peut même localiser leur provenance (Klauss, p. 54). Mais le rythme demeure le premier attribut musical qu'apprend le bébé en développement (Campbell, p. 57). Les battements cardiaques, la cadence des pas de la mère, son langage aussi, recèlent des rythmes qui s'impriment dans la mémoire du fœtus.

Bien avant que les recherches scientifiques valident les bienfaits du chant maternel sur le fœtus, les anecdotes de femmes enceintes ont révélé depuis longtemps que le bébé à naître était très réceptif à leur voix. Malgré ses imperfections, rien n'est plus intéressant pour le fœtus que la voix chantée de sa mère surtout lorsqu'elle se sent détendue. De plus, chanter fait autant de bien à la future maman qu'au futur bébé. Chanter aide à mieux respirer, stimule la digestion et favorise la détente.

Il est prouvé que le fœtus perçoit les musiques dans l'utérus en plus de la voix maternelle et des sons environnants. Mais ces musiques lui font-elles du bien ? Quel genre de musique préfère-t-il ? En fait, si la future maman écoute des mélodies qu'elle apprécie, il y a fort à parier que les effets se répercuteront sur son bébé : son rythme cardiaque et ses muscles se détendront, et le bébé le ressentira. L'effet augmente si, en plus, elle établit une communication gestuelle avec le bébé en posant ses mains sur son ventre (Antier, p. 101).

En parlant à son bébé, en lui chantant une chanson, en lui racontant une petite histoire, la future maman se met dans un état d'esprit qui lui permet déjà d'établir une relation de tendresse qui se poursuivra à l'accouchement et après la naissance. Un spécialiste des troubles de comportement chez les adolescents soutenait, lors d'une conférence, que la communication authentique avec son ado commençait dès la grossesse.

Faites écouter de la musique que vous aimez à votre bébé, à bas volume et pas trop longtemps. Répétez l'activité régulièrement. Évitez de placer les écouteurs trop près du ventre et, idéalement, bannissez-les. Ainsi, votre bébé pourra, après sa naissance, reconnaître les musiques entendues pendant la grossesse et développera un intérêt durable pour la musique, en général.

Il existe des méthodes prénatales qui proposent aux futures mamans de faire entendre systématiquement tout au long de la grossesse des musiques près de leur abdomen, cinq minutes, deux ou trois fois par jour. La mère pose sur son ventre un casque d'écoute par lequel est diffusée une musique. Ce type d'approche prétend, entre autres, développer l'intelligence du bébé de manière précoce. De plus, les instigateurs affirment que les bébés, une fois le stade d'imprégnation terminé, ont une naissance plus facile, qu'ils parlent plus tôt et démontrent un sens musical exceptionnel. La rigueur de ces résultats reste à vérifier.

À l'opposé, d'autres tenants croient que les diffusions musicales trop proches de l'utérus sont dommageables pour le fœtus. La perception de leur intensité réelle est difficile à évaluer. Entre une musique d'orchestre diffusée à plein volume et les sons cristallins d'un jouet sonore, une différence considérable subsiste dans le risque de danger.

C'est à se demander si le plus important à faire valoir ne serait pas le plaisir musical ressenti d'abord par la mère ainsi que la place que devraient occuper les parents dans l'approche utilisée et le choix des musiques à faire entendre au fœtus.

Au-delà des conseils donnés par les soi-disant spécialistes en stimulation des bébés, l'intuition des parents et leur bon sens valent leur pesant d'or dans le choix des musiques à faire entendre à leur bébé.

UNE IMPRESSIONNANTE MÉMOIRE AUDITIVE

Le monde extérieur qui attend le bébé à naître se révèle à lui par les bruits environnants qu'il peut capter non seulement par voie aérienne, mais aussi par transmission corporelle de la mère.

François Combeau (Ressicaud, 1988) rapporte le fait que des oiseaux chanteurs couvés par des oiseaux non chanteurs donnent naissance à des oiseaux incapables de chanter. Inversement, des œufs d'oiseaux non chanteurs pris en charge par des oiseaux chanteurs engendrent des oisillons capables de chanter un chant identique à celui des parents adoptifs. Nous voyons là comment la communication sonore, établie entre les oisillons et l'oiselle, détermine la capacité à la couvée de chanter. D'autres exemples nous portent à croire à la similitude de ce fait chez les humains. On n'a qu'à penser aux nombreux cas rapportés par les musiciens ou les chanteurs de métier qui remarquent fréquemment la réaction naturelle de leur bébé à l'audition d'une pièce musicale qu'ils avaient spécialement travaillée avant la naissance.

La capacité de se souvenir du fœtus a été maintes fois corroborée (Campbell, p. 44), comme le montre le témoignage de l'encadré 2.1.

Encadré 2.1 Témoignage de l'auteure

Durant les heures et les jours suivant sa naissance, le bébé peut reconnaître une mélodie que la mère aurait chantée régulièrement pendant les trois derniers de la grossesse. C'est donc dire que la mémoire auditive est très tôt mise en place dans le développement de l'enfant. Maintenant reconnu comme un fait scientifique, ce phénomène m'était inconnu jusqu'à ce que j'en sois moi-même témoin à la naissance de ma fille.

Quand, en 1988, Vanessa arrive au monde, elle émet pendant plus de cinq minutes de grands cris entrecoupés de profondes inspirations. Même si ces sons nous rassuraient sur la vitalité de notre nouveau-né, son père et moi étions désemparés par autant d'intensité exprimée par un si petit corps. Après avoir tenté, en vain, de consoler notre nouveau-né par différents moyens, nous avons opté pour l'interprétation de la célèbre berceuse de Brahms, que nous avions l'habitude de lui chanter régulièrement pendant la grossesse. Dès les premières notes entonnées, Vanessa, à notre grand étonnement, se calma aussitôt. Sa réaction subite nous surprit au plus haut point. Par la suite, j'ai compris que les simples *lalala* fredonnés avaient redonné à notre fille des repères sonores établis durant sa vie intra-utérine. La véritable rencontre entre Vanessa et ses parents venait d'avoir lieu. Nul doute que pour elle cette mélodie et nos voix familières représentaient un monde connu, une sécurité affective dont elle avait besoin pour se rassurer. L'effet magique d'apaisement se prolongea ensuite durant les trois premiers jours de sa nouvelle vie.

Réécoutée à divers moments de son enfance, la chanson fétiche de Vanessa a encore l'honneur d'être celle qui l'a accompagnée dans sa venue au monde. Alors que je lui chantais sa berceuse lors de son sixième anniversaire, Vanessa me fit un aveu qui me toucha en plein cœur : « Maman, tu m'as chanté cette chanson quand je suis née, et bien moi, je vais te la chanter quand tu vas mourir. » Ce fut l'un des propos les plus bouleversants qu'il m'ait été d'entendre dans ma vie. C'est à partir de cette expérience mémorable vécue à la naissance de Vanessa, que j'eus l'idée de parfaire mes connaissances sur les compétences impressionnantes du nouveau-né.

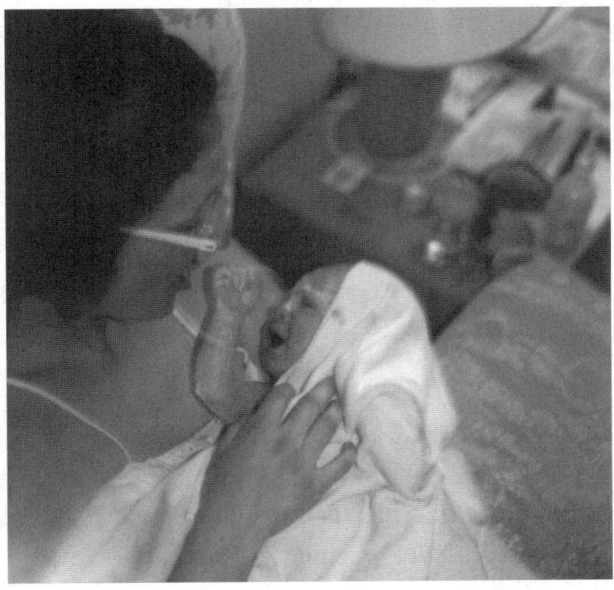

Au cours de ses recherches en ethnomusicologie, Anne-Marie Grosser (1988) a été plusieurs fois témoin de la coutume suivante chez les Gitans, en France et en Espagne. Dès qu'elles se savaient enceintes, certaines futures mères demandaient à un musicien de leur ethnie de composer une chanson ou une mélodie pour l'enfant à venir. Cet air unique était rejoué plusieurs fois pendant la grossesse. Après la naissance, la mère fait appel au musicien pour les fêtes de famille ainsi que chaque fois où l'enfant est nerveux ou souffrant, et celui-ci se calme à l'écoute de sa mélodie.

Une autre série d'expériences a révélé que le fœtus peut reconnaître non seulement une séquence musicale, mais également la voix d'une tierce personne comme celle du père. Après avoir été conditionné à une série de mots récités par le père pendant la grossesse, le bébé après sa naissance se calmait lorsqu'il pleurait. D'autres études font voir que des nouveau-nés de un à trois jours préférèrent entendre une histoire qui leur a été lue par la mère durant la vie fœtale, à une autre histoire également lue par la mère après la naissance. De plus, si on donne au bébé le choix entre deux textes distincts dont le premier est lu par la mère et le second par une autre femme, le nouveau-né choisira le plus souvent le texte qu'il aura entendu durant sa vie fœtale.

À l'état fœtal, le bébé réagit à la voix humaine, distingue des changements apportés dans les sons, reconnaît la voix de sa mère et la préfère le plus souvent aux autres sons.

L'INFLUENCE DE L'ENVIRONNEMENT

La psychologie infantile reconnaît la part de l'hérédité et de l'environnement dans le développement de l'enfant, même s'il est difficile de mesurer l'influence véritable de chacun de ces facteurs. Des études ont démontré que des enfants possédant une aptitude supérieure à la moyenne pour apprendre à jouer d'un instrument ont souvent des parents très doués en musique (Woolfson, p. 14). Il existe des cas exceptionnels d'enfants prodiges dont les parents ne manifestent pas de don particulier, autre constatation qui laisse croire au bagage génétique dans ce type de caractère.

> L'interaction entre l'hérédité et l'environnement joue un rôle déterminant dans la mise en place des habiletés musicales de l'enfant. Le potentiel présent à la naissance ne vaut rien s'il n'est pas stimulé par le milieu de vie et les personnes de l'entourage. Mais la contribution de l'adulte ne peut être vraiment efficace que si elle est adaptée à la personnalité de l'enfant.

Il serait regrettable de voir un adulte rester inactif devant l'enfant, convaincu que son potentiel musical est tracé d'avance et qu'il ne peut rien y faire. On sait que l'hérédité ne joue qu'un rôle partiel en éveil sonore et musical. On pourrait dire que l'inné et l'environnement déterminent l'acquis. Dès la période prénatale, les prédispositions auditives de l'enfant s'épanouissent au contact des musiques et des sons présents dans son milieu de vie : famille, garderie, école, communauté. Celles-ci continueront à se développer au cours des premiers mois et durant l'enfance, voire toute la vie.

> La petite enfance représente une période idéale pour élargir les horizons musicaux de l'enfant. Un premier éveil musical et sonore influence d'une façon ou d'une autre le rapport que l'enfant entretiendra avec les sons et la musique pendant toute sa vie.

L'ÉVEIL SONORE ET MUSICAL DU NOURRISSON (DE 0 À 3 MOIS)

Pendant les neuf mois de la grossesse, tous les besoins de l'enfant sont comblés par la mère. Il n'a ni chaud ni froid, ni faim, ni soif, ni mal de ventre, ni gorge irritée. Une fois né, le bébé doit s'adapter rapidement à de nouvelles sensations : nouvelle température ambiante qui passe de 37 °C à 20 °C, nouvelles fonctions comme la respiration et la sudation. Son environnement sonore change radicalement. Les bruits intra-utérins caractérisés par une omniprésence sonore – battements de cœur, respiration – laissent place à des vibrations différentes et à des pauses plus longues. Pour la première fois de son existence, l'enfant fait face au silence. Difficile pour certains, facile pour d'autres, l'adaptation à cette nouvelle sensation d'absence relative de sons fera partie des premières expériences à vivre par l'enfant.

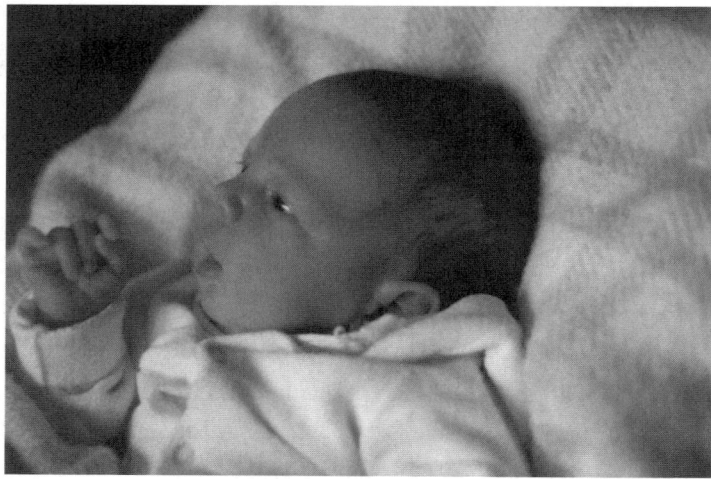

Une nouvelle sensation fait son apparition dans l'univers sonore du bébé nouvellement né : le silence qui était inexistant dans le monde intra-utérin.

Tout comme à la période prénatale, le développement de l'enfant se fait de façon accélérée durant les premiers mois de la vie. L'ouïe n'échappe pas à cette tendance. À la naissance, l'appareil auditif est l'organe sensoriel le plus développé des cinq sens.

> À la naissance, l'ouïe est plus développée que la vue. Les bruits soudains font sursauter ou pleurer le nouveau-né. Les berceuses et les sons rythmés comme les battements du cœur le calment ou l'endorment. Il est également très intéressé aux sons des voix familières et des conversations.

UNE ADAPTATION AUDITIVE

À sa naissance, le bébé vient d'être expulsé du seul lieu qu'il connaissait jusqu'alors. Le contact corporel avec sa mère, la reconnaissance de sa voix et de son odeur l'aident à intégrer ses nouveaux repères, à s'adapter à sa nouvelle vie.

> L'oreille interne étant encore remplie de liquide amniotique durant les dix premiers jours après la naissance, l'audition du nouveau-né fait l'objet d'une accommodation importante : elle passe d'une écoute liquidienne (transmission des sons par le liquide amniotique resté dans l'oreille interne) à une écoute aérienne (transmission des sons par l'air ambiant).

Dans le monde intra-utérin, l'oreille du bébé fonctionne en milieu aquatique par la présence du liquide amniotique. Transmises par l'eau, les ondes sonores peuvent rejoindre les parties externe, moyenne ou interne de l'oreille fœtale. L'écoute du fœtus se fait en mode liquidien, d'où l'expression « écoute liquidienne » pour parler de l'oreille prénatale.

Après la naissance, les parties externe et moyenne de l'oreille se vident progressivement du liquide amniotique pour s'adapter progressivement à l'air environnant. Même si l'écoute aérienne se met alors en place, le milieu aquatique subsiste pour l'oreille interne. La transition entre l'écoute liquidienne et l'écoute aérienne dure une dizaine de jours après la naissance. Lorsqu'elle se vide à son tour, l'oreille du bébé perd temporairement la perception des sons aigus. Elle déploiera une énergie supplémentaire pour s'accommoder aux nouvelles sonorités transmises par l'air, lequel apprentissage s'échelonnera sur plusieurs semaines. Le corps à corps avec la mère et les vibrations de sa voix aident le nouveau-né à vivre en douceur la transition d'un mode d'audition vers un autre.

Durant les premières semaines suivant sa naissance, le bébé est en pleine période d'adaptation à sa nouvelle vie. Pour apprécier le monde dans lequel il vient de faire son entrée, il a besoin de retrouver au-dehors les sensations qu'il a connues en dedans : la cadence des pas de la mère, le mouvement de ses déplacements, les battements de son cœur, son odeur et sa voix, la douceur de sa peau. En portant régulièrement le bébé contre elle, la mère peut lui offrir l'apaisement attendu tout en répondant à son besoin de sécurité.

LE BÉBÉ PRÉMATURÉ

> Au terme d'observations menées en services de néonatalogie, il ressort que le bébé prématuré tout comme le nouveau-né est un être sachant écouter, ressentir, reconnaître, découvrir, s'exprimer, apprécier ou non (Mory, dans *Spirale*, p. 76). On se doit de lui offrir les meilleures conditions possibles de vie : douceur de voix, chaleur des gestes, réduction des bruits d'appareils, tamisage de la lumière, contact étroit avec les parents, etc.

À la lumière des nouvelles connaissances sur les fascinantes compétences du nouveau-né, les centres de soins offerts aux prématurés ont beaucoup fait ces dernières années pour diminuer le niveau sonore des salles de réanimation : attitude et déplacement du personnel, bruits des appareils médicaux utilisés tels les incubateurs ou les couveuses. La plupart du temps, on permet à la mère et au père de prendre et de nourrir leur bébé et de lui parler. On s'est rendu compte que la présence de la mère auprès de son enfant, son toucher, sa voix, son odeur, son lait maternel exerçaient une action favorable sur la courbe de poids et la résistance aux infections du prématuré (Antier, p. 22).

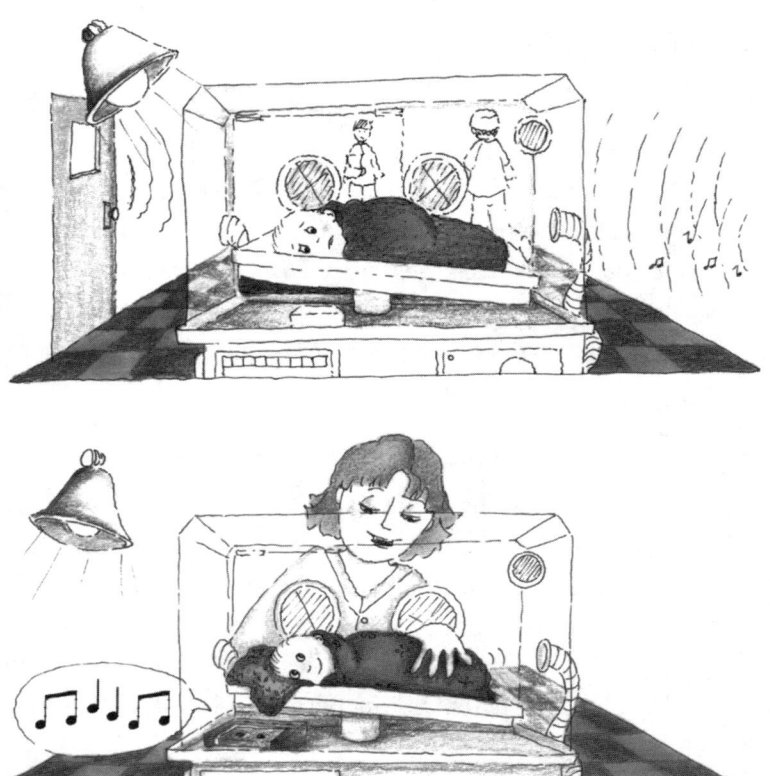

Avec un système nerveux encore plus sensible que celui des bébés nés à terme, les prématurés doivent être protégés des stimuli nouveaux, intenses et prolongés : bruits d'appareils, luminosité, voix fortes, mouvements brusques, odeur de produits ménagers, froideur de matériaux synthétiques.

EN MODE RÉCEPTIF

On sait maintenant que les nourrissons, dès l'âge d'un mois, peuvent discriminer des sons aussi semblables que *ba* et *pa* (Olds et Papalia, p. 95). C'est en mesurant la modification du rythme cardiaque que l'on peut cerner leur capacité de discrimination. Mais, de manière générale, on rapporte peu de résultats permanents et réellement mesurables (Levine, p. 3) permettant de faire une analyse exhaustive des acquisitions en matière d'éveil sonore et musical chez l'enfant âgé entre 0 et 2 ans. Il en va de même avec l'évolution graphique. Il faut attendre l'arrivée de la capacité de tenir un crayon, vers 2 ans, pour voir apparaître des lignes, des cercles sur une feuille, habileté qui permettra de mieux comprendre le développement graphique de l'enfant. C'est comme si, pendant les deux premières années de vie, tout se préparait subtilement de l'intérieur pour arriver à une extériorisation des capacités musicales après l'âge de deux ans.

L'éveil sonore et musical se fait de manière intériorisée avant de se faire de manière extériorisée. Il se vit d'abord en mode réceptif, puis en mode expressif. Autrement dit, le bébé apprend à s'intéresser et à réagir aux sons avant d'être capable d'agir sur eux.

AUX COMMANDES DES RÉFLEXES

Les tests pour dépister la surdité en néonatalogie indiquent que, dix heures après sa naissance, le bébé ayant une audition normale cligne des yeux, sursaute ou pleure à l'audition d'un bruit de 80 décibels[1]. Il s'agit d'une réponse motrice involontaire que l'on appelle réflexe archaïque, qui tend à disparaître entre 3 et 18 mois. Trente heures après sa naissance, le bébé réagira en tournant sa tête en direction des sons (Olds et Papalia, p. 95). On rapporte un temps de latence de trois secondes entre le bruit émis et la réaction du nouveau-né (Bustarret, 1982, p. 25).

---

1. Un décibel (dB) est une unité de mesure d'intensité d'un son. Un son fort contient plus de décibels qu'un son doux. Exemples : 20 dB = promenade en forêt, chuchotement, 60 dB = musique douce, 70 dB = télévision à haut volume, 90 dB = cri d'un enfant, 105 dB = musique très forte.

« La nature m'a muni d'un réflexe primitif qui me permet de tourner la tête en direction d'un son, ce que je peux faire dès les premières heures après ma naissance. Aidée du sens de la vue, mon ouïe m'aide à connaître ce qui m'entoure. » Exercez ce réflexe chez le bébé en lui parlant avec des phrases affectueuses tout en vous déplaçant doucement.

Les nerfs reliant les organes de la vue à ceux de l'ouïe sont déjà en fonction à la période postnatale. À l'audition d'un son d'intensité moyenne, les bébés naissants sans problème d'audition tournent automatiquement les yeux d'abord, puis la tête, vers la source sonore de manière à avoir la meilleure perception possible. Le travail conjoint des sens oculaire et auditif semble constituer un « mécanisme d'adaptation visant une perception optimale de l'environnement » (Klauss, p. 56). Pour les tenants de la thèse de l'attachement, l'intérêt du bébé pour les voix s'expliquerait aussi par le besoin de créer des liens avec les personnes de son entourage. En s'intéressant à leur voix par le regard tourné vers eux, il suscite leur attention et leur amour et, en retour, il reçoit les soins et les stimulations dont il a besoin pour se développer.

Avec un système nerveux peu développé qui affecte ses réactions motrices, le jeune bébé réagit négativement aux voix fortes, aux bruits intenses et soudains tout comme aux gestes brusques.

UNE PERCEPTION GLOBALE

Peu importe l'objet qui l'intéresse ou le jeu auquel il s'adonne, le bébé joue en intégrant simultanément divers stimuli – le son, la forme, la chaleur, la texture – sans les percevoir de manière distincte, tendance qui se poursuivra jusque vers l'âge de trois ans. Par exemple, un bébé qui voit un ballon rebondir entend simultanément les sons des bonds qui se font de plus en plus courts au fur et à mesure que le ballon s'éloigne. En se rapprochant du ballon, il remarque également la présence d'une odeur de plastique. Puis, il touche le ballon et constate sa texture lisse en plus de sa température plus froide que celle de ses mains.

DES MOMENTS PROPICES

Des recherches récentes menées en néonatalogie ont conduit à des découvertes importantes, notamment en ce qui a trait aux états de conscience des nouveau-nés. Les chercheurs Wolff et Prechtl (Klauss, p. 19) en ont retracé six dont trois états de sommeil et trois d'éveil : l'assoupissement, le sommeil léger et le sommeil profond ainsi que les pleurs, l'éveil alerte et l'éveil calme. Chaque état correspond à un ensemble de signes corporels particuliers chez le poupon qui se manifesteraient, par ailleurs, longtemps avant la naissance.

L'enfant est un être entier. Son affectivité, son ouverture au monde, sa socialisation évoluent parallèlement avec son expérience sensorielle et corporelle. Ni les sons ni la musique ne sont séparés de l'ensemble de ses découvertes.

C'est lors d'une période d'éveil calme où le nourrisson est rassasié et reposé, où il fixe son regard sur les visages, qu'il réagit le plus aux voix de l'entourage ; il bouge très peu et son énergie semble utilisée entièrement à regarder et à écouter. D'une part, l'état d'éveil calme semble être le moment tout indiqué pour parler au nouveau-né (Klauss, p. 21), pour communiquer avec lui de manière générale à travers, entre autres, les soins et les moments de contact corporel. D'autre part, l'état alerte convient davantage que les autres conditions pour animer des petits jeux invitant le bébé à faire de nouvelles découvertes.

Profitez des périodes d'assoupissement ou d'éveil calme du nourrisson alors qu'il n'a ni faim, ni sommeil, ni inconfort pour lui parler en douceur, et lui murmurer des mélodies.

Réservez les activités pour les temps d'éveil alerte.

LES PRÉFÉRENCES SONORES DU NOURRISSON

Tout comme pour le fœtus, la voix humaine fait partie des préférences sonores des nouveau-nés. Si on lui parle à l'oreille lorsqu'il est en état d'éveil calme, le bébé dirige ses yeux puis sa tête vers la voix entendue. Son expression faciale montre un intérêt marqué pour les sons vocaux repérés. Il tente de fixer son regard sur les yeux de son interlocuteur et, si celui-ci poursuit son émission vocale, le bébé s'y intéresse davantage.

Des recherches révèlent la préférence des nouveau-nés pour les voix aiguës qui semblent avoir un effet calmant sur eux (Feijoo cité par Bustarret, 1982, p. 122). D'ailleurs, ce même phénomène est observé durant la période prénatale, comme on l'a vu précédemment. On a remarqué que les mères et les pères ont tendance à adopter instinctivement des voix douces et aiguës lorsqu'ils s'adressent à leur bébé pour la première fois après l'accouchement. Cet usage du langage enfantin que certains surnomment le *parler bébé* semble universel. Il s'agit d'un sous-système linguistique ou, plus simplement, d'un jeu vocal spontané chez l'être humain qui accompagne les premiers pas vers la communication verbale. En général, le parler bébé s'efface de lui-même chez les adultes et laisse place à d'autres formes de jeux vocaux comme le jeu de coucou, le jeu de « je vais t'attraper » ou celui de « montre-moi ».

Un nouveau-né est programmé pour reconnaître les sons humains. Par exemple, un nouveau-né âgé de quelques heures seulement réagit différemment aux pleurs humains qu'à ceux produits de manière synthétique par un ordinateur (Woolfson, p. 22).

Le D^r De Casper (Klauss, p. 62) a découvert que les nouveau-nés préfèrent entendre la voix féminine à la voix masculine en raison du ton plus aigu qui la caractérise, et qu'ils aiment davantage la voix de leur mère que celle des autres femmes. De manière générale, le bébé se calme lorsqu'il entend la voix douce de sa mère. On le sait scientifiquement depuis qu'une étude a mesuré son rythme de succion en fonction de divers sons entendus. Le nourrisson tète plus vigoureusement une sucette qui déclenche l'enregistrement de la voix de la mère qu'une autre tétine activant l'enregistrement d'une voix étrangère (Olds et Papalia, p. 95). Cette propension résulte sans doute du fait que le fœtus s'est habitué à la voix maternelle, omniprésente pendant la grossesse. La régularité de la présence vocale du père durant la grossesse influencerait sans doute les résultats.

Suite à ses recherches surprenantes, un médecin japonais, qui voulait calmer des bébés naissants pour faciliter l'administration de soins médicaux, leur a fait entendre un enregistrement de bruits intra-utérins. Les résultats se sont avérés très positifs, car plus de 80 % des bébés arrêtaient de pleurer. C'est à partir de ces constatations qu'une bande sonore de bruits intra-utérins fut réalisée et commercialisée et dont la vente s'éleva à plus d'un million d'exemplaires. Avec cet enregistrement, on venait de donner aux parents un moyen magique pour faire taire les pleurs de leur bébé. Mais les effets d'une telle pratique, à moyen et long terme, demanderaient à être évalués sérieusement. Il est à craindre que chaque fois que le bébé tente de s'exprimer en pleurant, on ne le fasse pas régresser en le ramenant dans un environnement sonore périmé. Le bébé a davantage besoin de se blottir dans les bras d'un adulte bienveillant, à l'endroit même où il peut percevoir le rythme naturel du cœur.

> Le nouveau-né démontre une préférence marquée pour certains sons : la voix maternelle, les bruits intra-utérins enregistrés, une mélodie familière ou la prosodie d'un texte familier, sa langue maternelle.

Le bébé est doté d'une intelligence sensorielle qui capte les émotions. Quand Françoise Dolto disait que les nouveau-nés comprenaient les paroles de leurs parents, on la prenait pour une illuminée

(Antier, p. 36). Mais, depuis peu, les chercheurs lui ont donné raison en apportant la preuve à son affirmation, à savoir que le bébé possédait l'extraordinaire capacité à percevoir le sens émotionnel des paroles de la mère.

Le bébé perçoit le contenu émotionnel de la voix et des paroles de sa mère.

L'ÉVEIL SONORE ET MUSICAL DU POUPON (DE 4 MOIS À LA MARCHE)

> Il est impressionnant de constater la capacité qu'a le bébé de chantonner avant même de parler. Et c'est à plat dos qu'il est le plus à l'aise à le faire.

DES RÉACTIONS MAINTENANT VOLONTAIRES

Les réflexes archaïques du bébé comme tourner la tête en direction d'un son disparaissent peu à peu entre trois et huit mois à mesure que progresse son système nerveux. C'est entre 4 et 6 mois que le bébé apprend à discriminer les personnes et à porter davantage attention à la figure maternante. La motricité volontaire qui s'installe après trois mois fera en sorte qu'il pourra suivre un bruit qui se déplace, se laisser distraire par une voix lorsqu'il boit son biberon, participer à un échange vocal établi par un adulte. Aussi, il n'agit plus seulement en auditeur, mais en tant qu'acteur produisant des sonorités et des rythmes. Gazouiller, secouer un hochet, se dandiner au son d'une musique font partie de l'éveil sonore et musical auquel il participe dorénavant plus activement.

À partir de 4 mois, le bébé commence à agir sur les objets et sur ses ressources corporelles pour émettre des sons. En plus de son potentiel d'écoute depuis longtemps mis en place, il se voit maintenant doté de capacités d'expression sonore : il babille, agite un hochet pour le faire tinter, le laisse tomber.

« COUCOU ? AH ! »

À partir de six mois, le bébé se familiarise avec la permanence de l'objet, c'est-à-dire qu'il comprend qu'un objet continue d'exister même s'il ne le voit immédiatement. Il aime se livrer à des jeux de cache-cache « *Cou-cou, Alexandre ? Cou-cou ? Tu es là ?* » avec des rires et des regards complices. L'apparition puis la disparition du visage derrière les mains procurent à coup sûr une joie renouvelée au bébé.

Le repérage d'un objet par le son est un autre jeu de cachette qui stimule la curiosité de l'enfant. On cache un jouet musical qui fait un son prolongé, puis on cherche d'où il provient. Après l'avoir trouvé, on nomme la source et on décrit les sons avec des mots simples.

Tirez parti de l'apprentissage graduel de la permanence de l'objet vers 6 à 8 mois pour jouer à coucou avec l'enfant.

« CHUT ! JE VEUX M'ENTENDRE... »

À cet âge, le bébé cherche à émettre des sons pour communiquer : gazouillis, babillage, jargon expressif. Cette forme de langage préverbal typique de cette période est davantage favorisée si son besoin premier, qui est de s'entendre, se trouve assouvi.

Il est important d'offrir au bébé une ambiance sonore calme pour qu'il puisse entendre les sons qu'il produit. C'est à la fois un besoin vital et un plaisir irrésistible pour lui que de s'écouter.

Dans le cas où un fond sonore ne permettrait pas de faire ressortir ses productions vocales, le bébé aura tendance à freiner son élan ou à utiliser exagérément ses cris et ses pleurs pour réussir à s'entendre, d'où l'importance d'assurer le calme nécessaire dans son environnement.

Le bébé aime aussi entendre les sons qu'il produit en frappant sur des surfaces ou sur des objets. Le plus souvent, il le fait vigoureusement en insérant des pauses.

Le jeune enfant prend plaisir à faire des sons avec ses mains et ses doigts sur des surfaces qui lui sont accessibles.

Entre 0 et 2 ans, l'enfant se trouve au stade sensori-moteur, c'est-à-dire qu'il construit ses connaissances avec son corps et ses sens. Il en va de même avec ses activités sonores et musicales qu'il mène de manière *sensori-motrice*. À partir de sons et de musiques qu'il entend, d'objets qu'il manipule, le tout-petit regarde, écoute, explore avec sa bouche, se dandine, vocalise, imite, tape, rit, en redemande. Il perçoit, ressent, reconnaît, réagit et apprend. En fait, il vit sa petite enfance en toute liberté.

L'ÉVEIL SONORE ET MUSICAL DU TROTTINEUR (DE LA MARCHE À 2 ANS)

> La curiosité naturelle du trottineur alliée à ses habiletés de coordination lui ouvrent la voie sur tout un monde de nouvelles expériences en matière de jeu sonore. Avec ce début d'autonomie marquée par l'acquisition progressive de la marche et ses capacités grandissantes de préhension, son désir d'exploration et d'échange interpersonnel augmente. On assiste alors à une véritable explosion des capacités expressives sonores du tout-petit.

« CAPAB'... TOUT SEUL »

Devenues plus performantes, les habiletés acquises, comme marcher, manipuler et déplacer des objets, motivent le trottineur à devenir plus autonome. Il démontre un besoin accru d'affirmation en s'opposant à l'adulte, en cherchant à se débrouiller seul et en exprimant ses choix. Toutefois, il demeure très dépendant de l'adulte sous des apparences d'indépendance. Le tout-petit a encore besoin de se sentir protégé et sécurisé pour se livrer à ses explorations sonores en toute confiance. Le rôle de l'adulte consiste à lui offrir un environnement et des attitudes favorables à l'affranchissement de ses nouvelles possibilités.

> Sous une apparence de grande indépendance, le tout-petit, qui se déplace maintenant seul, a encore grand besoin de la compagnie de l'adulte pour se laisser aller à ses explorations sonores.

L'enfant de cet âge continue à aborder le monde avec ses sens et ses actions. Ses productions sonores se concentrent essentiellement sur les gestes frappés et secoués. Les autres modes de production, tels le frotté, le soufflé, le pincé et le gratté, apparaîtront plus tard avec le développement de sa dextérité.

« SI JE PEUX PARLER, JE PEUX CHANTER »

C'est essentiellement par imitation que l'enfant apprend à parler et à chanter.

En étant capable vers 13 ou 14 mois de prononcer ses premiers mots, le trottineur peut maintenant chanter des bouts de chanson. Ce sont les premières ou dernières paroles, ou celles qui se répètent, que le bébé tente d'abord de reproduire. Il se montre intéressé à regarder et à écouter plus longtemps l'adulte chanter.

« MOI, MOI, MOI... »

La centration marque la période de 18 à 24 mois. Même si le bébé accède à une pensée plus élaborée, sa compréhension du monde est encore façonnée à partir de sa propre perception des choses. Par exemple, il découvre à l'intérieur d'une musique entendue un certain nombre de mouvements et d'attitudes qu'il rattache à son vécu. C'est ainsi qu'en entendant une série de sons caractérisés par des sons rapides saccadés il pourra croire que « la musique court très vite ».

Le tout-petit appréhende le fonctionnement des choses à travers son propre point de vue.

Au niveau social, le bébé se montre égocentrique, encore peu enclin à partager. Il aime garder le jouet sonore qu'il a dans ses mains, engendrant ainsi plusieurs conflits avec ses pairs. Cependant, il peut accepter plus facilement d'échanger un objet contre un autre. Il ne faut pas s'étonner que le petit de 18 mois veuille garder pour lui tous les objets sonores que l'éducatrice vient de sortir, ce qui accroît la tension alors qu'il n'en était rien auparavant. Offrir plusieurs exemplaires d'un même objet s'avère très utile avec ce groupe d'âge. Ce n'est que vers trois ans que l'enfant peut réellement faire une place aux autres dans ses expériences.

La notion de partage s'assimile lentement chez l'enfant. Échanger un objet contre un autre lui convient mieux que de donner sans rien avoir en retour.

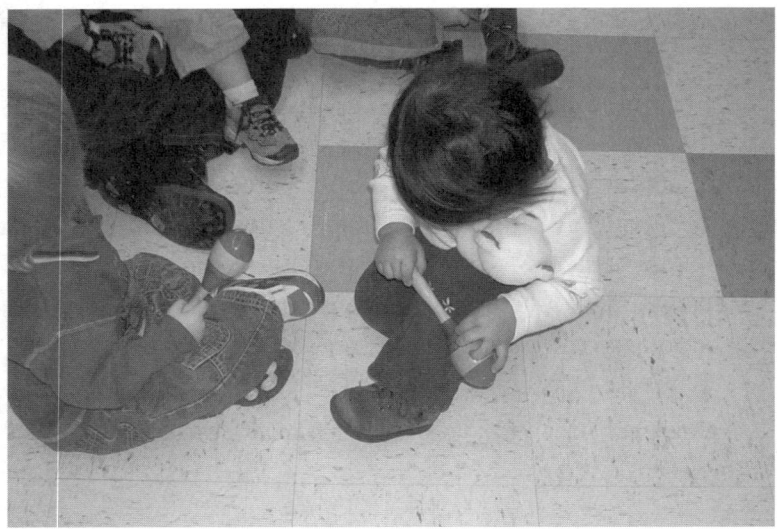

Le fait d'offrir aux enfants plus d'un exemplaire d'un même instrument de musique leur épargne de nombreuses frustrations.

À 18 mois, la permanence de l'objet est une notion acquise. L'enfant sait qu'un objet continue d'exister même s'il sort de son champ de vision. Plus que jamais, il démontre un grand plaisir à repérer un son dont la source est dissimulée, ce qu'il réussit plus rapidement.

« JE PEUX MAINTENANT IMAGINER »

Entre 18 et 24 mois, l'enfant devient capable d'engranger ses expériences sous forme d'images mentales. Sa mémoire et sa compréhension plus développées l'amènent à entendre dans sa tête une chanson entendue plus tôt. « Encore », pourra-t-il dire pour exprimer son désir de réentendre la musique qui fait danser.

Le développement de cette fonction symbolique enrichit son langage qui s'améliore sans cesse. L'enfant peut imiter des sons d'animaux, chantonner, réclamer une chanson en l'évoquant par un mot ou un mouvement, reconnaître une comptine par une image représentative, savoir que le mot musique réfère à une expérience agréable, se représenter un chien comme il le connaît, en entendant un jappement. Il démontre un intérêt pour les chansons qui l'amènent à montrer les parties de son corps, notamment celles du visage même s'il ne chante pas encore lui-même. Au cours de ses deux premières années, l'enfant arrive à reconnaître plus d'une vingtaine de comptines et chansons.

L'enfant de 18 à 24 mois commence à prêter vie aux objets qu'il touche, qu'il voit ou entend. C'est ainsi qu'il peut croire que le tonnerre gronde parce que les nuages sont fâchés, que la pomme qu'il croque est vivante, que le tambourin peut servir de tablette, que le foulard peut se transformer en nappe. Certains bruits peuvent commencer à l'effrayer alors qu'ils passaient inaperçus auparavant, comme s'il leur donnait des intentions : le tonnerre gronde parce qu'il est fâché, l'aspirateur ressemble à un animal avec sa grosse voix et son allure. Les activités musicales peuvent sembler perturbées par les sautes d'humeur caractéristiques des enfants approchant l'âge de deux ans. Cela marque de façon importante son premier passage de stade de la dépendance à celui de l'indépendance.

> Jusqu'à 18 mois, la connaissance du bébé s'établit à partir de la perception et de l'action plutôt que par la pensée.

« JE SUIS UNIQUE »

Chaque bébé a sa personnalité que l'on se doit de respecter. Certains reproduisent leur premier bout de chanson longtemps après l'avoir entendue alors que d'autres se mettent de la partie très tôt. Quelques-uns se risquent à faire la finale d'une comptine pendant qu'un enfant se contente de fredonner un fragment de mélodie.

Chaque bébé est unique. Le développement moyen d'un bébé est un leurre. Il y a une différence entre un bébé normal et un autre qui se situe dans la moyenne. Certains bébés deviennent plus tôt habiles à saisir un objet alors que d'autres investissent leur énergie à devenir de meilleurs observateurs. Quelques-uns se concentrent sur leur langage pendant que d'autres développent leur sens musical. Peu importe si une habileté arrive plus tôt ou plus tard dans le développement de l'enfant, c'est l'évolution harmonieuse qui importe (Antier, p. 7). Il faut donc manier les indications de norme, comme celles qui sont présentées dans l'encadré suivant, avec beaucoup de discernement. Elles n'ont pour seul but qu'une meilleure connaissance des caractéristiques générales de l'enfant de 0 à 2 ans.

Chaque bébé est un être unique ayant une personnalité qui lui est propre.

Encadré 2.2 Résumé du développement de l'éveil sonore et musical de l'enfant de 0 à 2 ans

DE 0 À 3 MOIS : UNE ÉCOUTE RÉCEPTIVE

- Le nouveau-né s'apaise au son d'une berceuse qu'on lui chante dans les bras et dont le rythme est légèrement accentué par le bercement.
- Il vit les sensations globalement : plaisir de téter-être bercé-entendre une chanson familière-être dans des bras réconfortants.
- Il est très absorbé par les sensations de plaisir (téter) et de déplaisir (faim, inconfort). Les stimuli sonores arrivent difficilement à le distraire dans les moments de grande concentration, pas même sa chanson préférée.
- Il écarte brusquement les bras et les ramène sur sa poitrine, ou pleure ou ouvre les yeux à la suite d'un bruit soudain (réflexe de Moro).
- Il peut émettre des petits sons gutturaux de courte durée, des sons avec une voyelle : a, e, u. Il pousse des cris forts et fait des petits rires. Le même phénomène se retrouve chez les enfants malentendants.

- Il découvre l'échange vocal vers 2 mois. Il répond aux stimulations sonores de son interlocuteur. C'est le début du langage préverbal. Il ne vocalise qu'en position à plat dos et semi-couchée.
- L'état d'éveil calme où le corps est posé, le regard immobile, correspond à un temps propice où le nourrisson réagit le plus aux sons et aux voix de l'entourage.
- Il tourne instinctivement le regard et la tête en direction d'une voix familière. Il s'agit d'une réaction courte et ponctuelle.
- L'oreille du bébé ne peut capter plusieurs sons à la fois, tendance qui se poursuivra jusqu'à 3 ou 4 ans.
- Par le ton de voix utilisé, il saisit qu'on s'adresse à lui ou que l'on parle de lui.

DE 3 À 7 MOIS : UNE ÉCOUTE ACTIVE ET UN DÉBUT D'EXPLORATION SONORE

- Le bébé est capable d'expériences plus prolongées et stables. Il vit des périodes de jeu plutôt calmes.
- Le babillage (babababa) est remarqué entre 2 et 8 mois chez les bébés de toutes les cultures – et même chez les malentendants –, après quoi les sons vocaux libres enregistrent un ralentissement pour laisser place aux sons propres à la langue maternelle.
- Le bébé préfère entendre sa langue maternelle.
- Quand il boit au biberon, il peut se laisser distraire par les sons qu'il entend, surtout s'il s'agit d'un son qu'il aime, comme la voix de sa mère.

- Il regarde et répond aux sons produits par l'adulte qui lui parle en suivant le mouvement de ses lèvres. Il saisit le principe du « chacun son tour » dans l'échange.
- Il réagit aux chatouilles en riant et il comprend que sa réaction incite l'adulte à répéter.
- Il s'apaise au son d'une musique familière.

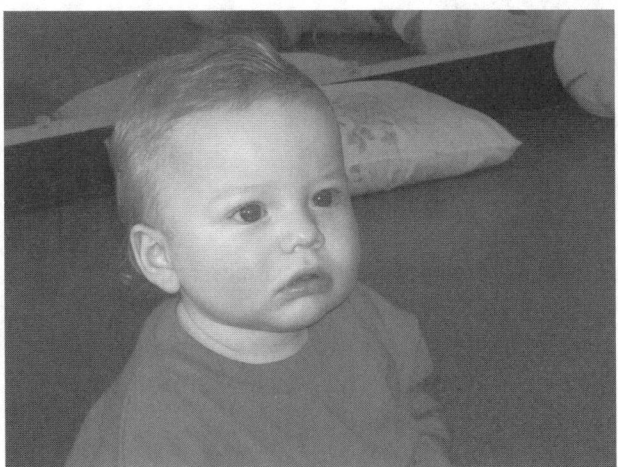

- Il suit du regard une source sonore qui se déplace dans son champ de vision, pendant un court moment seulement.
- Il est très sensible aux sons aigus : clochettes, sifflets, etc.
- À partir de 4 mois, il peut empoigner des objets qu'il voit et qui lui sont accessibles. Son intérêt se développe pour les hochets ou les objets qui produisent des sons en les secouant.
- Il découvre, d'abord fortuitement puis intentionnellement, les sons d'un hochet, par exemple, en l'agitant et en faisant de courtes interruptions ; il continue à l'explorer aussi avec sa bouche.
- Il proteste si on lui enlève son jouet préféré.
- Il réagit à son prénom.

DE 8 À 12 MOIS : UNE ÉCOUTE ET UNE EXPLORATION SONORE ACTIVES

- Le bébé produit des syllabes propres à sa langue maternelle et délaisse celles qui n'y appartiennent pas.
- De par sa mobilité croissante, il vit ses explorations de manière plus active, mais plus instable. Il se laisse facilement distraire et abandonne l'exploration en cours.
- Il délaisse son activité si on l'interpelle.
- Il manifeste une réaction joyeuse à une musique rythmée.
- Avec ses yeux et sa tête, il suit un son qui se déplace dans son environnement, et ce, de manière soutenue.
- À compter de 7 ou 8 mois, les arrêts et les reprises dans ses productions sonores sont davantage contrôlés.
- Le bébé commence à chercher des objets qui disparaissent de son champ de vision mais dont il peut avoir des indices. Son intérêt pour les jeux de coucou sonore débute.
- Il exerce différents schèmes moteurs, comme frapper un objet contre une surface, le secouer, le presser, le déchirer, le laisser tomber. Aussi, il démontre une capacité et un intérêt à presser les objets qui couinent.
- Le bébé sourd de naissance cesse de vocaliser et devient muet.
- Dès 7 mois, le bébé aime entendre et réentendre les sons qu'il produit lui-même en suite de syllabes qui se terminent souvent par « a ».

- Il exerce son larynx, sa langue, le voile de son palais, ses lèvres en enchaînement des séries de syllabes : pa-pa-pa-pa, mum-mum-mum-mum, etc.
- Son désir à perfectionner ses habiletés l'amène à recommencer inlassablement une même action sonore parfois au grand désespoir des adultes.
- Vers 9 mois, il exerce une nouvelle habileté, celle de relâcher volontairement sa prise. Il prend alors plaisir à laisser tomber un objet dont le son de la chute le captivera. Il recommence plusieurs fois de suite le cycle *prendre-relâcher-écouter*.
- Il réagit corporellement à une musique entraînante : frappe des mains, se balance le tronc ou fait des secousses avec son fessier, mais sans trop de coordination avec la musique.
- Il participe aux chansons en imitant un geste simple prédéterminé, mais de manière inconstante : frapper des mains, agiter les mains dans les airs, etc. Il écoute et regarde davantage qu'il ne chante.
- Se montre plus instable sur le plan émotif. Il peut passer des pleurs au rire, pleurer si une personne inconnue le regarde ou le touche.
- En raison de l'angoisse de la séparation qui apparaît, il peut rechercher à tout prix la compagnie d'un adulte qu'il affectionne pour s'adonner librement à ses explorations.

DE 12 À 18 MOIS : UNE ÉCOUTE ET UNE EXPLORATION SONORE PLUS ACTIVES

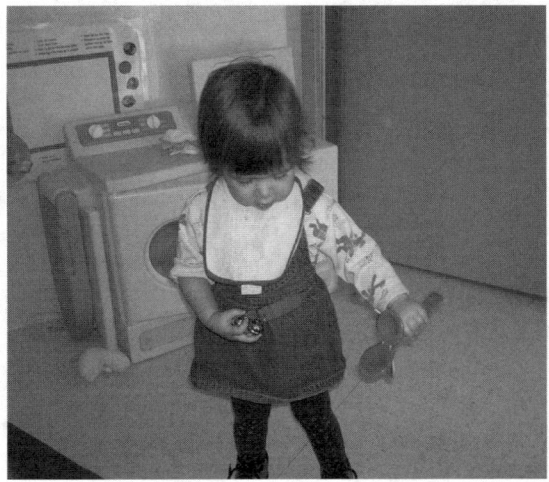

- Maintenant devenu trottineur avec l'acquisition de la marche, le bébé de cet âge se déplace pour explorer les possibilités multisensorielles des objets. Tout comme il le faisait auparavant, il continue à découvrir son environnement de manière globale en incluant les sensations auditives comme propriétés parmi tant d'autres.
- Il s'intéresse aux instruments à percussions dont l'adulte joue près de lui.
- Il n'hésite pas à signifier son désir de voir reprendre une chanson qu'il aime, par un geste, un son ou un mot comme « encore ».
- Il se balance ou se trémousse plus longtemps au son de la musique.

DE 18 À 24 MOIS : ÉCOUTE ET EXPLORATION TRÈS ACTIVES

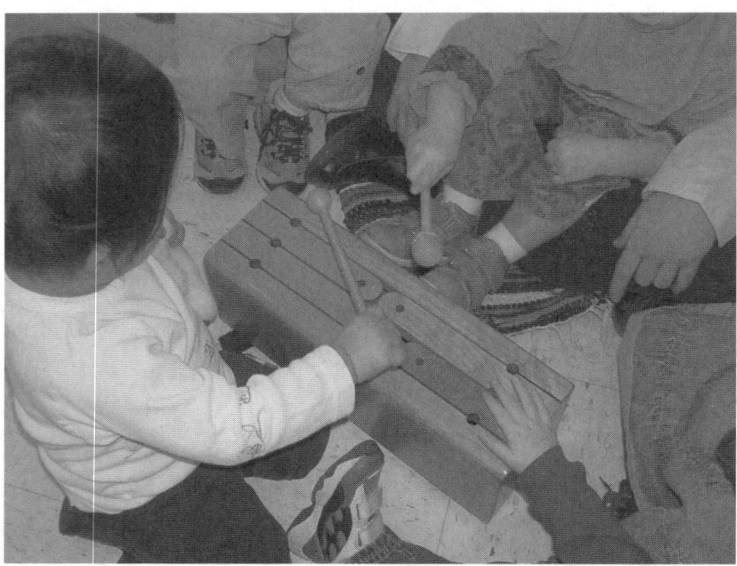

- L'enfant reconnaît le début et la fin d'une chanson et peut y participer avec un mot ou un geste.
- Il reconnaît plus de 20 comptines et chansons entendues régulièrement soit en les désignant à l'aide d'images correspondantes, soit en effectuant un geste ou un son associé.
- Il répond rythmiquement à une musique par une activité générale du corps : les bras, la tête, les jambes. Ses mouvements sont de plus en plus coordonnés ; il suit davantage les changements de vitesse, cesse ses mouvements à l'arrêt de la musique.

- Il identifie des sons d'animaux qu'il connaît à partir d'un enregistrement sonore. Il s'amuse à les imiter.
- Il découvre à l'intérieur des chansons ou des musiques des mouvements, des attitudes qu'il rattache à son vécu. « La musique est fâchée », pense-t-il à l'audition de sons forts insistants.
- Il peut être apeuré par des bruits alors qu'il n'en était rien auparavant.
- Son attention ne peut capter les entrées sensorielles provenant de sources différentes. Il se concentre sur une seule chose à la fois. Par exemple, il est encore incapable de faire les gestes de l'adulte tout en suivant la chanson qui joue, ou de s'écouter chanter tout en frappant le rythme de la chanson. Cependant, son attention peut être transférée en alternance, soit faire des gestes et chanter quelques paroles, ou vice versa.

Suggestions d'activités d'animation

1 Des chansons en images 117
2 La cachette sonore 118
3 Les sons qui se promènent 119
4 Le bracelet sonore 120
5 L'appel du carillon 121
6 Des paroles rythmées 122
7 La musique des gestes 123
8 Les couleurs de la voix 124
9 Je bouge et je m'arrête 125
10 Vite ou lent 126
11 Qu'est-ce qu'on entend ? 127
12 Transformer sa voix 128
13 La voix enregistrée 129
14 Voix parlée, voix chantée 130
15 Une chanson juste pour toi 131
16 Des sons enregistrés 132
17 Des sons inusités 133
18 Chaque instrument est unique 134
19 L'écho de la voix 135
20 De la musique à écouter 136
21 Le grand papier qui bruite 137
22 Ne les réveillez pas 138
23 Gros ou petit, grave ou aigu 139
24 Imiter des bruits 140
25 Le petit musicien 141
26 Son ou silence 142
27 En rimes 143

NOTES À L'UTILISATEUR

Voici 27 activités qui offrent à l'adulte l'occasion de vivre de riches expériences musicales en complicité avec le bébé. Présentées sous forme de petits jeux, les activités proposées ont la particularité de dépasser la simple exploration de jouets sonores manufacturés, la consommation de chansons enregistrées ou l'écoute passive de musique. Elles sont une source inestimable de plaisir et de découverte à partager avec les petits.

Il est important que les activités se déroulent dans une ambiance de plaisir afin d'encourager la participation du tout-petit. Généralement peu structurées et de courte durée, ces activités ne requièrent pas ou très peu de matériel. Elles peuvent être vécues avec un ou quelques enfants, ici et là au cours de la journée, et à des moments où le bébé se montre dispos.

Pour faire vivre les activités aux enfants, il n'est pas nécessaire de connaître la musique, d'avoir des instruments coûteux en sa possession ou de se trouver dans un lieu spécialisé ou un contexte idéal ; il suffit de posséder un minimum de connaissances, un bon sens de l'observation et de faire preuve de beaucoup de tendresse à l'égard des bébés.

Les expériences proposées se veulent des prétextes pour enrichir de manière ludique les premières découvertes musicales des tout-petits. Sans être magiques, les idées suggérées agissent néanmoins comme point de départ et d'appui pour favoriser des moments musicaux qui évolueront en fonction du contexte et des besoins des enfants.

Pour retirer plaisir et satisfaction des activités, l'adulte est invité à faire preuve de discernement, de patience et de souplesse, et à user de bon sens pour adapter ses gestes, ses paroles et ses silences aux réactions des enfants. Mais, avant tout, le défi pour l'adulte consiste à assurer une présence rassurante, détendue et non envahissante, des conditions essentielles pour instaurer le climat favorable à une découverte heureuse de la musique. Puisqu'aucun matériel, même celui qui est réputé le plus sécuritaire, ne peut être totalement inoffensif pour un bébé, il revient à l'adulte la responsabilité de faire de la sécurité une priorité en tout temps.

Que c'est amusant de faire une petite ronde !

Même si des recommandations ont été émises quant au niveau d'âge minimal idéal pour présenter les jeux, l'adulte jugera par lui-même de la pertinence des activités, car les capacités diffèrent d'un enfant à l'autre en dépit de leur âge.

Pour l'enfant, le jeu permet de découvrir le monde sonore qui l'entoure. Pour l'adulte, l'animation des activités offre l'occasion d'exercer ses propres habiletés musicales, de s'intéresser aux sons et à la musique avec ouverture et curiosité, à la manière des tout-petits. Jouer à animer, voilà l'ultime défi auquel est convié l'adulte.

Puisque jouer avec un bébé figure parmi les expériences les plus intéressantes à vivre pour quiconque a préservé son sens de l'émerveillement, il ne reste plus qu'à souhaiter des heures de plaisir aux adultes qui s'y livreront.

Place au jeu et à la musique !

ACTIVITÉ N° 1
DES CHANSONS EN IMAGES

Des images significatives associées à des chansons aident à structurer la mémoire auditive de l'enfant.

Âge : À partir de 9 mois

Notion musicale : Mémoire auditive

Matériel : Images de chansons plastifiées

> À l'aide d'images évocatrices, inviter l'enfant à reconnaître des comptines et des chansons qu'il connaît.

Préparation : Sélectionner une image simple avec des contours bien définis qui correspond clairement au sujet principal d'une comptine ou d'une chanson choisie. Exemple : une image de bateau représente la chanson *Bateau sur l'eau*, une image de pieds évoque la chanson *Pieds bien chaussés*. Coller l'image sur un carton rigide puis la recouvrir d'un plastique transparent autocollant pour assurer une meilleure sécurité et durabilité.

DÉROULEMENT : Montrer aux enfants une image de chanson qui leur est devenue familière. Laisser les enfants la regarder pour les aider à anticiper les premiers mots de la chanson et à ressentir l'élan des premiers rythmes. Fredonner la chanson, reproduire les gestes, s'il y a lieu. Procéder de la sorte avec une autre image correspondant à une autre chanson. Une fois l'activité terminée, accrocher les images à un support circulaire muni d'épingles à ressorts et le suspendre au plafond. Retirer une image à la fois au moment propice : à la demande d'un enfant, lors d'un temps mort, ou pour apporter une diversion. Puisque l'enfant peut reconnaître plusieurs chansons par l'intermédiaire d'images représentatives, il est bon d'en ajouter régulièrement.

➤ Commencez et terminez la présentation avec une comptine ou une chanson favorite.

➤ Prévoyez plusieurs exemplaires de la même image si les enfants les manipulent.

➤ Suspendez le mobile hors de la portée des enfants tout en leur donnant la possibilité de le voir et de le pointer à volonté.

VARIANTE : Rassembler les images dans un album ou dans une boîte que les enfants pourront consulter à leur guise.

ACTIVITÉ N° 2
LA CACHETTE SONORE

L'intérêt du bébé pour le jeu de coucou apparaît vers 6 à 8 mois parallèlement au début de l'acquisition de la permanence de l'objet selon la théorie de Piaget. C'est un jeu qui, présenté dans une forme plus complexe, peut également plaire aux enfants plus vieux.

Âge : À partir de 8 mois

Notion musicale : Provenance de sons

> **Dissimuler un objet émettant une mélodie et inviter le bébé à le retrouver.**

Matériel : Jouet musical à remonter ou électronique, ou bouton musical à pression

Préparation : Aucune

DÉROULEMENT : Mettre en fonction le jouet musical devant les enfants ou hors de leur vue selon leur habitude à jouer à ce jeu. Plus expérimentés ils seront, plus élevé devra être le niveau de difficulté. Pour les débutants, il vaut mieux effectuer devant eux les étapes précédant la cachette du jouet. Pour les autres, il peut être intéressant de le faire à leur insu et de cacher deux objets. Inviter les enfants à se servir de leur ouïe pour deviner. « Écoute avec tes oreilles ». Simuler de ne pas savoir où se trouve le jouet sonore. Jouer à localiser les sons : « Qu'est-ce que j'entends ? Coucou la musique, où es-tu ? » Inviter l'enfant à trouver la musique cachée : sous une couverture près de lui, dans une boîte facile d'accès, dans la poche d'un pantalon. Faire apparaître l'objet dissimulé si l'enfant n'arrive pas à le faire.

➤ Guidez les enfants, au besoin, tout en leur laissant le temps de réagir et d'agir. Le secret de la réussite d'une activité demeure sans contredit l'observation qui permet à l'animateur de mieux intervenir.

➤ Ne cachez pas l'objet trop loin, ce qui empêcherait l'enfant de bien entendre l'objet caché, ou dans un endroit difficile d'accès. Donnez la chance à l'enfant de le retrouver assez facilement sans avoir à grimper sur les meubles ou à vider des boîtes.

➤ Participez activement au jeu pour que l'intérêt de l'enfant ne se dissipe pas hâtivement sans toutefois surstimuler l'enfant.

➤ Cessez le jeu avant que le tout-petit ne se lasse.

VARIANTES :

1) Varier les endroits de cachette en considérant les capacités de l'enfant.
2) Cacher simultanément deux objets musicaux aux sons distincts.

ACTIVITÉ N° 3
LES SONS QUI SE PROMÈNENT

Localiser des sons fait partie des premières capacités démontrées par le bébé. En plus de stimuler sa coordination audiovisuelle en place dès l'âge de trois mois, cet exercice développe le contrôle de sa tête. Créer régulièrement des occasions propices pour consolider ces compétences.

Âge : À partir de 3 mois

Notion musicale : Localisation de sons

Matériel : Sonnailles de fabrication artisanale ou bracelets sonores manufacturés

Préparation : Aucune

> **Amener l'enfant à suivre des yeux un son qui se déplace dans la pièce.**

DÉROULEMENT : Attacher un bracelet sonore à son poignet ou à sa cheville. Le laisser tinter naturellement pendant les déplacements effectués lors des tâches routinières. Faire remarquer les sons qui se déplacent dans la pièce.

➤ Ne prolongez pas inutilement la durée de cette activité : 2 à 5 minutes suffisent, mais il est bon de la faire régulièrement.

VARIANTES :

1) Accrocher un grelot au balai que l'on passe.

2) Se déplacer dans la pièce en transportant un appareil audio en marche ou en plaçant un bouton sonore dans une pochette de vêtements.

3) Jouer à faire bourdonner une abeille en promenant un doigt dans les airs pour ensuite la faire atterrir sur différentes parties du corps de l'enfant. Varier la hauteur du bourdonnement. Suivre la trajectoire du doigt pour aider le bébé à mieux localiser le son.

ACTIVITÉ N° 4
LE BRACELET SONORE

Agiter un objet est l'un des premiers gestes sonores qu'exécute volontairement l'enfant. Il réalise qu'en remuant le bras le bracelet de grelots produit des sons. C'est la compréhension de cause (geste) à effet (son) qui s'établit. Dès que ses gestes s'affinent, il préfère tenir le bracelet de grelots directement dans sa main que de l'avoir accroché à son poignet.

Âge : À partir de 4 mois

Notion musicale : Reproduction rythmique

> L'enfant est invité à faire sonner des grelots attachés à son poignet.

Matériel : Sonnailles de fabrication artisanale ou bracelets sonores commerciaux. Fait important à signaler : les tintements et les cliquetis captent davantage l'attention des petits que les autres sons. Extraits musicaux à vitesses variées contrastantes et, si possible, avec des interruptions.

Préparation : Pour fabriquer des sonnailles maison, il s'agit d'enfiler un grelot ou une petite clochette à un cure-pipe dont on aura bien pris soin de refermer les extrémités. Tant que les bébés sont encore à l'étape de porter les objets à leur bouche, il est préférable de coudre les grelots à une bande élastique ou, encore, d'utiliser des bracelets commerciaux dont les grelots sont fixés solidement. On peut également se servir de petites mitaines ou de chaussettes pour y fixer des grelots.

DÉROULEMENT : Il est préférable de coucher sur le dos l'enfant qui est incapable de s'asseoir seul. Pour les autres, leur laisser prendre la posture de leur choix : assise ou debout. Fixer une sonnaille ou un bracelet sonore au poignet ou à la cheville du bébé. Le laisser remuer les pieds et les bras délibérément, ce qui déclenchera des sons. Une fois l'activité terminée, ranger le matériel hors de la portée des enfants.

➤ Permettez à l'enfant de prendre des initiatives, soit en agissant par lui-même, soit en imitant les gestes des autres. Évitez de faire sonner les grelots à sa place.

➤ Vérifiez régulièrement la solidité et la sécurité du matériel et gardez un œil vigilant sur l'enfant.

VARIANTES :

1) Mettre de la musique pour inciter les enfants à bouger, ce qui déclenchera les sons de grelots.
2) Prévoir de courtes interruptions dans le déroulement musical pour exercer les réflexes arrêt/départ.
3) Accrocher une deuxième sonnaille à un autre endroit sur l'enfant.

ACTIVITÉ N° 5
L'APPEL DU CARILLON

Se repérer dans le temps et l'espace est essentiel pour le bébé qui n'a pas encore acquis la notion du temps.

Âge : À partir de 6 mois

Notion musicale : Reconnaissance auditive

Matériel : Carillon suspendu émettant des sons agréables

Préparation : Suspendre un carillon hors de la portée des enfants à l'endroit où se fait généralement la tâche qui y sera associée : changement de couche, habillage, etc.

> **Avertir l'enfant du début ou de la fin d'une activité à l'aide de sons cristallins.**

DÉROULEMENT : Faire tinter un carillon suspendu pour annoncer une activité quelconque. Inviter l'enfant à prêter l'oreille : « Qu'est-ce que tu entends ? Que signifient ces sons ? » Après quelques répétitions, l'enfant fera vite le lien entre les sons entendus et le jeu suggéré ou la tâche effectuée.

➤ Évitez que les sons émis embrouillent ou interrompent la communication interpersonnelle. Une fois les sons entendus, laissez les sourires, les regards et les mots tendres assurer l'essentiel de l'échange entre vous et l'enfant.

➤ Choisissez un carillon aux sons clairs et bien définis.

VARIANTE : Utiliser d'autres sons pour annoncer une autre activité : triangle, petite clochette, boîte à musique avec jolie mélodie, etc. Il importe d'associer les mêmes sons à une même activité.

ACTIVITÉ N° 6
DES PAROLES RYTHMÉES

Le langage des paroles rythmés plus que le parler ordinaire attire l'attention des petits.

Âge : À partir de 6 mois

Notion musicale : Écoute

Matériel : Aucun

Préparation : Aucune

> S'adresser à un enfant en lui parlant en rythmes bien marqués.

DÉROULEMENT : Parler en rythmant les paroles, en découpant les syllabes des mots qui s'adressent à l'enfant ou qui décrivent ce qu'il fait ou regarde. *Tu at-trapes le bal-lon avec tes mains. Le pe-tit bal-lon rou-le, rou-le, rou-le... Ma-ry-line veut jo-uer a-vec toi...* Répéter la même phrase ou le fragment de phrase deux ou trois fois de suite. L'enfant aime généralement ce langage simplifié constitué de quelques syllabes rythmées répétées. *C'est le temps de man-ger, de man-ger, de man-ger... Miam, miam, miam... C'est le temps de manger... Miam...*

➤ Placez le bébé pour qu'il voit votre visage. N'insistez pas s'il se montre peu intéressé et retentez l'expérience à un autre moment plus approprié.

➤ Ne faites pas de bruits susceptibles de perturber le bébé. Cessez le jeu si les sons ne lui plaisent pas. Il est important que l'enfant démontre un intérêt pour ce jeu. S'il semble inquiet ou s'il n'est pas d'humeur à jouer, il vaut mieux interrompre le jeu et revenir au parler ordinaire.

VARIANTES :

1) Faire des rimes en parlant à l'enfant : « On *joue* à cou*cou* avec ta dou*dou**. »

2) Insérer divers bruits produits avec la bouche, les dents, les lèvres, la gorge : claquement de langue, sifflement, ronronnement, roucoulement, fredonnement, bruit de baiser.

3) Reproduire des cris d'animaux : chat, chien, canard, vache, poule, oiseau, cheval, mouton.

4) Prêter vie à une marionnette en la faisant parler à sa place. Lui donner une voix fantaisiste.

5) Chanter tout en frappant les rythmes des paroles dans ses mains.

---

* En Europe, on dit un doudou alors qu'au Québec ce mot est de genre féminin.

ACTIVITÉ N° 7
LA MUSIQUE DES GESTES

Le corps se veut un véritable instrument de musique avec les mille et un sons que l'on peut en tirer.

Âge : À partir de 6 mois

Notion musicale : Écoute

Matériel : Aucun

Préparation : Aucune

> **Produire divers sons sifflants, saccadés, martelés, dans ses mains, sur ses vêtements, avec sa bouche en les présentant à l'enfant en tête-à-tête.**

DÉROULEMENT : Se placer de manière à ce que le bébé voit le bruiteur. Reproduire spontanément des rythmes et des sonorités diverses en frappant sur les cuisses, en frottant les mains sur les manches de son pull, en jouant avec ses chaussures, etc.

➤ Ce jeu requiert une bonne dose de simplicité et d'humilité. Les non-initiés peuvent se sentir ridicules au début, mais, s'ils persévèrent, ils éprouveront vite un plaisir qui chassera la crainte de se tromper ainsi que la peur du ridicule. Rappelez-vous que les maladresses, les essais et les erreurs font partie de l'expérience.

VARIANTES :

1) Varier les dynamiques de sons en les faisant lentement, vigoureusement, en répétant des fragments.
2) Insérer de courtes pauses.
3) Joindre des paroles pour décrire ce que l'enfant fait : « Tu marches, marches, marches... »

ACTIVITÉ N° 8
LES COULEURS DE LA VOIX

La voix offre des possibilités sonores tout aussi variées que celles d'un orchestre. Les effets vocaux fascinent le bébé.

Âge : À partir de 6 mois

Notion musicale : Écoute

Matériel : Aucun

Préparation : Aucune

> **Faire entendre au bébé différents sons en jouant avec sa voix.**

DÉROULEMENT : Jouer avec sa voix en parlant aux enfants. Utiliser diverses inflexions vocales : aiguë, grave, saccadée, chuchotée, chantante, sifflante, etc. Les intonations peuvent aussi être reproduites avec des syllabes : la la la la, ta titi ta, etc.

➤ Les réactions de l'enfant doivent demeurer positives. Le système nerveux du bébé étant encore immature, évitez les grands élans d'expression et adaptez vos productions à ses comportements.

VARIANTES :

1) Répéter le prénom de l'enfant avec diverses intonations qui lui semblent agréables : en riant, en chuchotant, avec une voix aiguë, saccadée, etc.

2) Accompagner les gestes ou les actions d'onomatopées, de bruits vocaux expressifs : « Roule, roule, le ballon... You... » « La fermeture éclair fait des sons... Écoute... Zzzzzz... »

ACTIVITÉ N° 9
JE BOUGE ET JE M'ARRÊTE

Certains jeux demeurent indémodables, comme celui de la statue musicale. C'est un jeu qui aide l'enfant à inhiber ses gestes comme il sera appelé à le faire dans le contrôle des sphincters (apprentissage à la propreté).

Âge : À partir de 15 mois

Notion musicale : Reconnaissance auditive (son/silence)

Matériel : Extraits musicaux sur disque compact dont idéalement les pauses sont déjà prévues dans le déroulement musical

Préparation : Aucune

> Amener l'enfant à se mouvoir au son de la musique, puis à s'immobiliser à son arrêt.

DÉROULEMENT : Faire entendre une musique instrumentale entraînante. Bouger en suivant la musique et inviter les enfants à faire de même. Interrompre la musique et s'immobiliser. Reprendre le tout. Terminer avec une musique calme qui invite à se relaxer.

➤ Respectez la façon de participer propre à chaque enfant, qui diffère d'une activité à l'autre, d'un moment à l'autre ou selon la prédisposition personnelle. Certains préfèrent observer le jeu, d'autres s'y adonnent avec enthousiasme alors que quelques-uns s'intéressent à une autre activité en parallèle.

VARIANTES :

1) Bouger en remuant une bande de tissu ou une écharpe de couleur devant l'enfant.
2) Fournir une pièce de tissu au trottineur qu'il agite au son de la musique et la dépose au sol à l'arrêt : « Chut, elle fait dodo. »
3) Pour l'enfant qui ne se déplace pas de manière autonome, le tenir sur ses genoux ou dans ses bras et le faire sautiller doucement. Pour ce faire, il faut prévoir des extraits de musique ayant déjà des interruptions de musique.

ACTIVITÉ N° 10
VITE OU LENT

Le partenaire de jeu idéal pour l'enfant est celui qui l'accompagne avec un intérêt sincère sans toutefois l'envahir.

Âge : À partir de 15 mois

Notion musicale : Reconnaissance auditive (tempo lent/vite)

Matériel : Extrait musical sur le disque compact *Colibri et escargot*

Préparation : Tailler des bouts de tissu d'environ 30 cm². Offrir du matériel identique (couleur, dimension, type de matériel) aux tout-petits pour éviter les conflits.

> **Amener l'enfant à reconnaître la différence entre une musique lente et une musique rapide.**

DÉROULEMENT : Avec une pièce de tissu à la main, bouger en suivant la musique qui alterne d'un tempo à l'autre : lent et rapide. Pour les enfants qui ne peuvent le faire, agiter un tissu à leur vue. Ils prendront plaisir à voir les couleurs bouger au jeu de la musique.

➤ Rappelez-vous que le trottineur se concentre sur une habileté à la fois : il remue ses pieds et laisse le tissu immobile ou il fait bouger le tissu en gardant les pieds fixes. Ils peuvent aussi tourner sur eux-mêmes en laissant le tissu virevolter. Être capable de faire deux actions simultanément n'arrive qu'après l'âge de deux ans environ.

VARIANTE : Bouger au son de la musique en tenant dans ses bras un animal en peluche, une poupée, ou en manipulant une marionnette.

ACTIVITÉ N° 11
QU'EST-CE QU'ON ENTEND ?

La vie est « son et rythme »... En écoutant régulièrement les sons qui meublent son environnement, c'est à la vie elle-même qu'on porte attention.

Âge : À partir de 6 mois

Notions musicales : Reconnaissance auditive, provenance des sons

Matériel : Aucun

Préparation : Aucune

> S'attarder régulièrement à écouter avec l'enfant certains sons présents dans l'environnement.

DÉROULEMENT : Attirer l'attention de l'enfant sur quelques sons captés au hasard : le moteur du réfrigérateur, le passage d'un avion, le bruissement d'un papier, le chant des cigales, les cris d'enfants dehors, l'aboiement du chien du voisin, etc. Lui demander ce que c'est et chercher ensemble la réponse. Nommer le son et le décrire simplement. « Écoute... C'est un chien qu'on entend... Il jappe fort... Il est dehors... » Amener l'enfant à deviner ce qui provoque le bruit. « On dirait que le chien joue à la balle avec son maître. » Tenter d'imiter les sons avec la voix.

➤ Sélectionnez les sons les plus intéressants et au moment propice. Le but n'est pas de déranger l'enfant concentré à jouer, mais de profiter de ses moments de disponibilité pour lui faire remarquer quelques phénomènes sonores présents dans son environnement.

VARIANTES :

1) Commenter et imiter les sons que les enfants produisent naturellement : « Tu frappes sur la table : *tap tap tap*. » « Quand tu croques ton morceau de pomme, ça fait *crunch crunch*. » « *Boum*, ta cuillère est tombée. »

2) Repérer la provenance et la direction des sons repérés : c'est loin, c'est dehors, c'est dans le ciel, ça se rapproche, ça vient du couloir, etc.

3) Identifier les sons sur le disque compact. (voir la liste à l'activité N° 16)

4) S'attarder aux sons que fait le crayon sur la feuille, l'eau qui coule du robinet, la brosse à dent sur les dents, etc.

ACTIVITÉ N° 12
TRANSFORMER SA VOIX

Jouer à transformer sa voix entraîne l'appareil vocal et exerce les mécanismes du langage verbal.

> À l'aide de cylindres, de cônes ou de récipients vides, jouer avec le bébé à transformer sa voix.

Âge : À partir de 18 mois

Notion musicale : Exploration vocale

Matériel : Divers cylindres, tubes ou cônes recyclés en carton, bols en plastique ou en acier inoxydable, contenants profonds pouvant servir de porte-voix. Choisir des matériaux rigides pour éviter qu'ils ne s'affaissent sous la pression des petites mains.

Préparation : Aucune

DÉROULEMENT : Mettre à la disposition de l'enfant diverses cavités dans lesquelles il peut faire résonner sa voix de diverses manières : avec des mots, des onomatopées : wow ! you ! oh !, des sons de langue, de gorge. Participer à l'activité en invitant les enfants à faire de même. Accorder une attention particulière à l'hygiène en présence de plusieurs enfants pour minimiser les risques de propagation des microbes par la salive.

➤ Un hochement de tête, un sourire, un regard approbateur, un « hum » peuvent suffire à féliciter ou à encourager un enfant. Les bravos excessifs, les applaudissements et les exclamations à outrance ne sont pas nécessaires pour stimuler le bébé. Soyez simple et vrai.

VARIANTES :

1) Faire des enchaînements de voyelles, de syllabes.
2) Instaurer un dialogue avec l'enfant sous forme de questions et réponses.
3) Imiter ce que l'enfant fait.
4) Se servir du cylindre comme capteur sonore que l'on place près de l'oreille pour écouter des sons.
5) Décorer les tubes de cartons avec des crayons feutres non toxiques.

ACTIVITÉ N° 13
LA VOIX ENREGISTRÉE

Enregistrer les sons que fait le bébé lui permet d'entendre sa propre voix. Même s'il ne la reconnaît pas tout de suite, l'écoute de sa voix enregistrée lui permet de découvrir une autre facette de lui-même. Aussi, l'enregistrement laisse des souvenirs extraordinaires à la famille.

Âge : À partir de 2 mois

Notions musicales : Écoute, expression vocale

Matériel : Enregistreuse

Préparation : Aucune

> Enregistrer des sons que fait le bébé et lui faire écouter.

DÉROULEMENT : Enregistrer les sons que produit le bébé alors qu'il rit, gazouille, babille en jouant et même lorsqu'il pleure. Lui faire entendre à divers moments en nommant les sons.

➤ Évitez d'utiliser des cassettes audio de longue durée (plus de 60 minutes), car elles peuvent se briser avec l'usure. Un microphone séparé de l'appareil produit un enregistrement supérieur. Un appareil fonctionnant à piles rend la manipulation plus facile et facilite l'enregistrement.

VARIANTES :

1) Procéder à une séance d'enregistrement lors d'un petit dialogue verbal ou d'une présentation de chansons.
2) Enregistrer des voix familières dont la vôtre.
3) Conserver l'enregistrement en souvenir ou l'offrir en cadeau aux parents.
4) Enregistrer des sons de la vie courante.

ACTIVITÉ N° 14
VOIX PARLÉE, VOIX CHANTÉE

Le bébé est en mesure de faire la distinction entre des timbres différents. À preuve, il distingue les voix des personnes et réagit différemment selon que la voix est chantée ou parlée.

Âge : À partir de 6 mois

Notion musicale : Reconnaissance auditive (timbre)

Matériel : Aucun

Préparation : Aucune

> À partir d'un texte de chanson, d'un propos ou d'un récit d'histoire, s'adresser à l'enfant en passant de la voix parlée à la voix chantée.

DÉROULEMENT : Parler à l'enfant en changeant de voix, soit en parlant de façon ordinaire soit en chantant. Le faire lors de narration d'histoire, de consignes à donner, etc. Alterner voix parlée et voix chantée en faisant remarquer la différence.

➤ Le bébé se montre généralement plus intéressé à la voix chantante qu'au parler ordinaire. Exploitez cette tendance pour le distraire ou pour attirer son attention.

➤ Manipulez une marionnette en empruntant une voix chantée, puis alternez avec une autre en prenant une voix parlée.

VARIANTE : Changer les timbres de voix : chuchotement, voix aiguë, etc.

ACTIVITÉ N° 15
UNE CHANSON JUSTE POUR TOI

Avant de pouvoir dire un seul mot, le bébé en comprend plus d'une centaine. Son prénom figure parmi les premiers mots qui attirent son attention, et ce, dès l'âge de neuf mois. L'enfant raffole des chansons qui reprennent son prénom.

Âge : À partir de 3 mois

Notion musicale : Écoute

Matériel : Aucun

Préparation : Aucune

> Présenter une chanson personnalisée à un enfant en incluant son prénom et des caractéristiques qui le décrivent positivement.

DÉROULEMENT : Choisir une chanson simple. Inclure des caractéristiques propres à l'enfant ainsi que son prénom : « C'est un petit garçon qui a de grands yeux bleus... Il aime sa maman... » Un air de folklore peut très bien faire l'affaire : *Un deux, trois quatre, cinq, six, sept, Alexane, Alexane,* etc. sur l'air de *Violette à bicyclette*.

➤ Inventez des paroles qui vaudront pour longtemps et évitez l'emploi de diminutifs et surnoms à la place du prénom : Zac pour Zacharie, petite poupée pour Rosalie, Mimi pour Myriam.

➤ Même si vous chantez faux, faites-le quand même. L'enfant apprécie le son de la voix d'une personne qui lui est chère, car elle représente pour lui l'amour et l'affection dont il a besoin.

VARIANTE : Glisser le prénom de l'enfant dans plusieurs chansons qui se prêtent au jeu : *Vanessa Bonjour, mes délices, mes délices. Vanessa, bonjour. Mes délices et mes amours,* sur l'air de *P'tit Jésus. Dans la ferme à Romain,* sur l'air de *La ferme à Mathurin.*

ACTIVITÉ N° 16
DES SONS ENREGISTRÉS

La capacité de reconnaître des sons devance l'habileté à nommer et à reproduire des sons.

Âge : À partir de 12 mois

Notion musicale : Reconnaissance auditive

Matériel : Disque compact

Préparation : Aucune

> Reconnaître les sons sur le disque compact.

DÉROULEMENT : Proposer d'écouter la série de sons qui se retrouvent sur le disque : sons d'animaux domestiques et de la ferme, sons de moyens de transport, sons de machine, sons d'éléments de la nature, sons de personnes, sons d'instruments de musique. Privilégier une écoute de courte durée. Faire remarquer la répétition de quelques sons. Série de sons retrouvée sur le disque compact :

1) chat
2) pluie
3) klaxon d'auto
4) rires de bébé
5) orage
6) piano
7) poule
8) bisous
9) train à vapeur
10) chat (2ᵉ fois)
11) flûte traversière
12) éternuement
13) chien
14) chanteuse
15) abeille
16) mouton
17) chasse d'eau de la toilette
18) vache
19) violon
20) tondeuse à gazon
21) robinet qui coule
22) coq
23) tambour
24) chanteur
25) violon (2ᵉ fois)
26) sonnerie de téléphone
27) chanteur (2ᵉ fois)
28) chat (3ᵉ fois)
29) flûte traversière (2ᵉ fois)
30) rires de bébé (2ᵉ fois)

➤ Participez gaiement au jeu en prenant le temps d'écouter les sons avec l'enfant.

VARIANTES :

1) Joindre des images correspondantes.
2) Amener l'enfant à anticiper le son suivant. « Qu'est-ce qui vient ? »
3) Distinguer les qualités de sons : fort, doux, long, etc., en les décrivant verbalement.

ACTIVITÉ N° 17
DES SONS INUSITÉS

Curieux de nature et ouvert aux nouvelles expériences, le tout-petit se montre intrigué par les sons nouveaux.

Âge : À partir de 6 mois

Notion musicale : Reconnaissance auditive

Matériel : Divers matériaux sonores, diapason

Préparation : Aucune

> **Attirer l'attention de l'enfant en lui faisant entendre divers sons inhabituels.**

DÉROULEMENT : Exposer le bébé à des sons qu'il a moins l'habitude d'entendre : froissement d'un papier cellophane, vibration d'un diapason, glissando de flûte à coulisse, grincement de porte, etc. Inviter le bébé à écouter : « Tu entends ? » Faire entendre le son deux ou trois fois de suite, puis passer à un autre matériau. Refaire l'expérience régulièrement.

➤ Il arrive que l'enfant ne s'intéresse plus à une activité qu'il aimait auparavant. C'est peut-être qu'il est fatigué ou qu'il est prêt à passer à autre chose. N'insistez pas et offrez-lui d'autres jeux.

VARIANTES :

1) Varier l'intensité des sons en évitant toutefois les sons forts.
2) Changer les dynamiques sonores : plus vite, plus saccadé, moins aigu, etc.

ACTIVITÉ N° 18
CHAQUE INSTRUMENT EST UNIQUE

L'enfant est en mesure de comprendre que certains objets comme les instruments de musique sont réservés à l'usage exclusif de l'adulte. Il s'agit de l'habituer en conséquence.

Âge : À partir de 6 mois

Notion musicale : Écoute

Matériel : Instruments de musique

Préparation : Aucune

> **Exposer l'enfant aux sonorités de véritables instruments de musique.**

DÉROULEMENT : Improviser des rythmes, des mélodies en toute simplicité à l'aide d'un instrument de musique. Le but recherché consiste à faire entendre des sons en toute simplicité et non à s'improviser virtuose, si tel n'est pas le cas. Suggérer à l'enfant d'écouter attentivement en pointant une oreille avec votre index. Expliquer à l'enfant que le maniement des instruments de musique est réservé à l'adulte.

➤ Trop de non ou d'interdits peut décourager le bébé. Accompagnez le plus possible la désapprobation d'une autre possibilité acceptable. « Tu ne peux pas t'asseoir comme ça sur le tambourin, mais tu peux frapper dessus avec ta main. » « Tu peux toucher à la flûte, mais tu ne peux pas la mettre dans ta bouche. »

➤ Une fois le petit spectacle terminé, gardez les instruments hors de la portée des enfants.

VARIANTE : Diversifier les instruments de musique.

ACTIVITÉ N° 19
L'ÉCHO DE LA VOIX

L'écho que l'on donne aux productions vocales du bébé est bénéfique pour le développement de son langage.

Âge : À partir de 4 mois

Notion musicale : Écoute

Matériel : Aucun

Préparation : Aucune

> **Jouer à imiter les sons vocaux émis par le bébé.**

DÉROULEMENT : Reprendre en écho les sons que produit spontanément le bébé, en le faisant le plus fidèlement possible. Faire des pauses pour laisser à l'enfant le temps de ressentir les sons.

➤ Évitez de reprendre les mots du bébé de manière infantilisante : « lolo » pour « de l'eau », « yon » pour « crayon », « toto » pour auto, mais n'hésitez pas à utiliser des expressions du langage familier telles bobo, doudou, pipi, dodo.

➤ Profitez des moments de soins comme le changement de couche pour imiter les émissions vocales du bébé.

VARIANTE : Reproduire le rythme des sons que le bébé fait par des moyens variés : avec un objet ou un instrument.

ACTIVITÉ N° 20
DE LA MUSIQUE À ÉCOUTER

Bien qu'elles puissent paraître ennuyantes à l'adulte, les répétitions d'activités sont souhaitées pour les bébés. C'est qu'elles leur sont nécessaires pour continuer à développer leur cerveau.

> Écouter de courts extraits de musique en en y joignant des gestes et des mouvements.

Âge : À partir de 4 mois

Notions musicales : Mémoire auditive, expression corporelle

Matériel : Extraits musicaux variés dont ceux qui se trouvent sur le disque compact

Préparation : Aucune

DÉROULEMENT : Créer une ambiance de détente : chuchotement, éclairage tamisé, matelas ou coussins à la disposition de l'enfant. Le laisser s'installer comme il le veut s'il est à l'âge de le faire. Le cas échéant, le placer couché sur le dos. Lui annoncer l'activité d'écoute de musique, puis lui faire entendre de courts extraits. En suivant les dynamiques musicales entendues – doux, fort, vite, lent –, lui proposer de bouger les mains, les bras, de secouer la tête, de se balancer de façon saccadée, douce, continue, interrompue, etc. Après lui avoir donné quelques exemples de mouvements et de gestes, laisser le bébé s'exprimer à sa guise. Terminer le jeu par l'écoute de musique relaxante en se reposant sur les coussins. Interrompre la musique une fois l'activité terminée.

➤ Vérifiez l'intérêt réel du bébé à s'adonner à l'activité proposée. S'il montre des signes d'impatience, de fatigue ou de non-disponibilité, mettez fin à l'activité ou proposez-lui un jeu parallèle, mais, s'il s'amuse, donnez-lui la chance de continuer l'activité.

➤ Répétez régulièrement ce genre d'expérience avec les mêmes extraits musicaux, puis ajoutez graduellement de nouvelles musiques.

➤ Évitez de faire les mouvements à la place de l'enfant. Faites-le à côté de lui pour qu'il voie comment faire, sans plus.

VARIANTES :

1) Inciter le bébé à écouter de la musique pendant un trajet en auto.
2) Pour les musiques dynamiques, faire des mouvements de bras avec une pièce de tissu (en prévoir un par enfant, aux couleurs et aux dimensions identiques).
3) Faire des jeux de lumière avec une lampe de poche en suivant la musique.
4) Bercer un animal en peluche en écoutant une musique douce.
5) Bouger au son de la musique avec le bébé dans ses bras.

ACTIVITÉ N° 21
LE GRAND PAPIER QUI BRUITE

Dans les premiers mois de vie, les terminaisons nerveuses de la bouche du bébé sont plus développées que celles de ses doigts ou de ses pieds. C'est en mettant les objets dans sa bouche qu'il reçoit de l'information sur leur poids, leur texture, leur forme, leur température. Devenues plus stimulées avec l'étape de la marche, les fibres nerveuses de ses pieds et de ses mains interviennent considérablement dans la découverte sensorielle des objets.

Âge : À partir de 4 mois

Notions musicales : Reconnaissance auditive, expression corporelle

Matériel : Grand papier, ruban adhésif de type ruban à masquer

Préparation : Aucune

> Permettre à l'enfant couché sur le dos, sur un grand papier fixé au sol, de faire des sons en remuant ses jambes, ses pieds et ses bras.

DÉROULEMENT : Bien fixer au sol un papier de type *kraft* en évitant de trop le tendre. Y déposer le bébé à plat dos et le laisser découvrir la nature du jeu : bouger les pieds et les jambes pour déclencher des bruissements de papier.

➤ N'insistez pas si l'enfant ne fait pas les gestes attendus et présentez-lui l'activité à un autre moment. Ne pouvant voir ce qu'il fait, il se peut qu'il prenne plus de temps pour s'intéresser à ce genre d'activité.

VARIANTES :

1) Remplacer le papier par une pellicule de plastique à bulles servant aux envois postaux.
2) Les plus vieux peuvent s'adonner à ce jeu en marchant ou en sautillant sur le papier.

ACTIVITÉ N° 22
NE LES RÉVEILLEZ PAS

Le premier but d'un jeu à animer n'est pas d'enseigner des notions à l'enfant, mais de valoriser le plaisir de la découverte. Le type d'activité ou de situation, le lieu ou le moment importent peu ; l'essentiel est d'entrer en relation avec l'enfant, d'apprendre à le connaître dans le respect de ses intérêts et de ses besoins.

Âge : À partir de 6 mois

Notion musicale : Reconnaissance auditive (son/silence)

Matériel : Trousseaux de clés, bouteille sonore, maracas

Préparation : Aucune

> **Déplacer doucement des objets bruiteurs afin de faire le moins de bruits possible.**

DÉROULEMENT : Déposer au sol des objets qui font facilement du bruit lorsqu'on les manipule : bouteille de plastique remplie de pâtes alimentaires sèches, maracas, couronne de grelots, trousseaux de clés. Tenter de déplacer l'objet d'un endroit à l'autre sans faire de bruit. Simuler une mise en situation : « Chut... Le maracas fait dodo... Je vais aller le porter dans son lit sans le réveiller. »

➤ Il n'est pas nécessaire de consacrer beaucoup de temps pour stimuler le bébé aux sons et à la musique. Donnez-lui-en l'occasion un peu à la fois tout au long de la journée.

VARIANTE : Porter régulièrement attention aux petits et plus longs moments de silence en les faisant remarquer au bébé.

ACTIVITÉ N° 23
GROS OU PETIT, GRAVE OU AIGU

Le jeu est plus profitable à l'enfant lorsqu'il répond à ses besoins et à ses désirs.

Âge : À partir de 6 mois

Notion musicale : Reconnaissance auditive (grave/aigu)

Matériel : Animal en peluche de petit et de grand format

Préparation : Aucune

> **Faire parler des animaux en peluche avec une voix distincte, aiguë ou grave.**

DÉROULEMENT : Prendre un petit animal en peluche et le montrer à l'enfant en parlant avec une voix aiguë. Continuer le jeu avec une plus grosse peluche en prenant une voix plus grave. Alterner.

➤ L'activité doit demeurer amusante pour l'enfant. Respectez les indices exprimés par l'enfant pour dire qu'il en a assez. De plus, en observant le bébé jouer, vous serez à même de mieux connaître la personnalité de l'enfant.

VARIANTE : Reprendre des chansons que l'enfant connaît avec une voix aiguë et grave en alternance.

ACTIVITÉ N° 24
IMITER DES BRUITS

Les enfants s'intéressent aux sons longtemps avant de pouvoir les imiter. Ils aiment particulièrement les sons d'animaux, d'autos et de camions.

Âge : À partir de 15 mois

Notions musicales : Exploration vocale, reconnaissance auditive (timbre)

Matériel : Images d'animaux ou figurines (facultatif)

Préparation : Aucune

> Faire des gestes et des sons imitant des animaux connus.

DÉROULEMENT : Imiter le cri d'un animal et sa démarche : ronronner comme un chat tout en marchant lentement, caqueter comme une poule en battant des ailes, etc.

➤ En acceptant la façon dont l'enfant apprend, vous lui signifiez qu'il est important.

➤ Ne dérangez pas un bébé concentré à écouter. Regardez-le, observez-le s'émerveiller face aux sons et à la musique. Par son explosion de joie ou son attention silencieuse, il vous montre sa manière bien à lui d'avoir du plaisir musical.

➤ Évitez les sons et les expressions tonales qui peuvent apeurer l'enfant. Observez ses réactions et adaptez-vous en conséquence.

VARIANTES :

1) Varier les phonèmes des bruits : sss, bêêê, iii, pit-pit, miaou, etc.
2) Associer le bruit d'un animal à une image significative correspondante.
3) Fredonner un air connu comme *Frère Jacques* en onomatopées d'animaux : wouf, miaou, cot.
4) Monter un imagier d'animaux que les enfants pourront feuilleter à leur guise lors des jeux libres. En raison de l'égocentrisme qui marque la période de 2 ans, il est préférable de mettre deux ou trois exemplaires du matériel à la disposition des enfants. La capacité de partager arrive après avoir le besoin de posséder.
5) Improviser une histoire en insérant divers bruits d'animaux : « Dans le jardin, on entend Fouini la souris. Elle dit : *iiiiiiiii*. Son ami l'oiseau la regarde d'en haut. *Pit pit pit.* »
6) Insérer divers bruits en racontant une histoire à partir d'un livre.
7) Imiter des bruits de divers moyens de transport : klaxon de camion, sifflement de train, etc.

ACTIVITÉ N° 25
LE PETIT MUSICIEN

Par l'exploration, l'enfant fait l'expérience du monde qui l'entoure.

Âge : À partir de 18 mois

Notions musicales : Exploration sonore et reconnaissance auditive

Matériel : Boîtes de carton, récipients de toutes sortes, objets ou instruments de musique, grand sac de tissu.

Préparation : Aucune

> Amener l'enfant à découvrir les propriétés sonores d'objets et d'instruments de musique simples.

DÉROULEMENT : Rassembler dans un sac de tissu des objets sonores ou des instruments de musique faciles à manipuler par de petites mains. Article par article, retirer le matériel et le disposer au sol. Insister avec douceur sur la délicatesse nécessaire pour manipuler le matériel. « C'est précieux… Il faut y faire attention et en prendre soin… » Les enfants étant portés à se jeter sur les objets lorsqu'ils se trouvent placés en tas, il vaut mieux en présenter quelques-uns à la fois et les étaler. Préférer un petit nombre d'objets à un trop grand nombre que l'enfant aurait de la difficulté à différencier.

➤ À cet âge, l'enfant peut passer rapidement d'une tâche à l'autre ou d'un objet à l'autre. La souplesse des interventions est donc de mise.

➤ Avertissez les enfants de la fin prochaine de l'activité et proposez un autre matériel avant de procéder au rangement. Vous éviterez ainsi des frustrations. « Encore une fois et après je vais ranger le tambour. »

VARIANTES :

1) Jouer à : « Donne-moi… »
2) Faire une sorte de bingo : « Qui a le tambour ? »
3) Faire des jeux de devinette tactile en tâtant le sac dans lequel se trouvent des objets sonores.
4) Entamer un petit dialogue sous forme de répétitions.
5) Offrir différentes sortes de papier que le bébé prendra plaisir à chiffonner, à déchirer, à plier, à faire voler.
6) Après avoir donné la possibilité aux enfants d'explorer les objets un à la fois, les inviter à les trier selon la taille, la couleur, la forme, le nom, etc.

ACTIVITÉ N° 26
SON OU SILENCE

La perception sonore qui engendre une réaction motrice stimule également des niveaux supérieurs de raisonnement.

Âge : À partir de 12 mois

Notion musicale : Reconnaissance auditive (son/silence)

Matériel : Objets ou instruments de musique

Préparation : Aucune

> **Faire remarquer la présence de silences courts ou longs qui entrecoupent les sons.**

DÉROULEMENT : À l'aide de matériaux variés, faire des sons à la vue de l'enfant en y insérant des moments de silence, courts ou plus longs. Tenir compte des réactions du bébé pour développer le jeu.

➤ Créez une ambiance de jeu agréable et détendue où l'enfant se sent bien.

➤ Acceptez le fait que la réaction du bébé soit décalée de quelques secondes par rapport à un nouveau stimulus.

VARIANTES :

1) Varier les moyens sonores : bouton musical, clochette, bloc de bois, voix, etc.
2) Jouer à la statue musicale en adaptant le jeu aux capacités des bébés.

Suggestions d'activités d'animation   143

ACTIVITÉ N° 27
EN RIMES

C'est en observant l'enfant réagir, jouer et vivre que l'on apprend à le découvrir comme personne unique.

Âge : À partir de 4 mois

Notion musicale : Écoute

Matériel : Aucun

Préparation : Aucune

> **Présenter à l'enfant des formulettes et des comptines contenant des rimes.**

DÉROULEMENT : Jouer à faire des rimes en improvisant des phrases qui décrivent des actions simples : « Avec un papier, je mouche ton nez » ou en reprenant des comptines comme celles-ci :

Content ! Un an, deux ans, trois ans, Content !

À la queue leu leu À la queue leu leu Mon p'tit chat est bleu S'il est bleu tant mieux S'il est gris tant pis !

Un gogne Un gogne Deux gognes Trois gognes Quatre gognes Cinq gognes Six gognes !

Am stram gram Am stram gram Pic et pic et colégram Bour et bour et ratatam Am stram gram.

Un, deux, trois Un, deux, trois. Nous irons au bois Quatre, cinq, six Cueillir des cerises Sept, huit, neuf Dans un panier neuf Dix, onze, douze Elles seront toutes rouges.

VARIANTE : Promener un index sur le corps de l'enfant en rythme bien marqué pour accompagner le jeu de rimes.

CHAPITRE 3
La voix
Les comptines et les chansons

- ☀ L'intérêt inné pour la voix humaine 147
- ☀ Le pouvoir expressif de la voix 151
- ☀ La façon de parler au bébé 152
  - *Le « parler bébé »* 153
  - *Parler au bébé dans une autre langue* 158
  - *La musique du prénom choisi* 160
- ☀ Pourquoi chanter en présence d'enfants ? 162
  - *La voix en direct : une manière d'être avec le bébé* ... 162
  - *Une chanson « doudou »* 168
  - *Vers une initiation à la musique* 169
  - *Bébé ne chante pas, que faire ?* 170
  - *Un « plus » pour les habiletés langagières* 173
  - *Au service du développement global* 174
- ☀ Quoi chanter ? 177
  - *Un répertoire adapté à la toute petite enfance* 178
  - *Des critères pour choisir une comptine
    ou une chanson* 185
- ☀ Comment chanter ? 188
  - *Vous savez parler ? Alors, vous pouvez chanter* 188
  - *Vive la simplicité !* 189
  - *Plus on chante, mieux on chante* 197
- ☀ Quand chanter ? 199
  - *De petites escales tout au long de la journée* 199

Annexe 1 : Dix-huit comptines et chansons originales (partitions musicales et suggestions d'utilisation) incluses sur le disque compact 205

Annexe 2 : Vingt-huit comptines et chansons populaires issues de la tradition enfantine de la France et du Québec (paroles et suggestions d'utilisation) incluses sur le disque compact 225

« Le chant est l'âme de la musique. »
Edgar Willems

Des études récentes montrent comment les aptitudes du fœtus et du nouveau-né sont supérieures à ce que l'on croit généralement. Plus les recherches avancent dans le domaine, plus l'éventail des habiletés perceptives de l'enfant nous étonne notamment sur le plan auditif.

Toutes les découvertes issues des recherches menées auprès des bébés montrent à quel point il est important de les respecter dans leur développement. Et l'on sait que du respect qu'on leur porte dépend en grande partie l'épanouissement des adultes de demain.

L'INTÉRÊT INNÉ POUR LA VOIX HUMAINE

Dès la naissance et dans les premiers jours de la vie, le bébé se révèle déjà très compétent à interagir avec son entourage. Il peut, entre autres, reconnaître le visage de sa mère, repérer les objets d'après leur son et distinguer les tonalités de la voix humaine. On dirait que le nouveauné sait solliciter l'attention des personnes qui veillent sur lui en s'intéressant à leur voix et à leur visage (Bee et Boyd, p. 88). Il agit comme s'il savait s'attirer la faveur de l'entourage de manière à recevoir les soins physiques et affectifs qui lui sont indispensables.

Le bébé a la faculté de reconnaître la voix humaine parmi un ensemble varié de sons.

Les expériences scientifiques faites sur les fœtus et les nouveaunés ont mis en évidence leur préférence pour la voix humaine au détriment des autres sources sonores. En effet, les bébés naissants dirigent leur regard et le soutiennent plus longtemps dans le cas d'une voix entendue que lorsqu'il s'agit d'un autre stimuli sonore. Cette propension innée s'accentue pour les voix familières et atteint son apogée pour la voix chantée de la mère. Pour le fœtus, la voix maternelle représente cette entité sonore qui se détache du bruit de fond constitué des battements du cœur de la mère. Lui parvenant transformée, mais reconnaissable par son rythme propre, sa mélodie et son intonation particulières, la voix de la mère est marquée par les activités de la journée : repas, conversation, sommeil, sortie. Tantôt fluide, tantôt feutrée ou silencieuse, elle représente pour le bébé une source sonore chargée d'une grande émotivité. Agissant comme une passerelle affective reliant la période intra-utérine à la vie extra-utérine du bébé, la voix maternelle arrive à le sécuriser plus que tout autre moyen. Et que dire du bienfait que le nouveau-né ressent lorsque sa mère lui parle doucement, lui murmure des sons doux en l'étreignant contre son cœur dont il reconnaît la musique rythmée.

> De même que le visage maternel est pour le nourrisson ce qu'il y a de plus intéressant à regarder, la voix chantée de la mère représente ce qu'il y a de plus passionnant à entendre. Non seulement le tonus et le regard du bébé le démontrent, mais encore l'accroissement de son activité cérébrale, mesurée par l'électroencéphalogramme et le scanner.

En 1979, Spelke et Owsley ont découvert que les bébés, vers six mois, étaient déjà capables d'associer les voix familières à des visages. Pour le savoir, ils ont placé l'enfant dans une situation où il entendait un enregistrement de la voix de ses parents. On a alors constaté qu'il dirigeait son regard vers le parent dont il reconnaissait la voix.

> Plus encore que le parler ordinaire, la voix chantée ou parlée-chantée a la particularité de susciter l'intérêt chez le bébé. Elle favorise la création de précieux liens affectifs avec les personnes de son entourage en plus de stimuler le développement de son langage.

Selon son expression et ses inflexions, la voix apporte de précieux renseignements au bébé bien au-delà du sens des mots. Par l'intonation, il sait si maman est contrariée ou contente. Il décode le message de la voix chuchotée de son éducatrice qui lui indique indirectement l'heure de la sieste. Il réagit favorablement aux paroles joyeuses et rythmées de son papa en collaborant à une tâche qui lui déplaît : « Je lave ta bouche, bouche, bouche, pour qu'elle soit toute propre, propre, propre. J'ai lavé ta bouche... La voilà toute propre, propre, propre. »

Il n'est pas rare de constater qu'un ton de voix empreint de douceur produit un changement souhaité chez le petit enfant. « S'il est agité, il arrêtera de bouger pour se concentrer sur la voix et, s'il est immobile, il se mettra à se trémousser » (Martin *et al.*, p. 135). Par contre, une voix teintée d'agressivité, d'irritabilité peut l'effrayer ou le rendre anxieux. Ainsi, le bébé apprend peu à peu la signification du langage.

C'est avant tout le climat de sécurité et de détente accompagnant la voix parlée ou chantée qui influence favorablement l'enfant. C'est pourquoi l'on se sert de plus en plus du pouvoir rassurant de la voix parlée ou chantée de la mère dans les services de néonatologie pour réconforter le bébé prématuré et l'aider à se développer. On invite les nouvelles mères à parler à leur bébé, à leur faire la chanson qu'elles avaient l'habitude de leur chanter pendant la grossesse. L'effet apaisant de la voix maternelle tend à diminuer l'emploi de sédatifs et réduit les problèmes respiratoires (Campbell, p. 78).

Évitez d'être exubérant, car le système nerveux du bébé réagit fortement aux stimuli intenses.

Quand vous lui parlez, le bébé se montre très sensible à l'intensité, à la mélodie et au rythme de votre voix. C'est le ton plus que le sens de vos paroles qu'il perçoit.

LE POUVOIR EXPRESSIF DE LA VOIX

Dès sa naissance, le bébé tente de se faire comprendre par sa voix. Les mères en conviendront : chacun des pleurs de leur bébé a sa propre intonation signifiant, selon le cas, la faim, la douleur, la colère ou la fatigue. Les sons des pleurs participent également à l'échange et à la communication. En faisant entendre ses besoins, le bébé reçoit l'attention et le réconfort attendus. Ainsi, il saisit le bienfait de communiquer. Il en va de même avec le gazouillis ou le jasis qui s'installe vers l'âge de deux mois. Essentiellement composé des voyelles *a* et *e*, ce langage séduit maman et papa qui sont portés à parler à leur rejeton : « Tu parles... Oui, tu fais des aaa. Tu es un beau bébé. »

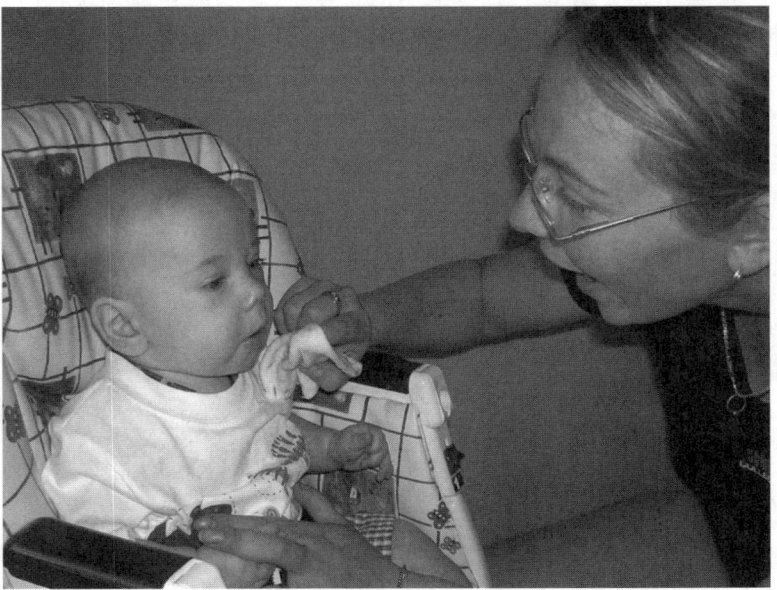

Par les sons vocaux qu'il émet, le bébé révèle à l'adulte ses états affectifs et ses besoins. Les mères, en particulier, font généralement bien la distinction dans les nuances vocales de leur bébé.

À cinq mois, arrivent le fameux *arheuh* ainsi que les premiers sons gutturaux tels *gueu* et *brrr*. Jusqu'à cette étape, le bébé acquiert le langage de façon universelle, c'est-à-dire qu'il produit les mêmes sons que tous les autres bébés, peu importe la langue d'immersion. Mais, autour de six mois, ses productions vocales se spécialisent dans sa langue maternelle. Apparaissent aussi les éclats de rire, les doubles syllabes – baba, mummum – qu'il s'amuse à répéter. Il constate alors le pouvoir magique de certaines syllabes comme *papa* sur les personnes de son entourage. C'est en raison de sa plus grande facilité à prononcer que le bébé dit le plus souvent le mot *papa* avant *maman*. Puis, peu à peu, la parole se précise pour exprimer d'abord des états affectifs : *encore, cé beau, bobo, pu, pati*. Viennent par la suite les onomatopées pour imiter des animaux ou des objets qui se déplacent ou qui bougent : *broum* pour l'auto, *miah* pour le chat. Sans oublier le réputé *non* que le bambin prend plaisir à dire et à répéter face au refus de l'adulte d'acquiescer à ses demandes. Après deux ans, le langage se développe à une vitesse fulgurante, menant généralement l'enfant à trois ans à un bon niveau de langage.

LA FAÇON DE PARLER AU BÉBÉ

Quels que soient leur culture et leur niveau social, les gens ont tendance à parler au bébé d'une même façon intuitive. (Grosléziat, p. 20). Ils adaptent leurs gestes, leurs intonations, leurs postures et mimiques, s'efforçant de clarifier leur message afin de se faire comprendre le mieux possible du bébé.

Il est fréquent de voir les adultes communiquer naturellement avec les bébés. Même le passant dans la rue est porté à sourire à un bébé qu'il ne connaît pas, à lui parler spontanément, ce qu'il n'oserait faire avec une personne inconnue.

LE « PARLER BÉBÉ »

Les recherches en ethnomusicologie ont révélé que les mères qu'elle que soit leur culture utilisent naturellement une voix mélodieuse et un langage simplifié appelé *motherese*, ou *langage bébé*, pour s'adresser à leur bébé. Cette pratique langagière se remarque de manière générale chez les adultes et même chez les enfants plus vieux, qui s'adressent à un tout-petit en âge d'apprendre à parler. L'intonation de leur voix subit des fluctuations ascendantes très expressives, du grave vers l'aigu, pour attirer l'attention du bébé, et des inflexions descendantes chuchotées de l'aigu vers le grave, pour le réconforter. Pour entrer en communication avec le bébé, l'interlocuteur ralentit le débit des paroles, prolonge les voyelles, articule les mots, met des silences en plus grand nombre pour laisser au bébé le temps de réagir. Tout en ayant recours à une gestuelle et à des mimiques expressives, il répète certains mots, rythme les phrases, utilise un vocabulaire simple et concret, forme des phrases courtes et pose davantage de questions. « À qui je vais faire un gros, grrrrrrrros bisou ? Oui, un grrrrrrrros bisou… ? À… A-na-belle ? Un grrrrrros bisou pour les petits pieds d'A-na-belle… Tu aimes que j'embrasse tes petits petits petits… pieds. »

Tout en parlant d'une manière adaptée à l'enfant, il faut éviter d'utiliser des mots et des phrases infantilisantes ou déformées, comme dire « coincoin » pour désigner un canard, « lolo » pour l'eau, « sisi » pour « biscuit », « coco » pour « tête », « Bobo pati » pour « Le bobo est parti ».

> Présent dans toutes les cultures du monde, le phénomène du *parler bébé* représente une forme particulière de langage très apprécié de l'enfant durant les premiers mois de sa vie, et qui lui est nécessaire pour apprendre à communiquer.

Du point de vue médical, on a pu observer une accélération du rythme cardiaque du bébé lorsque sa mère se penche sur lui pour lui *parler bébé*. Lorsqu'elle s'éloigne pour converser avec quelqu'un d'autre, le pouls change. Une modification semblable s'observe également lors d'une situation où la mère s'entretient avec une tierce personne sur une contrariété qui concerne son bébé (Antier, p. 36). Celui-ci capte l'émotion de la mère. Avant même que la science arrive à le démontrer clairement, la psychanalyste Françoise Dolto soutenait l'idée que le bébé comprenait ce qu'on lui disait malgré son incapacité à saisir le sens intégral des mots.

> En présence des bébés, il est important de soigner la qualité de sa voix au-delà du sens esthétique et de demeurer conscient de l'influence de son expression vocale sur leur état affectif. En effet, les bébés sont en mesure de percevoir les subtilités de la voix humaine teintée d'émotions, tels la frustration, le bien-être, la joie ou la peur.

Au *baby-talk*, comme l'appellent les Américains, le nourrisson réagit par de petits cris de joie, des sourires, un regard expressif ou des mouvements d'ouverture de la bouche, incitant ainsi le partenaire à vocaliser davantage. Dans pareils cas, il saisit qu'on l'aime et qu'on se plaît à être avec lui. Il recherche à nouveau ces moments amusants qui représentent pour lui une expérience affective des plus intéressantes. En revanche, le bébé se désengage de l'échange si l'interlocuteur se détourne ou produit des intonations plus brèves, moins mélodiques et moins expressives.

Il est fascinant de voir une communication s'établir entre un bébé et son interlocuteur au moyen de sons vocaux, de sourires, de regards et de mimiques. Certains théoriciens appellent ce phénomène de communication mutuelle « danse interactive », alors que d'autres le désignent par le terme « synchronie » (Bee et Boyd, p. 124). Des études révèlent que la qualité de la synchronie établie entre le parent et l'enfant favorise le développement intellectuel du bébé, notamment celui de son langage (Bee et Boyd, p. 124).

On a remarqué que l'acquisition du langage se faisait généralement plus lentement chez des jumeaux que chez des non-jumeaux, entre 15 et 21 mois, période reconnue propice pour le développement langagier. Le fait que les jumeaux se trouvent moins stimulés individuellement par leur mère, qui doit partager son attention entre chacun d'eux, expliquerait ce phénomène (Olds et Papalia, p. 130).

Les bienfaits de la synchronie s'expliqueraient non seulement par la volubilité ou la variété du vocabulaire de l'interlocuteur, mais surtout par la qualité de la relation affective établie entre lui et le bébé, et ce, dans des situations bien réelles. C'est pourquoi aucune émission télévisée ou bande vidéo, se voulant le plus éducative possible pour le bébé, ne peut remplacer un partenaire actif et engagé sur le plan affectif, pour stimuler le désir de communiquer et de parler chez le bébé.

Lorsque vous établissez une synchronie avec le bébé en nourrissant l'échange avec des sons vocaux, des mots chantants et des mimiques expressives, vous favorisez le développement de ses habiletés langagières et la consolidation du lien affectif.

Les spécialistes du langage accordent également une place importante à l'écho que fait l'adulte au babillage du bébé entre 7 et 15 mois (Bustarret, 1982, p. 46). Considéré des plus bénéfiques sur les plans phonétique et psychologique, ce bavardage mutuel constitué de nombreux *dadadada, beubeubeu*, et soutenu par des sourires et des regards complices, permet au petit de poursuivre ses efforts vers la communication verbale.

L'écho que l'on fait au babillage du bébé lui fournit une aide précieuse dans le développement de son langage. Entre autres, cette technique lui permet de se familiariser avec le concept d'échange présent dans la communication.

On serait porté à croire que les personnes *parlent bébé* comme si elles savaient intuitivement qu'en s'adressant ainsi au bébé, c'est-à-dire en mettant de l'expression dans leur voix, elles arrivaient à le stimuler davantage qu'en lui parlant de façon ordinaire. En réagissant favorablement aux dynamiques de la voix de son interlocuteur et à ses expressions faciales, le bébé l'incite indirectement à continuer à « musicaliser » son discours. De cette façon, une communication réciproque prend forme entre le bébé et l'adulte, l'un stimulant l'autre dans l'échange. Il faut dire que l'hémisphère droit du cerveau, plus sensible à l'émotion du langage qu'au sens des paroles, travaille davantage durant la première année de vie. Puis, à partir de deux ans, c'est l'hémisphère gauche spécialisée dans l'encodage des mots qui prend la relève pour traiter l'essentiel de l'information verbale.

Le *parler bébé* se veut un type de stimulation idéale pour placer le bébé dans des conditions propices à l'émergence de son potentiel de communication. De plus, il éveille le bébé aux notions de mélodie et de rythme et pose ainsi les bases d'une première éducation musicale.

Pour le bébé, la posture idéale pour émettre librement des sons avec sa voix est celle qu'il peut prendre et maintenir par lui-même, et ce, sans rien avoir dans la bouche. À plat dos ou en position semi-couchée, le bébé est plus à l'aise pour babiller.

En général, le *parler bébé* s'estompe graduellement chez l'adulte capable de suivre le bébé dans son évolution et cède le pas à d'autres jeux interactifs, comme le jeu de « coucou » ou le jeu qui consiste à pointer des objets nommées. S'adresser à un enfant de deux ans qui parle déjà de la même manière qu'avec un bébé de quatre mois qui ne parle pas encore ne convient pas.

Par sa courbe mélodique et son découpage rythmique, par l'alternance entre les sons et les silences, le contenu musical du « langage de bébé » pose déjà les bases d'une première éducation à la musique.

PARLER AU BÉBÉ DANS UNE AUTRE LANGUE

D'emblée, le nourrisson peut s'intéresser aux sons de toutes les langues. Plus tôt et plus régulièrement il entend une langue étrangère, meilleures sont ses capacités linguistiques en ce qui a trait à la compréhension et à la prononciation. Est-ce à dire que, pour maximiser les compétences linguistiques du bébé, il faille le soumettre très tôt à plusieurs langues ? À cette question, la pédiatre française Edwidge Antier (p. 26) soutient que non. Puisque le développement de certaines habiletés exige le repos des autres, trop de stimulations empêcheraient une progression harmonieuse de l'ensemble de son développement. Autrement dit, si l'attention de l'enfant est canalisée pour l'apprentissage d'une autre langue, il lui reste moins d'énergie pour développer d'autres habiletés.

Un bébé élevé dans un milieu bilingue a la possibilité de se familiariser avec deux langues à la fois. La maman ou l'éducatrice qui maîtrise plus d'une langue, et qui, par exemple, parle et pense autant en espagnol qu'en français, peut s'adresser au bébé dans ces deux langues. L'avantage qu'il en retire sera d'autant plus grand qu'elle le fera de manière naturelle et chaleureuse. Cependant, il faut s'assurer que cette façon de faire ne crée pas de confusion dans l'esprit de l'enfant. On recommande de faire usage d'une langue dans un contexte et un lieu précis : le bébé entend parler anglais à la garderie alors qu'on parle français à la maison. C'est seulement une immersion linguistique dépourvue de la sécurité physique et émotionnelle, nécessaire au bébé pour réaliser quelque apprentissage que ce soit, qui pourrait perturber son développement.

Une langue, qu'elle soit maternelle ou non, se cultive dans des bras aimants et familiers, à travers des gestes affectueux, en présence de personnes disponibles qui entrent en relation directement avec le bébé, et non par l'entremise de la télévision, de cédéroms ou de vidéocassettes. À cet égard, il faut à tout prix éviter d'enseigner une langue au bébé, encore davantage avec des personnes et dans un environnement qui lui sont inconnus.

Ce sont des adultes bienveillants et communicatifs, tant à la maison qu'en collectivité, qui sont indispensables au bébé pour l'inciter à apprendre une deuxième ou une troisième langue tout en lui permettant de bien se développer en général. Dans tous les cas, il faut éviter d'enseigner une langue de manière systématique au tout-petit.

Malgré des conditions optimales, l'apprentissage d'une langue requiert du temps en termes de fréquence et de durée. « Il est difficile de croire à la voie du bilinguisme à moins de 5 ou 6 heures de langue par semaine » (revue *Maman*, p. 69). De plus, la motivation et l'intérêt de l'enfant de même que son tempérament comptent pour beaucoup dans la cadence des progrès.

Les progrès linguistiques d'un enfant qui grandit dans un monde bilingue ont tendance à être plus lents que ceux des enfants unilingues. Mais tout porte à croire que ces différences s'estompent vers l'âge de cinq ans.

En plus d'être agréables à écouter, les comptines et les chansons en langues étrangères fournissent à l'enfant l'occasion de s'intéresser à des sonorités différentes. C'est une excellente façon de l'initier agréablement à des inflexions et des accents variés. Même si l'idéal serait de chanter soi-même ces chansons à l'enfant, on peut toutefois recourir à des enregistrements musicaux. Bon nombre de disques compacts de chansons enfantines en langues étrangères existent sur le marché et il faut prendre la peine de les découvrir.

> Entendre chanter une chanson dans une langue étrangère intensifie l'intérêt de l'enfant à parler cette langue en plus de l'initier à la musique d'autres cultures.

LA MUSIQUE DU PRÉNOM CHOISI

> Le prénom de l'enfant comporte une sonorité et un rythme qui lui sont propres et qui représentent une musique en soi. À son audition, le bébé devrait y percevoir une sorte de caresse auditive.

Choisir un prénom pour le bébé n'est pas toujours simple pour des futurs parents. Le vaste choix offert, les souhaits exprimés par les membres de l'entourage, l'influence des modes rendent souvent la tâche difficile. Il existe plusieurs façons de fixer le choix, dont l'une consiste à choisir le prénom en fonction de sa musicalité. Il s'agit de dire à voix haute chacun des prénoms sélectionnés, et ce, de diverses manières : en chantant, en murmurant, en chuchotant, en le découpant en rythme, en le joignant aux noms de famille, tout en écoutant attentivement le résultat sonore. Parmi les prénoms ainsi déclamés, les parents retiennent celui qui semble sonner le mieux à leurs oreilles après plusieurs expérimentations.

Dans chacun des prénoms se trouvent une mélodie et un rythme qui constituent une musique en soi, que l'enfant entendra maintes fois tout au long de sa vie. Son prénom prononcé devrait évoquer pour lui un mot gentil, représenter pour le futur amoureux qu'il deviendra éventuellement, le plus beau mot d'amour à entendre. Raison de plus de choisir le prénom en toute connaissance de cause.

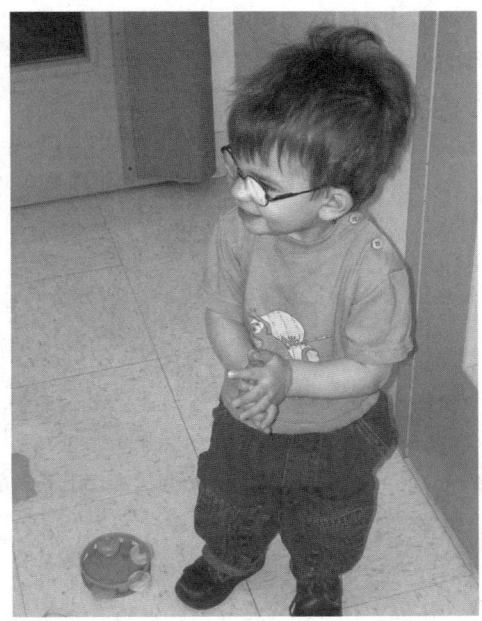

Le bébé réagit favorablement aux chansons qui reprennent son prénom.

Le bébé apprécie les chansons qui reprennent son prénom. On peut adapter une chanson folklorique que l'on connaît en y insérant son prénom. « Scions, scions, scions du bois pour la mère de Caroline… » « C'est la poulette grise qui a pondu dans l'église… Elle a pondu un petit coco pour Ryan qui va faire dodo… »

Quand le prénom de l'enfant peut être choisi avant la naissance, une chanson peut aussi lui être destinée. Une chanson personnalisée qui reprend, entre autres, son prénom et qui lui serait chantée tout au long de sa grossesse.

POURQUOI CHANTER EN PRÉSENCE D'ENFANTS ?

Aujourd'hui, chanter ne fait malheureusement plus partie de nos habitudes de vie. Comme on ne chante plus ou si peu, nous nous contentons d'écouter ceux qui le font mieux que nous. Même si le disque a évidemment sa place, il ne peut aucunement remplacer la chaleur humaine présente dans la voix des parents ou des éducatrices qui chantent. On l'a vu précédemment, le bébé préfère nettement la voix chantée en direct à toute autre stimulation sonore. Heureusement qu'il existe encore des lieux comme la garderie où l'on chante pour le plaisir des enfants.

LA VOIX EN DIRECT : UNE MANIÈRE D'ÊTRE AVEC LE BÉBÉ

> Le chant imprégné d'amour possède le pouvoir de caresser et de toucher l'enfant autant que peut le faire la main aimante. Le cerveau reste longtemps imprégné des plaisirs éprouvés en bas âge à travers les voix, les caresses, les rires, les ambiances.

Il est merveilleux de constater comment le chant touche encore les petits en cette époque submergée par les sons électroniques et les musiques fabriquées. De fait, on a pu observer, grâce à la technologie médicale permettant de traduire l'activité cérébrale en image numérique, que la voix chantée familière activait le cerveau du bébé plus que tout autre stimulus sonore.

> Chanter pour le bébé est un don de soi.

L'enfant aime assister à la mise en œuvre de la musique à travers l'interprétation vivante d'une chanson : l'éducatrice chante en installant un enfant à table, maman fait écho au bavardage de son bébé, l'éducateur frappe des mains en laissant à l'enfant le temps de l'imiter, le père insiste sur le mot final d'une comptine pour que l'enfant le mémorise, la grande sœur sourit à sa petite sœur pour l'encourager à faire les gestes de la comptine qu'elle lui fait. Ce sont autant d'exemples de moments musicaux qui se créent au présent, forme d'expression si appréciée des petits.

> Les mots chantés ou les simples murmures faits avec cœur agissent comme des caresses et des baisers sur l'enfant. Pour lui, entendre chanter est à la fois une expérience sensorielle et affective qui lui permet de tisser des liens avec ceux qui veillent sur lui.

Qui n'a pas gardé dans sa mémoire une chanson pour bercer un bébé ou pour l'inviter au sommeil, un jeu chanté pour faire rire un enfant et être complice de son plaisir ? On agit comme si l'on connaissait instinctivement la préférence du bébé pour cette forme particulière de communication.

> Au contact d'un enfant, la plupart des adultes retrouvent une ritournelle de leur enfance, reprennent un thème d'un générique de télévision, une chanson fétiche de leur adolescence ou encore le dernier succès propulsé par les médias alors que d'autres inventent des paroles sur l'air d'une publicité ou improvisent des murmures dans une forme plus ou moins complexe.

Que ce soit en improvisant des paroles sur un air connu ou en reprenant une ritournelle de son enfance, en fredonnant un air populaire ou en murmurant une mélodie improvisée, le chant répond au besoin de contact du bébé en plus de lui apporter de nombreux bienfaits : tendresse, sécurité affective, plaisir, goût de communiquer. Pour le bébé bercé au son d'une berceuse, l'apaisement procuré représente une expérience sensorielle sublime où sont sollicités plusieurs sens : le toucher, l'ouïe et la vue. Il perçoit la voix murmurée, ressent la douce chaleur et le tonus du corps de l'adulte, capte la vibration de sa voix – à l'endroit même où elle résonne le plus – et pose son regard sur cette personne qui représente pour lui le bien-être.

Lorsque vous chantez de gaieté de cœur au bébé en l'habillant, en le dorlotant ou en le nourrissant, vous lui signifiez votre intention de bien prendre soin de lui. Amusez-vous à décrire à l'enfant ce que vous faites en chantant. Mais prenez garde de ne pas chanter trop près de ses oreilles, car elles sont encore très sensibles aux sons forts.

L'encadré 3.1 présente en quelques points les effets bénéfiques que peuvent apporter les chansons et les comptines dans la vie de tous les jours des tout-petits.

Encadré 3.1 Les bienfaits de la comptine et de la chanson dans la vie quotidienne avec les bébés

- Créer un climat chaleureux, convivial, où il fait bon vivre.
- Agrémenter les soins.
- Donner des repères temporels : telle chanson annonce tel moment.
- Consolider le lien d'attachement.
- Rassurer, sécuriser un enfant.
- Susciter le plaisir.
- Atténuer le stress, ce qui améliore les fonctions immunitaires.
- Divertir les enfants, apporter un brin de nouveauté.
- Enrichir les moments de jeu.
- Prévenir un enfant lors du passage d'une activité à une autre.
- Réorienter l'attention du tout-petit vers un comportement souhaitable.
- Favoriser l'échange social.
- Attirer l'attention de manière agréable.
- Interpeller un enfant (avec une chanson reprenant son prénom).
- Être en contact avec ce qui est beau et touchant.
- Rendre plus merveilleuses les premières années de vie de l'enfant.

N.B. Éviter d'utiliser la chanson pour faire cesser les pleurs d'un bébé. Si, après quelques notes entonnées, le bébé ne semble pas se calmer, il vaut mieux le consoler par d'autres moyens. Une fois apaisé, le bébé redevient plus réceptif au chant.

Chanter apporte également des effets positifs aux personnes qui chantent. C'est un acte qui vitalise le métabolisme. En plus d'apporter une oxygénation accrue au cerveau, le chant facilite la digestion, fortifie la musculature abdominale tout en renforçant la mémoire.

Chanter est un acte créateur, source de vitalité tant pour le corps que pour l'esprit. Chanter à un bébé enrichit la communication et la relation avec lui.

Chanter apporte des effets magiques autant au bébé qu'à la personne qui chante. Laissez-vous bercer par votre propre chant quand vous bercez un bébé.

Heureusement, les jeux chantés comme *La petite bête qui monte* et *Galop, galop petit cheval* existent encore aujourd'hui, et ce, dans tous les pays du monde. Leurs rythmes binaires dynamiques entraînent les petits vers des mouvements verticaux. Avec sa fonction affective sécurisante et sa pulsation binaire plus lente qui favorise le bercement, la berceuse sert souvent de préambule au dodo ou de moyen pour communiquer avec le bébé. Elle s'inscrit dans une relation d'intimité avec le tout-petit. La proximité des corps, le contact visuel, la vibration vocale sont autant de sensations partagées, de part et d'autre, qui rapprochent le berceur et le bercé.

La berceuse est un premier chant de vie cristallisé autant par l'amour que par la musique.
    Don Campbell

Il arrive que des moments chantés ne se passent pas toujours aussi bien qu'on le souhaiterait. Le chant peut déclencher une agitation, voire des pleurs chez le bébé, alors qu'on souhaitait le consoler. Dans pareille situation, il vaut mieux ne pas insister tout en restant disponible au bébé et trouver un autre moment plus propice pour chanter.

Aussi étonnant que cela puisse paraître, il arrive qu'une chanson, qu'elle soit nouvelle ou non, suscite une émotion inattendue chez un bébé : des pleurs, de la tristesse, de la colère. On peut expliquer ce phénomène par la présence de tensions qui cherchent à s'exprimer. Selon la situation et le contexte, on peut juger s'il vaut mieux cesser le chant ou continuer à le faire en murmure. Dans les deux cas, il importe de demeurer disponible à l'enfant.

Puisque le cerveau du bébé réagit aux stimuli extérieurs à une vitesse moindre que celle de l'adulte, il est normal qu'il ait besoin de plus de temps pour réagir au chantonnement d'une berceuse. Il importe alors d'attendre un peu avant de lui proposer un autre moyen de se calmer (Martin *et al.*, p. 83). Avec de la patience et une observation fine, l'adulte arrive plus souvent qu'autrement à agir de la meilleure façon possible.

Une chanson qui prend vie en complicité avec l'enfant devient potentiellement l'occasion d'une expérience sensorielle qu'il aimera se remémorer, revivre, interpréter à son tour et à sa manière en reproduisant un geste, en répétant un bout de mélodie ou une syllabe, en éclatant de joie. La chanson devient alors un compagnon tout au long de l'enfance, voire de la vie.

UNE CHANSON « DOUDOU[1] »

Une chanson ou une comptine appréciée du bébé à la maison peut être reprise par l'éducatrice à la garderie. Elle peut l'apprendre pour ensuite lui chanter ou lui faire entendre par l'enregistrement fourni par les parents. Une chanson qu'il aime peut contribuer à le rassurer en périodes difficiles surtout si elle est accompagnée d'une photo de sa famille ou d'une écharpe imprégnée de l'odeur de sa mère. À l'instar des objets de transition comme la doudou ou l'animal en peluche, qui permettent à l'enfant d'apporter un peu de sa maison et de sa famille là où il va, une chanson fétiche le réconforte et favorise ainsi son adaptation lorsqu'il passe d'un milieu de vie à un autre. Tous les bébés ne ressentent pas un attachement aussi marqué à un objet ou à une chanson, mais ceux pour qui c'est le cas apprécient le bienfait que leur procure un tel moyen.

Ayez recours à la chanson favorite du bébé pour faciliter son adaptation en garderie. Enregistrez-la, enseignez-la aux personnes qui vous remplacent pour qu'à leur tour elles la fassent entendre au bébé. Il y a de fortes chances pour que cette trace de la vie familiale agisse comme un baume sur ses angoisses.

---

1. Le mot *doudou* s'emploie au féminin au Québec alors qu'il est de genre masculin en Europe.

VERS UNE INITIATION À LA MUSIQUE

> Les comptines et les chansons éveillent la sensibilité musicale du bébé en plus de développer son sens de l'écoute.

Les chansons pour enfants sont toutes désignées pour développer le sens musical, la mémoire auditive et l'audition intérieure nécessaires au futur musicien et composent, en ce sens, une partie importante de l'éveil sonore et musical. « Face à une chanson, l'enfant enregistre les mots, mais aussi le rythme, la courbe mélodique, le sens harmonique, le sens tonal » (Comeau, p. 39). La répétition des mêmes chansons et comptines favorise les connaissances sensorielles qui pourront se prolonger, en temps opportun, en apprentissage plus formel de la musique.

Faisons en sorte que les moments musicaux partagés avec les bébés soient heureux et nombreux !

Pour les tout-petits, « la musique, c'est des petites chansons qui font la fête, qui font sourire, qui apaisent, qui consolent, qui enseignent » (Deschênes, p. 11) et qui sont l'expression même de la vie. Le répertoire vocal enfantin est d'une richesse incroyable en matière de stimulation sonore et musicale. La possibilité qu'il offre de mettre à contribution la mémoire auditive de l'enfant constitue les premiers pas d'une initiation à la musique en bas âge en plus de rejaillir sur la culture générale.

L'enfant peut entreprendre plus facilement l'apprentissage plus systématique de la musique dans la mesure où celui-ci peut se greffer sur le bagage musical de chansons enfantines (Comeau, p. 39).

Les chansons et les comptines permettent de faire un premier contact avec l'expression artistique.

À deux ans, l'enfant nourri régulièrement de chansons et de comptines adaptées à son âge peut en reconnaître plusieurs, plus d'une vingtaine et parfois davantage. Il n'est pas rare de le voir réclamer les chants familiers en évoquant une bribe de chanson – *ding ding dong* –, en anticipant un geste ou en pointant l'image correspondante. Cela lui permet d'être un partenaire actif.

L'utilisation répétée des mêmes chansons et comptines facilite leur mémorisation. Naturellement, le bébé est porté à redemander celles qu'il connaît le plus, comme s'il cherchait à consolider ses habiletés.

BÉBÉ NE CHANTE PAS, QUE FAIRE ?

Tous s'accordent pour dire que le chant ne se force pas. Pour le tout-petit, il ne s'installe généralement pas avant l'âge de deux ans même si on l'invite à le faire par des divers moyens. Le bébé a besoin de regarder, d'écouter, d'exécuter quelques gestes avant de se lancer dans l'interprétation d'un bout de chanson. En général, dès qu'il commence à parler, il se montre plus enclin et habile à chanter. Sur une période allant de quelques heures à quelques semaines, le tout-petit doit entendre plusieurs fois une même chanson avant d'arriver à en reproduire un seul extrait. Il en va de même avec le langage. Avant de pouvoir dire un seul mot, le bébé comprend près d'une centaine de mots. Il reprend en premier des mots qu'il connaît, s'essaie avec un bout de chanson souvent placé au début ou à la fin et n'hésite pas à remplacer un mot inconnu par un autre familier et qui sonne presque pareil. On retrouvera ainsi *La brouette* à la place de *Alouette*, *Va bibitte* au lieu de *Va trop vite*.

Les réactions des petits enfants face à un adulte qui chante peuvent être variées. Quelques-uns se contentent de regarder, certains imitent les gestes alors que d'autres dirigent leur attention vers une autre activité.

Il y a des enfants qui aiment chanter et d'autres moins. Une personnalité plus ou moins extravertie peut faire toute la différence entre un enfant qui chante peu et un autre qui le fait davantage. Il existe aussi des variations dans les goûts des enfants selon leur humeur ou la situation dans laquelle ils se trouvent. Il faut éviter à tout prix de généraliser ou de sauter vite aux conclusions. « Les enfants de mon groupe ne chantent pas quand je chante. Je pense qu'ils n'aiment pas cela. » « Megane déteste cette comptine, chaque fois que je la fais, elle tape du pied.. » « Pas moyen d'inciter Siham à chanter. Il ne veut rien savoir. » Ce n'est pas en laissant tomber ou en talonnant l'enfant à chanter, qu'il apprendra à le faire. Si l'adulte, premier modèle pour l'enfant, manifeste un réel plaisir à chanter tout en lui vouant un respect, il en viendra tôt ou tard à accorder une attention quelconque aux chansons.

> Il est normal pour un enfant de moins de deux ans de ne pas chanter avec l'adulte même s'il semble s'y intéresser. Tout comme il procède pour acquérir le langage, il a besoin de percevoir les sons avant de parler et de chanter. Et il y a des enfants qui ont besoin d'une longue période d'intériorisation avant de reprendre un mot ou un bout de chanson.

En général, le tout-petit aime s'entendre parler ou chanter, ce que le bruit et les activités de groupe ne permettent pas. Il sait attendre l'occasion propice pour le faire. C'est ainsi qu'on peut l'entendre fredonner un bout de chanson entendu plus tôt dans la journée alors qu'il joue seul.

> On doit valoriser le chant spontané que fait l'enfant à partir des bribes de chansons entendues auxquelles il ajoute des improvisations, des répétitions, des accentuations.

Le plaisir de chanter en chœur avec l'adulte ou avec les pairs n'arrive que plus tard dans l'enfance, généralement après 2 ½ ans. C'est ainsi que Josué chante *Fais dodo* à sa poupée après qu'il eut entendu son éducatrice le faire plus tôt. En écoutant attentivement les productions vocales des enfants, on s'aperçoit qu'ils reprennent spontanément des parties de comptines et de chansons régulièrement entendues, au moment qu'ils jugent opportun.

Le premier plaisir du bébé étant de s'entendre chanter ou parler, il est normal qu'il ne chante pas avec l'adulte. Il attendra souvent un moment propice, comme lors de jeux libres, pour reprendre en solo un extrait de chanson entendu auparavant.

UN « PLUS » POUR LES HABILETÉS LANGAGIÈRES

L'apprentissage de la parole requiert l'établissement préalable de la communication préverbale telle qu'elle a lieu dans les moments d'échange chaleureux faits en chantant. En plus de fasciner le bébé, les chansons et les comptines représentent un moyen par excellence pour l'aider à acquérir le langage dans le plaisir. Parler ne se limite pas seulement à la production de sons ou de mots. C'est un moyen qui permet notamment d'exprimer un ressenti comme le fait le tout-petit avec ses premiers mots : bravo, encore, veux pas, bobo, maman.

Même s'il ne sait pas encore parler et chanter, le tout-petit adore entendre et voir les autres le faire. Il apprend peu à peu la signification de tous ces petits sons enchaînés les uns aux autres. Après l'avoir entendu plusieurs fois, il saisit le sens de l'un d'eux, puis de plusieurs mots dans un contexte qui se renouvelle ; il s'exerce à prononcer des fragments de chansons en les répétant insatiablement, se familiarise ainsi avec la structure de la phrase, enrichit son vocabulaire et s'initie à la grammaire.

> Le but ultime des comptines et des chansons demeure ludique : elles visent le jeu et le plaisir.

Certains enfants acceptent volontiers de chanter alors qu'ils se montrent réticents à parler. Ils se sentent davantage confiants à utiliser un texte prédéterminé qui leur dicte les mots plutôt qu'à structurer de toutes pièces une idée en phrases. Grâce aux recherches en neurologie, on sait maintenant que ce ne sont pas les mêmes parties du cerveau qui sont sollicitées dans le cas d'un texte appris et déclamé que lorsqu'il s'agit de parler spontanément. L'exemple d'enfants bègues le démontre bien : ils ne bégaient pas lorsqu'ils reproduisent une chanson apprise alors qu'ils le font lorsqu'ils ont à parler. De plus, on a remarqué que les enfants atteints d'autisme ou de trisomie réagissaient mieux aux paroles chantées qu'au parler ordinaire pour comprendre les consignes et les messages qu'on leur adresse.

AU SERVICE DU DÉVELOPPEMENT GLOBAL

> L'ouverture au monde, à lui-même et aux autres, voilà ce à quoi est convié le jeune enfant par l'intermédiaire des comptines et des chansons.

La valeur éducative des chansons et des comptines s'applique à tous les aspects du développement de l'enfant et non seulement au langage. Que ce soit en tant que chanteur ou auditeur, elles contribuent à l'épanouissement de son potentiel sur les plans physique, psychomoteur, intellectuel, social et affectif, comme en témoigne le tableau 3.1. Par exemple, les chansons et les comptines aident le bébé dans ses capacités d'attention où il est appelé à distinguer un rythme lent d'un rythme rapide, des sons doux de sons faibles, lorsqu'il peut anticiper l'arrivée d'un mot qui déclenche un geste prédéterminé. Il est fier de réussir à reproduire un petit extrait de chanson et renforce sa mémoire en le répétant plusieurs fois. Il s'habitue à reconnaître des parties du corps nommées dans une chanson. Il apprend à tourner sur lui-même, à s'étirer comme un chat quand la comptine lui dicte de le faire. Il apprend que la grenouille saute alors que le cheval galope, qu'une échelle a des barreaux que l'on peut monter ou descendre. Il a la possibilité d'interagir avec un autre enfant lorsqu'il prend sa main dans une ronde. Il fait le lien entre le mot rond et la forme circulaire qu'il trace dans l'espace en imitant l'adulte. Il structure sa pensée, imagine et se socialise. Bref, il s'enrichit au contact des comptines et des chansons.

Les comptines et les chansons ouvrent l'enfant au monde fascinant de la musique d'ici et d'ailleurs tout en lui permettant de vivre des moments de rapprochement physique et émotionnel avec les personnes de son entourage.

Avec les chansons à gestes, l'enfant découvre de plus en plus son corps dans le temps et l'espace. Il apprend à exécuter un mouvement de haut en bas avec la comptine *Polichinelle monte à l'échelle*. Il saisit la différence entre un tempo lent et un tempo rapide en faisant les gestes de la chanson *Meunier, tu dors*. De plus, plusieurs chansons entraînent l'enfant dans l'imaginaire, ce qu'un enfant à partir de 18 mois est en mesure d'apprécier. Il est invité à sauter comme la grenouille, à danser sur le pont d'Avignon, à dire bonsoir à madame la Lune qui fait mûrir des prunes et à picoter du pain dur comme la poule sur un mur.

La comptine ou la chanson est une activité en soi dans la mesure où on l'accompagne de gestes, d'un jeu, de regards complices, d'inflexions vocales variées, d'une attention soutenue et surtout d'un plaisir sincère partagé avec le bébé.

Tableau 3.1
La portée éducative des comptines et des chansons

	En tant que chanteur	En tant qu'auditeur et spectateur
Habiletés auditives	Reconnaissance et reproduction de diverses notions : rythme, phrasé musical, mélodie, tempo, intensité, rimes, silence. Mémoire auditive.	Reconnaissance de diverses notions : rythme, phrasé musical, mélodie, tempo, intensité, rimes, silence. Mémoire auditive.
Habiletés motrices	Prononciation. Imitation, coordination des gestes avec les paroles. Perception des parties du corps. Rapidité des réflexes.	Imitation, coordination des gestes avec les paroles. Perception des parties du corps.
Effets physiologiques	Amélioration des fonctions respiratoires et digestives. Renforcement du tonus musculaire et de l'équilibre. Regain d'énergie ou relaxation.	Effet de détente et d'apaisement, ou regain d'énergie.
Perception spatiale	Exécution de gestes dans l'espace : de haut en bas, de côté, pour dessiner des contours d'objets, etc.	Perception de notions : avant/arrière, haut/bas, avant/après, en même temps, etc.
Perception temporelle	Identification de repères temporels : association d'une chanson à un moment ou à une situation.	Identification de repères temporels : association d'une chanson à un moment ou à une situation.
Expression artistique	Reproduction d'intonations variées. Sens musical. Expression d'émotions. Créativité.	Perception d'émotions. Sens musical. Expression d'émotions. Créativité.

Tableau 3.1 (suite)
La portée éducative des comptines et des chansons

	En tant que chanteur	En tant qu'auditeur et spectateur
Habiletés intellectuelles	Mémorisation.	Mémorisation.
	Concentration.	Concentration.
	Anticipation.	Anticipation.
	Connaissance de soi, de l'environnement et du monde.	Connaissance de soi, de l'environnement et du monde.
	Compréhension de notions telles pareil/pas pareil, début/fin, continuité/répétition.	Compréhension de notions telles pareil/pas pareil, début/fin, continuité/répétition.
	Raisonnement.	Raisonnement.
	Imagination. Création d'images mentales.	Imagination. Création d'images mentales.
	Acquisition progressive du langage verbal.	Compréhension du langage verbal.
Conscience de soi et habiletés sociales	Découverte de ses capacités, plaisir, estime de soi, expression de sentiments.	Plaisir, sécurité affective, bien-être.
	Prise en considération de l'autre.	Prise en considération de l'autre.

QUOI CHANTER ?

S'il existe de nombreuses comptines et chansons pour des enfants plus âgés, celles qui sont destinées spécifiquement aux bébés se font plus rares. De plus, les particularités de la chanson réservée à la prime enfance sont peu abordées dans les travaux portant sur le sujet. En approfondissant le domaine, on s'aperçoit que les comptines et les chansons pour bébés constituent un genre musical en soi.

UN RÉPERTOIRE ADAPTÉ À LA TOUTE PETITE ENFANCE

Qu'elles soient issues des traditions orales ou des produits de l'industrie du disque, les comptines et chansons du répertoire enfantin ont la particularité d'accompagner le bébé durant les premières années de sa vie. Grâce à elles, il a la chance de faire de multiples découvertes : connaître son corps, les autres, son environnement et sa culture.

On évoque divers thèmes dans le répertoire vocal : les animaux, les gestes du quotidien, la nature, les fêtes, etc. L'origine de la plupart des comptines et des chansons demeure inconnue. Certaines sont anciennes, d'autres contemporaines et plusieurs sont tombées dans le domaine public sans qu'on puisse retracer leur source.

Les chansons destinées aux bébés se font entendre le plus souvent dans un moment d'échange privilégié comme le changement de couche, le bain, l'endormissement ou le réveil. Le plus souvent de courte durée, les chansons et les comptines appellent la participation active du corps, de la voix et de la mémoire du bébé en plus de mettre en pratique le langage parlé et musical (Bustarret, 1985, p. 137).

On parle de comptines et de chansons en évoquant différents termes : formulettes, comptines, enfantines, jeux de nourrice, ritournelles, berceuses, petits poèmes, rengaines, chants de portage, jeux de chatouille, jeux de galop, rondes, chanson à gestes, jeux de bras ou de jambes, jeux de doigts ou de mains, jeux de visage. Par commodité, nous retiendrons les mots **comptine** et **chanson** pour désigner le répertoire d'expression vocale destiné au bébé.

> Il existe autant de comptines et de chansons qu'il y a de façons de les faire : des jeux de chatouille pour attirer l'attention du bébé, des jeux de motricité lorsqu'il est bien éveillé, des berceuses pour favoriser le retour au calme, des jeux de galop pour jouer avec lui.

Constituée d'une mélodie et de rythmes, la chanson se fait évidemment en chantant tandis que la comptine se définit généralement comme un petit poème que l'on récite en rythme bien marqué. On interprète la comptine soit en parlant, soit en chantant, dans lequel cas la mélodie se limite à deux ou trois notes répétitives.

Considérée dans son sens premier, la comptine se veut une formule chantée ou parlée que l'on fait en découpant clairement les syllabes et qui sert parfois à choisir un joueur dans un jeu. Dans l'usage populaire, la comptine se rapporte à un texte fait en rythme, sans mélodie ou avec deux ou trois notes répétées pouvant accompagner des jeux comme la corde à sauter ou des jeux de mains.

La comptine peut servir de moyen pour faire un tirage au sort dans un jeu afin d'attribuer un rôle précis à un joueur donné. À cette fin, *Ma petite vache a mal aux pattes. Tirons-la pas la queue, elle ira bien mieux dans un jour ou deux…* est certes l'une des comptines les plus connues au Québec. La comptine est souvent constituée de mots rigolos et de courtes phrases fantaisistes. C'est le cas de *Une mine manemo. Maticaire Matic. Une fine fane fo. Mets ta main derrière ton dos* ou de *Am stram gram Pic et pic et colégram…* La comptine est alors écoutée sans même la comprendre, seulement pour le plaisir sonore : *Zig, zag, zoug, ziguons, ziguez, zigomar…* en est un autre exemple.

La comptine peut également servir de ritournelle aux enfants plus vieux pour accompagner leurs jeux de mains ou de corde à sauter, comme dans *Trois fois passera. La dernière restera…* ou *Crème glacée limonade sucrée, dis-moi le nom de ton cavalier.*

La comptine adaptée aux bébés se veut simple, facile à retenir en plus de se prêter aux répétitions et d'inviter au jeu : *Tourne en rond petit chaton… Chat Chatouille petite grenouille. Et hop là !… Saute dans mes bras.*

Avec des gestes simples, amples et reproduits clairement, la compréhension et la mémorisation d'une comptine ou d'une chanson se trouvent facilitées.

De caractère très intime, les premières chansons pour bébé favorisent le contact corporel avec l'adulte. Ce sont la plupart du temps des berceuses que l'on fredonne dans les bras comme *Dodo, l'enfant do* et qui cherchent à apaiser le nourrisson avec le rappel du bercement prénatal. Le balancement qui accompagne la berceuse s'effectue de manière horizontale ou latérale. Il y a aussi les chants de portage servant à soutenir les secousses que l'on fait en tenant l'enfant dans ses bras et auxquelles on joint des petites tapes dans le dos pour provoquer un rot qui tarde à venir ou pour soulager un quelconque inconfort.

Aux habiletés grandissantes du bébé s'ajoutent les jeux de galop faits par des mouvements verticaux sur les genoux de l'adulte : *Hue, hue, va mon cheval*. Les jeux de doigts, *C'est la petite bête qui monte...*, qui déclenchent des rires avec le déplacement des doigts sur le corps du bébé. Plus tard, les jeux de balancement tel *Bateau sur l'eau* invitent le tout-petit à être plus actif et plus confiant avec l'ajout de renverse ou de chute douce vers l'arrière.

Les enfants en âge de marcher adorent faire de petites rondes avec un adulte.

Au fur et à mesure que s'affinent ses mouvements et ses gestes, le tout-petit s'aventure dans un répertoire plus complexe. C'est le cas des chansons à gestes et des rondes qui sollicitent plusieurs habiletés chez l'enfant : *Promenons-nous dans le bois, Jamais on n'a vu*, où il se livre à un jeu de poursuite ou fait des mimes plus sophistiqués.

La chanson enfantine de qualité avec ses paroles bien choisies, ses rimes retentissantes, son rythme bien marqué, sa mélodie bien dessinée, est une œuvre d'art en soi.

De création anonyme, les comptines et chansons issues du folklore ont l'avantage d'être simples à interpréter, faciles à mémoriser et généralement connues de tous. Qui ne connaît pas de *Frère Jacques, Fais dodo, Au clair de la lune, Ah! Vous dirais-je maman* ou *Meunier, tu dors* qui accompagnent encore aujourd'hui l'enfance des tout-petits ? Leur candeur défie les modes et les changements de style.

> Le plaisir démontré par le bébé à l'audition d'une chanson ou d'une comptine justifie amplement l'effort d'en apprendre quelques-unes afin de leur en présenter régulièrement.

Pendant longtemps, les chansons se sont transmises d'une génération à l'autre en laissant des versions différentes au fil du temps. Toujours présentes aujourd'hui, les chansons *Au clair de la lune* et *Frère Jacques* ont résisté au passage du temps en traversant plus de 400 cents ans d'histoire. La chanson représente une manière intéressante de tisser des liens et de créer des ponts entre les générations. Il n'est pas rare de voir une grand-mère bercer son petit-enfant en reprenant une chanson que sa propre grand-mère lui chantait jadis. Préserver l'héritage du répertoire d'une culture vocale pour enfants demeure primordial en éducation.

> Plusieurs comptines et chansons ont charmé l'enfance de plusieurs générations. C'est le cas de *Frère Jacques*, *Au clair de la lune*, qui ont plus de 400 cents ans d'histoire.

Le répertoire de chansons traditionnelles ou folkloriques s'inscrit dans le lien social façonné autour de l'enfant. Au même titre que les traditions, les chansons font partie du patrimoine d'une société, elles ajoutent à la couleur d'une culture ou d'une communauté.

On peut y aller d'une improvisation de son cru en inventant des paroles sur une mélodie connue. Par exemple, la chanson *Sur le pont d'Avignon* peut devenir : *C'est le temps de manger, miam miam miam...* La ritournelle *Pirouette, cacahuète* devient : *Je vais te laver les mains mains, en les frottant, les frottant bien...* Pour rappeler un interdit en douceur à un enfant, de simples *non* répétitifs faits sur l'air de *Ah ! vous dirais-je maman* peuvent s'avérer très efficaces. Ou encore l'air de *Savez-vous planter des choux ?* peut servir de canevas pour mettre des paroles rappelant une consigne à un tout-petit : *Éloïse fait une caresse, doux, doux, doux, doux, doux, doux, doux, doux… Éloïse fait une caresse, doux, doux, doux à Marc-André.*

Rien de tel qu'une chanson douce fredonnée à l'oreille de l'enfant pour l'aider à apaiser sa douleur ou son inconfort.

Les airs des chansons populaires enfantines se prêtent bien à une adaptation. On peut y annexer de nouvelles paroles décrivant les réalités du bébé : bobo, réveil, promenade, la routine du mouchage, les premiers pas, l'heure du pot, etc.

Encadré 3.2 Les principaux thèmes abordés dans les chansons enfantines

- Les personnes issues de l'entourage, principalement les membres de la famille immédiate.
- Les gestes et repères du quotidien : se laver, faire dodo, manger, s'habiller, aller sur le pot, etc.
- Le corps : les gestes et les mouvements possibles à faire (tirer, pédaler, sauter, faire ses premiers pas, cueillir, ramasser, etc.), les parties du corps à pointer ou à faire bouger.

SURTOUT APRÈS 15 MOIS
- Les éléments de la nature : vent, soleil, pluie, arbre, fleur, étoiles, saisons, etc.
- Les animaux familiers : chat, poule, chien, souris, etc.
- Les états et les expressions : prendre, retrouver, donner, faire des câlins, sauter de joie, dire non, attendre, se soigner, être satisfait, avoir peur, etc.
- Les fêtes et les événements spéciaux : Noël, anniversaire, etc.

Divers thèmes sont traités dans la chanson enfantine. On y retrouve notamment les animaux, les éléments de la nature (mer, bateau, eau), le corps (les parties du corps, le plaisir de manger et de dormir), la famille (bébé, grands-parents, mère, etc.), la vie quotidienne, les aliments.

La chanson folklorique de la France et du Québec recèle d'innombrables trésors. Plusieurs comptines et chansons sont connues, d'autres moins. À la fin du présent chapitre, on en retrouve un grand nombre ; elles ont la particularité d'être simples à interpréter et à mémoriser.

Le répertoire d'abord restreint s'agrandit au fil des semaines. Les nouvelles chansons complètent les premières, mais sans les remplacer. Apprendre une nouvelle chanson chaque semaine pour l'intégrer à la vie de l'enfant est une bonne façon d'enrichir et de varier le répertoire. Le disque compact joint au livre offre plusieurs chansons d'auteurs à annexer à sa liste personnelle.

DES CRITÈRES POUR CHOISIR UNE COMPTINE OU UNE CHANSON

> Les gestes aident à conceptualiser le sens des paroles dans une chanson.

Les chansons et les comptines pour bébé gagnent à être accompagnées de gestes permettant de comprendre et de mémoriser les paroles qui, par ailleurs, doivent demeurer simples. On doit les reproduire avec des gestes amples et bien définis. Leur mélodie requiert un dépouillement, leur rythme, des accents bien marqués. La répétition de mots, de fragments mélodiques ou de cellules rythmiques facilite leur imprégnation.

> Les comptines et les chansons adaptées aux enfants offrent l'avantage de faire sonner des mots qui pénètrent l'esprit des enfants et s'imprègnent en leur mémoire pour longtemps.

On retrouve des paroles accrocheuses, soit réalistes soit inventées, ou relevées d'une touche de poésie. L'insertion du prénom de l'enfant lui procure un plaisir renouvelé. Il y a des chansons sophistiquées qui ont la faveur des petits et des comptines très simples qui attirent encore l'attention des plus vieux. En ce sens, on pourrait dire qu'il n'existe pas comme telles des chansons pour **les** enfants, mais qu'il y a des chansons pour **des** enfants. C'est pourquoi il faut éviter de choisir le répertoire vocal à partir seulement de ses goûts personnels ou en suivant les directives des spécialistes, ou encore en fonction des propositions commerciales. En somme, on doit varier les genres en considérant l'intérêt et les capacités de chaque enfant, afin qu'il ait la possibilité de faire de multiples découvertes.

Pour choisir une comptine ou une chanson à interpréter au bébé, il importe de recourir à son jugement personnel et de dépasser les modes en vigueur ou les principes dictés par les spécialistes.

Plusieurs critères sont à considérer dans le choix d'une chanson ou d'une comptine, comme le montre l'encadré 3.3. Mais la meilleure façon de les sélectionner demeure néanmoins l'observation des enfants en matière d'intérêt et de capacité.

Encadré 3.3 Éléments à considérer dans le choix de comptines et de chansons

- Paroles faciles à comprendre et à prononcer.
- Texte court.
- Paroles, phrases ou fragments répétés.
- Mélodie simple.
- Rythme entraînant pour les chansons à gestes et plutôt lent pour les berceuses.
- Phrasé bien défini.
- Sujet qui intéresse l'enfant : son prénom, les actions inhérentes à sa vie courante, les parties de son corps, les personnes de son entourage, plus particulièrement celles de sa famille. Vers deux ans, s'ajoutent les thèmes en lien avec les animaux, la nature et la nourriture.
- Présence de rimes.
- Possibilité d'ajouter des gestes et des mouvements simples à reproduire : mime, frappement, sautillement, désignation des parties du corps, bercement, qui accentuent et révèlent le sens des paroles tout en demeurant naturels.

- Possibilité d'ajouter un effet final : bravo, youpi, yé, hourra, voilà, badaboum, etc.

N.B. Il ne faut pas faire de ces critères une règle absolue et oser choisir une chanson simplement parce qu'elle est belle et touchante. Mais les manifestations des enfants et la cohérence avec les valeurs à privilégier véhiculées dans la chanson demeurent des aspects incontournables à respecter.

Même si certaines comptines ne veulent rien dire comme *Am stram gram, pic et pic et colégram, Bour et bour et ratatam, Am stram gram,* leurs rimes ont un effet enthousiasmant sur les enfants (Masi et Leiderman, p. 28). De plus, elles rendent les paroles plus faciles à retenir.

N'hésitez pas à inventer vos propres gestes pour accompagner les comptines et les chansons. Il faut cependant les conserver tels quels pour que les enfants puissent les retenir.

Il existe des chansons que l'on pourrait qualifier d'évolutives, en ce sens qu'elles offrent la possibilité de suivre l'enfant dans son développement. Par exemple, la chanson *A ram sam sam* tant appréciée du bébé lors des changements de couche est enrichie de gestes dès que l'enfant plus vieux est en mesure de les reproduire. Accompagnée de bercement dans les bras de l'adulte, la chanson *Bateau sur l'eau* est reprise avec des balancements autonomes quelques mois plus tard.

COMMENT CHANTER ?

VOUS SAVEZ PARLER ? ALORS, VOUS POUVEZ CHANTER

« Je n'ai pas une belle voix. Je chante faux. Je ne connais pas de chansons. J'ai peur de déformer l'oreille des enfants en chantant. Je me rappelle seulement de vieilles chansons de mon enfance. Sur le disque, c'est tellement mieux que moi… » sont quelques-unes des remarques exprimées par les adultes pour expliquer leur malaise à chanter en présence des enfants. On peut également évoquer le manque d'intérêt ou d'entraînement pour expliquer la regrettable sous-utilisation des chansons dans le quotidien avec les enfants.

Chanter est à la portée de tous. Celui qui sait parler peut chanter avec de la volonté et un peu d'entraînement.

Il n'est pas donné à tous d'oser chanter devant les autres adultes dont les remarques ou les attitudes sont parfois désobligeantes. Mieux vaut prendre avec humour leurs commentaires et miser sur sa conviction que l'acte de chanter demeure important en présence des bébés (Mory, p. 77).

Chapitre 3 ▪ La voix – Les comptines et les chansons 189

Mettez le disque de côté et puis exercez-vous à déjouer votre peur du ridicule à chanter devant les bébés. Allez-y d'un brin de fantaisie avec des murmures improvisés, des syllabes répétées, des paroles inventées sur des airs connus. Amusez-vous à chanter pour le grand bonheur des bébés.

Le bébé adore entendre chanter les personnes qui lui sont chères. Au-delà des fausses notes, c'est l'enthousiasme et le plaisir de chanter qu'il détecte.

VIVE LA SIMPLICITÉ !

C'est avec spontanéité, créativité et émotion, le tout exprimé avec simplicité, que l'adulte peut réussir à donner vie à une chanson en présence des enfants. Chanter malgré les petits défauts de la voix dénote un signe de bonne humeur, de disponibilité et de chaleur humaine auxquelles le bébé est sensible. Plus que la chanson elle-même, c'est la manière de chanter qui importe, c'est l'expression et la sonorité de la voix qui demeurent amicales. L'ambiance générale agréable de même que la présence de gestes simples l'emportent sur la perfection vocale.

Assurez-vous que l'enfant vous voit bien lorsque vous lui chantez une chanson à gestes.

Il est moins question de talent que d'habitude, de motivation et de créativité lorsqu'il s'agit de chanter en présence des enfants. La voix de l'adulte qui chante est pour le bébé un matériau sonore qu'il perçoit sans jugement. On n'a qu'à remarquer l'intérêt marqué que portent les bébés aux chansons vivantes entonnées par une personne familière, pour constater qu'il surpasse largement l'attrait qu'ils ont pour les enregistrements professionnels sur disque. « Il est plus profitable à un bébé d'entendre une voix qu'il aime et qu'il connaît, même si cette voix qui chante n'est pas parfaite, que d'entendre la voix impersonnelle d'un disque ou d'une cassette » (Comeau, p. 38). Ce n'est pas la beauté de la voix qui attire le jeune auditeur, mais l'enthousiasme du chanteur et surtout la qualité du lien affectif établi avec lui, dont la voix en direct est le prolongement.

> Le bébé ne perçoit pas les fausses notes ou les erreurs de paroles lorsqu'on chante. Il réagit à l'expression de la voix et du cœur. Pour lui, la voix d'une personne qu'il affectionne est le plus bel instrument du monde.

Chanter avec une voix naturelle, sans rien forcer, voilà le secret pour obtenir les meilleurs résultats vocaux possibles auprès des bébés. Même si chanter est à la portée de tous, on sait bien que plusieurs n'osent se risquer par manque d'habitude ou par peur de se montrer ridicule. Bien qu'on soit habitué à entendre des voix retentissantes et bien résonnantes par la chanson populaire médiatisée, il vaut mieux recourir à une voix douce et pure pour chanter aux bébés.

Les sons faits en *humming*, c'est-à-dire les murmures, font ressortir les sons graves plus que ne le fait la voix parlée. Étant moins stimulant pour le bébé en raison de l'absence de paroles, le murmure chanté l'apaise davantage que le chant ordinaire.

> Le *humming* qui consiste à faire de simples murmures peut suffire comme expression vocale.

Divers moyens aident à se sentir plus à l'aise avec sa voix. Porter attention à l'articulation des consonnes en cherchant à garder le naturel de la voix parlée favorise la clarté de l'émission vocale. Éviter d'utiliser une voix trop grave (chanter au-dessus ou à proximité du do central du piano), car les petits ont un registre vocal beaucoup plus aigu que celui d'une femme et davantage, dans le cas d'un homme. Il faut se rappeler que les sons clairs et moyennement aigus initient mieux l'enfant à chanter lorsqu'il est prêt à le faire.

Privilégiez l'échange verbal modéré et les jeux chantés en tête-à-tête lors du changement de couche et éliminez les autres sources sonores susceptibles de nuire à la communication entre vous et le bébé.

Chanter avec entrain (vitesse correspondant approximativement à 110 pulsations par minute sur le métronome) ajoute un attrait aux chansons à gestes. Mais il faut éviter de tomber dans un débit trop rapide afin de permettre à l'enfant de suivre le déroulement. Trop de stimulations vocales et gestuelles risque de surexciter le bébé. L'immaturité de son système nerveux ne lui permet pas encore d'apprécier une expression exubérante. À l'opposé, un rythme lent convient bien aux chansons qui cherchent à calmer l'enfant, mais ne convient pas pour les jeux chantés qui nécessitent un minimum de dynamisme.

Chapitre 3 ▪ La voix – Les comptines et les chansons 193

Le jeune enfant aime imiter les gestes que l'adulte fait en chantant.

Généralement, le bébé reproduit les gestes accompagnant la comptine ou la chanson avant les paroles. Il en va de même pour l'ensemble de son expression qui se fait d'abord de manière gestuelle avant d'être verbale. Les gestes servent essentiellement à comprendre le sens des paroles. Faire le geste de pédaler dans la chanson *Violette à bicyclette* aide à saisir ce qu'il faut faire en montant à bicyclette. Pointer les pieds lorsque la chanson dit « *Tu mets dans tes pieds...* » montre à l'enfant où se trouve cette partie de son corps. Au fur et à mesure que sa mémoire et ses habiletés motrices augmentent, le bébé est en mesure de reproduire l'ensemble des mouvements et même de les anticiper. Si l'enfant est capable de reconnaître les parties de son corps, il est bon de lui présenter des chansons comme *Alouette, gentille alouette* l'invitant à bouger sa tête, ses bras, ses jambes.

Il est bon de connaître par cœur des chansons pour arriver à les utiliser au moment jugé opportun et pour jouer avec elles : changer d'intonations, insérer des gestes, etc.

Les tout-petits adorent entendre souvent les mêmes comptines et chansons. C'est la répétition qui leur permet de les apprendre et de les interpréter une fois les habiletés requises mises en place.

En répétant régulièrement les mêmes comptines et chansons avec plaisir, on donne à l'enfant l'occasion de les fixer dans sa mémoire. Dans un premier temps, il vaut mieux s'en tenir à chanter et à faire les gestes sans trop le distraire avec des accessoires. Puis, une fois l'effet de nouveauté passé, l'enfant sera plus enclin à porter attention au matériel tout en continuant à s'intéresser à la chanson.

À défaut de chansons présentes dans sa mémoire, on peut recourir à des disques de chansons enfantines. On en apprend quelques-unes pour arriver à les interpréter sans l'aide du support musical. La pratique courante de laisser la bande sonore faire à sa place « banalise et récupère toutes les énergies de création et d'interprétation » (Bustarret, 1986, p. 7). Répéter un mot ou ralentir le rythme, inventer de nouvelles paroles, éclater de rire au beau milieu de la chanson, ajouter des gestes en s'inspirant des réactions des enfants, sont autant des jeux vivants qui ne se prêtent pas à l'impersonnalité du disque (Chaumié, p. 52).

Chanter en direct s'avère la meilleure façon de faire entendre des comptines et des chansons aux enfants.

L'intervention sensible de l'adulte devient essentielle pour donner vie aux chansons et aux comptines. Sa seule présence vocale dans une ambiance chaleureuse constitue pour les tout-petits une approche du monde musical (Levine, p. 5).

Vous pouvez rassembler les images des chansons dans un cahier et les retirer au moment opportun pour les présenter aux enfants.

À partir du moment où l'adulte est motivé à chanter et à accroître son aisance à le faire, divers moyens s'offrent à lui pour le guider dans sa démarche. Les conseils fournis s'appuient sur une expérience avec les enfants et sur l'avis d'éducatrices.

Encadré 3.4 Quelques moyens pour s'aider à chanter

- Chantez avec simplicité et naturel sans forcer votre voix. Conservez le naturel de votre voix parlée.
- Optez pour une voix douce en ne cherchant pas à imiter la voix des chanteurs populaires.
- À l'expiration, aidez-vous des muscles de votre abdomen et non de votre gorge pour soutenir les paroles chantées.
- Insistez sur les consonnes dans l'articulation des mots. Les voyelles viennent d'elles-mêmes.
- Prenez un registre de voix (hauteur) moyennement aigu. Évitez de chanter dans un registre grave qui ne convient pas au registre naturel des tout-petits.

- Maintenez une vitesse d'exécution modérée, ni trop lente ni trop rapide.
- Adoptez une voix douce pour interpréter les berceuses ou murmurez tout simplement.
- Chantez avec enthousiasme les chansons et les jeux chantés, mais sans excès de stimulation.
- Misez sur le plaisir et non sur la performance. Rappelez-vous que c'est pour les bébés que vous chantez et non pour les adultes.

Les chansons retrouvées sur le disque compact du livre peuvent être mémorisées et interprétées par les adultes qui veulent les utiliser et pour qui la lecture des partitions musicales est impossible. L'enregistrement proposé ne vise nullement à remplacer l'expression vivante de la voix de l'adulte en direct, mais à l'aider à apprendre les chansons afin d'en arriver à les faire sans aide technique.

Évitez de trop en faire. Un excès de stimulations étourdit le bébé et peut provoquer confusion et nervosité. Limitez-vous à lui chanter une chanson en toute simplicité.

PLUS ON CHANTE, MIEUX ON CHANTE

> Il ne faut pas attendre d'être à l'aise de chanter pour chanter, mais il faut chanter pour devenir à l'aise de chanter. L'habileté à chanter s'exerce avec la répétition et peut se développer à tout âge.

Tout comme le vieil adage le déclame, *C'est en forgeant qu'on devient forgeron*, on peut dire que c'est en chantant qu'on devient chanteur. En effet, plus on chante, plus on devient à l'aise avec sa voix et plus on a envie de chanter. Plus on a le goût de le faire, plus on apprend de chansons. Plus on connaît de chansons, plus on en chante aux enfants, et davantage ils en redemandent, et la motivation de chanter pour eux augmente.

Une image correspondant à chaque chanson amène l'enfant à s'en souvenir. Lorsque vous chantez, montrez-lui les images pour qu'il les associe aux bonnes chansons.

Encadré 3.5 Comment présenter les comptines et les chansons

- Annoncez le titre de la comptine ou de la chanson pour que l'enfant puisse facilement la demander.
- Accompagnez la chanson de doux chatouillements, de sautillements, de gestes, de câlins sans toutefois trop en mettre.
- Inventez des gestes, des mouvements simples de mains et de bras pour accompagner le texte.
- Amplifiez les gestes de manière à ce qu'ils décrivent le plus possible les paroles.
- Devancez légèrement les paroles par les gestes correspondants pour amener l'enfant à anticiper.
- Finissez la chanson par une onomatopée retentissante appropriée : Yahou ! Bravo ! Badaboum ! Yé ! Hourra ! en y joignant un geste correspondant.
- Quand la chanson s'y prête, joignez le prénom de l'enfant pour qui vous chantez.
- Variez les inflexions vocales variées sans toutefois surcharger l'interprétation : murmurez, ralentissez, accélérez, attardez-vous sur un mot, insistez sur des rimes, taisez des paroles pour ne faire que les gestes, remplacez les paroles par des sons d'animaux, etc.
- Remplacez des paroles par d'autres pour décrire une situation ou un événement.
- Remplacez quelques paroles par des sons tels des claquements de langue.
- Suivez l'enfant, ajustez-vous à ses réactions verbales et non verbales.
- N'insistez pas pour que le tout-petit fasse les gestes ou les paroles avec vous. Il le fera lorsqu'il sera prêt.
- Évoquez la comptine ou la chanson, une fois devenue familière, à l'aide d'une image correspondante.
- Misez sur le plaisir : celui de l'enfant et le vôtre. Amusez-vous !

Évitez de faire les gestes des chansons à la place de l'enfant. Le temps venu, c'est-à-dire vers l'âge de 1 1/2 an, il les fera seul et sera ainsi plus agile et plus sûr de lui. Cette façon de faire augmentera son plaisir.

QUAND CHANTER ?

DE PETITES ESCALES TOUT AU LONG DE LA JOURNÉE

La plupart du temps, les enfants ne se lassent pas des chansons qu'ils aiment et les redemandent encore et encore. C'est un trait particulier des enfants de un et deux ans dont il faut tenir compte. C'est pourquoi il ne faut pas hésiter à chanter régulièrement tout au long de la journée. Mieux vaut chanter un peu à la fois et souvent que de le faire à l'occasion seulement et pendant longtemps. Par la répétition, les nouveaux mots et gestes enregistrés dans la mémoire à court terme passeront dans la mémoire à long terme.

Puisque les enfants de 0 à 2 ans démontrent de grandes différences dans leur développement, l'éducatrice doit considérer les besoins de chacun d'eux lors des jeux chantés : un bébé de six mois est assis tout près de l'éducatrice dans sa petite chaise de façon à ce qu'il voit bien les autres, un autre du même âge préfère rester couché à plat dos au sol pendant qu'il joue avec un jouet, les autres plus âgés font quelques gestes avec l'éducatrice, un seul reproduit quelques paroles tandis qu'un bébé de quatre mois fait sa sieste. Deux enfants manifestent de l'intérêt quand l'éducatrice reprend la chanson pour la troisième fois alors que les deux autres détournent leur regard et se dirigent vers des jouets.

Il n'est pas nécessaire de regrouper les bébés pour leur présenter une chanson, les activités de groupe n'étant pas recommandées en bas âge. Chanter peut s'inscrire dans la routine des soins de base qui se retrouvent en grand nombre pendant la première année de vie. On estime à près de 80 % de l'horaire quotidien le temps consacré à l'habillage et au déshabillage, aux repas et aux boires, à la préparation et au lever de la sieste, aux changements de couche. En plus de contribuer à créer un climat agréable, à réconforter un bébé, les comptines et chansons peuvent servir de repère temporel. Par exemple, une chanson avise le bébé que son éducatrice est en train de faire chauffer son biberon, une comptine l'invite à se préparer pour une promenade. Cependant, il faut éviter de chanter en mangeant en raison des risques d'étouffement possibles.

Les nombreuses situations qui ont lieu autour des soins de base sont autant d'occasions propices pour chanter au bébé. En voici quelques-unes :

- changement de couche ;
- biberon donné dans les bras ;
- bercement ;
- prise de la température corporelle ;
- mouchage de nez ;
- application d'un onguent ou de la crème solaire ;

- lavage des mains ;
- réveil et lever ;
- routine du pot ;
- annonce d'un repas ;
- portage du bébé d'un endroit à l'autre.

« Savez-vous laver les mains… à la mode… ». L'apprentissage du lavage des mains se fait mieux à l'aide d'une chanson entraînante que l'adulte interprète à l'enfant.

Le jeu chanté avec cœur est une occasion privilégiée d'entrer en relation avec le bébé tout au long de la journée. Et plusieurs occasions s'y prêtent notamment lors des périodes de soins idéales pour créer de bonnes habitudes musicales. Il faut laisser le bébé guider l'adulte dans le choix des moments propices.

Les comptines et les chansons offrent de nombreux avantages dans la vie des tout-petits, surtout lorsqu'elles prennent vie à travers la voix de personnes significatives. Sans être infaillible et magique, ce moyen s'avère des plus bénéfiques pour enrichir la relation avec l'enfant, favoriser sa collaboration, l'aider à intégrer une règle, l'amener à se repérer dans le temps, l'initier à diverses connaissances et le stimuler sur le plan moteur. En somme, il est bon de faire des pauses chantantes tout au long de la journée.

On le sait, chanter avec cœur ou écouter une chanson interprétée par un adulte dispos et alerte engendre des réactions bénéfiques sur les personnes et sur les groupes. C'est un moyen qui agit sur l'état affectif des enfants tout en les aidant à vivre en groupe. Par exemple, Kevin entend la chanson habituelle qui l'avertit que son éducatrice va bientôt le changer de couche. Il se sent considéré. De son côté, Renaud se sent compris dans son chagrin quand sa maman entonne la ritournelle de consolation qu'il aime tant. Des *la la la* chantés sur la mélodie de la chanson *Ah ! vous dirais-je maman* rappellent agréablement à Marie-Fée de toucher son petit compagnon avec douceur, la dissuadant ainsi de lui tirer les cheveux. De son côté, le refrain de la chanson *Ah ! relève, relève Michaud* est repris avec le prénom de l'enfant pour l'inciter à se relever par lui-même après qu'il eut trébuché sans gravité. Quant à Rosa, une comptine amusante arrive à la faire patienter en attendant de se faire prendre par son papa occupé temporairement.

Une autre chanson peut attirer l'attention de l'enfant pendant la prise de température corporelle. Aussi, la réaction négative habituelle des bébés lors d'un examen médical se trouve atténuée par la chanson amusante qu'il connaît et apprécie, que sa maman lui chante.

> Deux à cinq minutes ici et là au cours de la journée peuvent suffire à présenter une chanson en complicité avec le bébé. Il faut penser davantage en termes de qualité et de bien-être, que de fréquence et de durée.

C'est enrichir la vie des bébés que de leur chanter des chansons à divers moments de la journée, à condition, bien sûr, de ne pas les déranger par un mauvais usage des chansons : chanter trop fort, trop longtemps, au mauvais moment, trop souvent, chanter pour faire masquer d'autres sons ou pour faire cesser les pleurs d'un bébé qui vient de se blesser, chanter des chansons qui ne correspondent pas à leurs besoins. Il faut savoir privilégier le silence ou la présence de peu de sons lorsque la situation le requiert.

La durée d'une activité de chanson est déterminée par l'intérêt manifesté par l'enfant. Son regard, sa posture, son humeur en disent long sur ses prédispositions. Cela peut représenter quelques secondes, deux minutes ou plus. La qualité et la pertinence de l'effet créé doivent l'emporter sur les autres préoccupations.

ANNEXE 1

Dix-huit comptines et chansons originales pour enfants *(sur le disque compact)*

- ☀ Petit oiseau 206
- ☀ Les premiers pas 207
- ☀ Toi et moi 208
- ☀ À l'eau les mains 209
- ☀ Hue mon cheval 210
- ☀ Miam miam 211
- ☀ Hop là ! 212
- ☀ Ce qui se cache là 213
- ☀ Petit nez à moucher 214
- ☀ Berceuse 215
- ☀ Les deux pieds tralalé 216
- ☀ Je suis un polichinelle 217
- ☀ Sur ton cheval 218
- ☀ Le petit pot 219
- ☀ Hop ! Je galope 220
- ☀ A ram sam sam 221
- ☀ Les beaux câlins 222
- ☀ Pieds bien chaussés 223

Petit oiseau

Paroles: Nicole Malenfant
Musique: Monique Rousseau

Pe - tit oi - seau d'or et d'ar - gent, qui at - tend..........
qui at - tend. Pe - tit oi - seau d'or et d'ar - gent s'a - mu - se en at - ten -
dant. Il s'a - mus' en chan - tant, il........ s'a - mu - se
en chan - tant.

2- Il s'amuse en volant. (bis)
3- Il s'amuse en riant. (bis)

Lors d'un moment d'attente, faire patienter les enfants en les amenant à écouter le chanson et à reproduire les actions évoquées : rire, chanter, voler, etc.

Les premiers pas

Paroles: Nicole Malenfant
Musique: Monique Rousseau

Un pas et puis deux pas. Qu'est-c' que je vois là-bas? Un pied et puis deux pieds, qui apprenn' à mar-cher. Un pas, deux pas, trois pas, vers moi. Un pas, deux pas, trois pas, dans mes bras. Voi - là!

Cette chanson stimule le bébé à faire ses premiers pas en l'encourageant à parcourir la distance qui le sépare du chanteur.

Toi et moi

Paroles et musique: Nicole Malenfant
D'après une chanson d'origine inconnue

Toi toi toi, moi moi moi, toi toi toi, moi moi moi,
Toi toi toi, moi moi moi. On s'em-bras-se-ra.

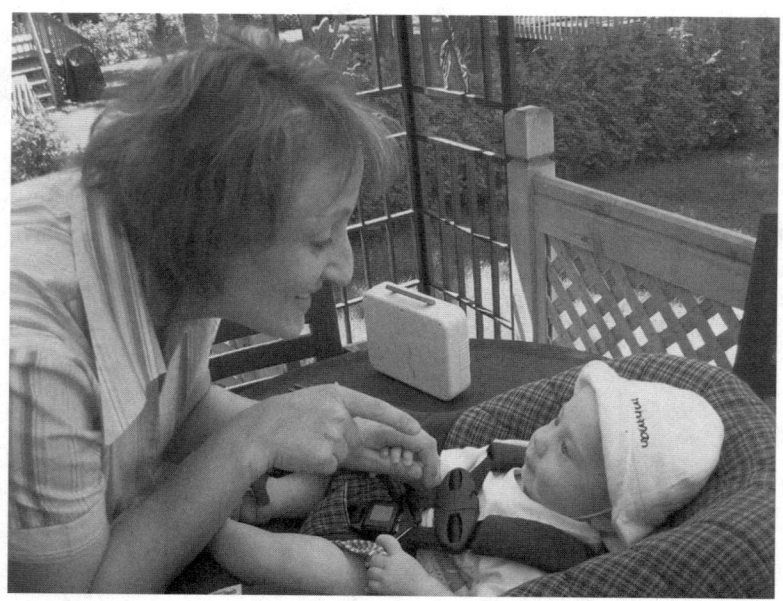

Ce jeu chanté a pour but de favoriser un rapprochement avec le bébé. Placer le bébé devant soi. Pointer, en alternance, son index sur l'enfant et sur soi-même, puis serrer l'enfant contre soi à la fin.

À l'eau les mains

Parler rythmé:

Relevons nos manches,
Pour laver les mains.
Relevons nos manches,
Relevons-les bien.

Paroles: Nicole Malenfant
Musique: Monique Rousseau

La - vons les mains, sous l'eau les mains, a- vec du sa- von, la- vons - les bien. Hum! ça sent bon! Bra - vo!

Moussons, moussons, frottons, frottons,
Et sous l'eau les mains, rinçons-les bien.
La, la...

Pour les sécher, prends un papier,
Quand tu as fini, jette-le ici.
La, la...

Présenter la chanson pour annoncer et agrémenter le lavage des mains fait sous l'eau du robinet en compagnie d'un adulte.

Hue! mon cheval

Paroles: Nicole Malenfant

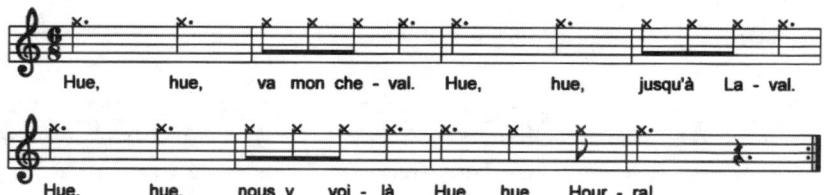

Hue, hue, va mon che - val. Hue, hue, jusqu'à La - val.
Hue, hue, nous y voi - là. Hue, hue, Hour - ra!

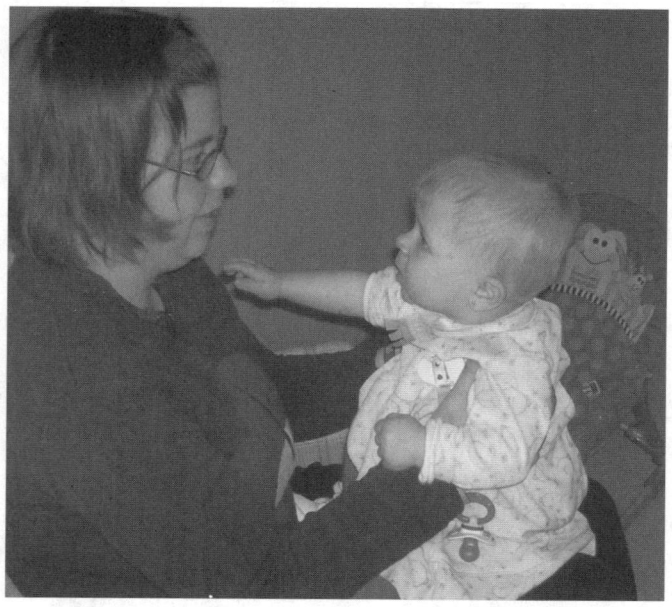

Faire sautiller doucement le bébé assis sur ses genoux en suivant le rythme de la comptine. Pour apporter une variante, on peut élever puis abaisser les genoux l'un après l'autre ou en même temps. En installant le bébé dans diverses positions – face à soi, de côté ou de dos – on l'amène à avoir divers points de vue, ce qui développe la spatialisation. On s'assure du confort du bébé tout au long du jeu.

Miam miam

Paroles: Nicole Malenfant
Musique: Monique Rousseau

C'est le temps de man-ger, Miam, miam, miam... C'est le temps de man-ger. Je suis affamé(e).

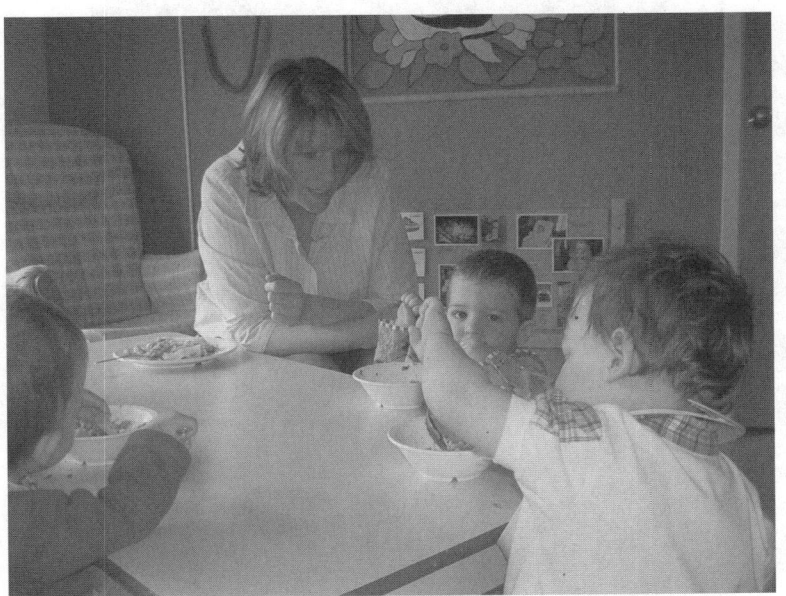

Le début des repas peut être difficile. Les bébés sont fatigués, les adultes aussi. Pourquoi ne pas alléger l'atmosphère au moyen d'une chanson très facile à mémoriser et à faire pour le plaisir de chacun ?

Hop là!

Paroles: Nicole Malenfant

Tourn' en rond pe-tit cha-ton, chat chat-touill' pe-tit' gre-nouill'
Et hop là! Sau-te dans mes bras

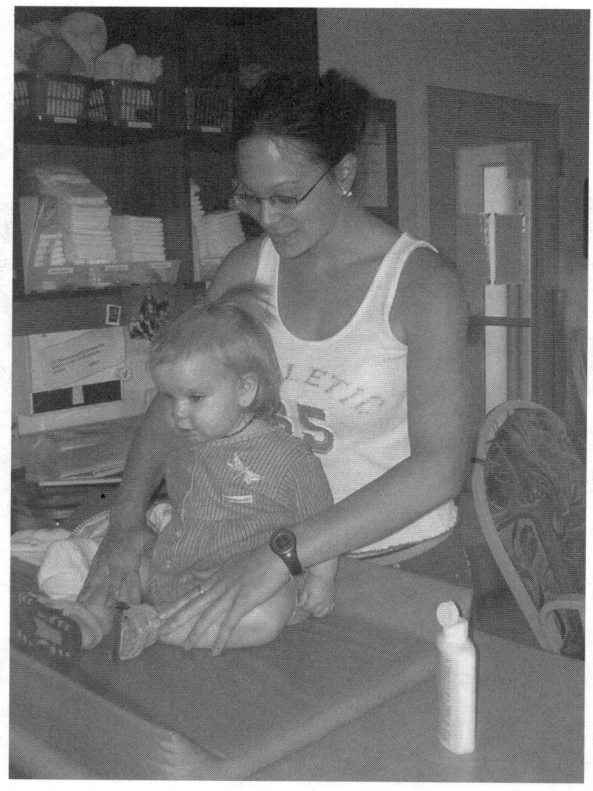

Pour terminer en beauté le changement de couche, présenter au bébé le petit jeu tactile suivant : *Tourne en rond petit chaton* : faire des petits mouvements circulaires sur le bras du bébé. *Chat chatouille petite grenouille* : chatouiller le bébé en douceur. *Et hop là* : mettre le bébé à la verticale. *Saute dans mes bras* : attirer le bébé dans ses bras.

Ce qui se cache là

Paroles : Nicole Malenfant
Musique : Monique Rousseau

Dis-moi ce qui se cache là ! Un pipi ou un caca ? Viens avec moi, on va voir ça, Et ta couch' on changera.

Rompre la monotonie des nombreux changements de couche, voilà l'intention de cette chanson qui utilise les termes exacts pour parler des vraies choses : pipi, caca. Amener l'enfant à se faire prendre, à délaisser le jeu en cours afin de se rendre à la table à langer, peut être facilité par cette chanson.

Petit nez à moucher

Paroles: Nicole Malenfant
Musique: Monique Rousseau

Ton p'tit nez, cou-le, cou-le, cou-le. Ton p'tit nez, je vais le mou-cher.

Parler rythmé:

Mouchons, mouchons,
Mouchons le nez mignon.

En chantant:

Ton p'tit nez, le voilà tout propre,
Ton p'tit nez, que j'viens de moucher.

Quand vient le temps de moucher son nez qui coule, le bébé se montre souvent réticent. Lui faire vivre cette routine sous forme de jeu l'amène à mieux collaborer.

Berceuse

Paroles: Nicole Malenfant
Musique: Monique Rousseau

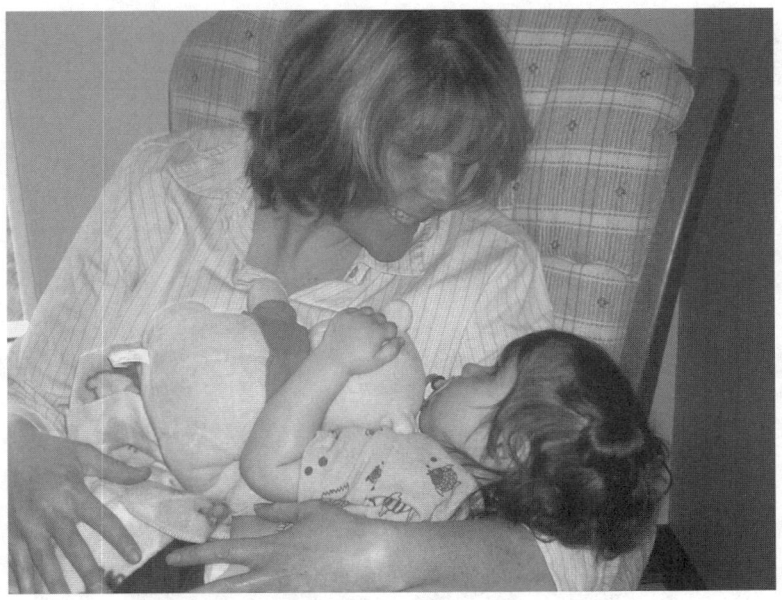

Accompagnée d'un bercement lent et régulier, la berceuse sert essentiellement à amener le bébé à dormir. Elle s'avère aussi très utile pour favoriser le calme ou le réconfort. S'installer confortablement – bras et dos bien en appui – dans une chaise berçante ou à bascule. L'idéal est d'en arriver à chanter la berceuse sans l'aide du disque compact afin de s'adapter aux réactions du bébé.

Les deux pieds tralalé

Paroles: Nicole Malenfant et Vanessa Bonin
Musique: Monique Rousseau, Nicole Malenfant, Vanessa Bonin

Tra - la - li - la - lèr', les deux pieds en l'air, tra - la - li - la - lé, les deux pieds col - lés.
Tra - la - li - la - li, les deux pieds qui rient. Hi hi hi! Tra - la - li - la - lo,
Les deux pieds becquots. x x x x Tra - la - li - la - lou, les deux pieds de - bout.
You!

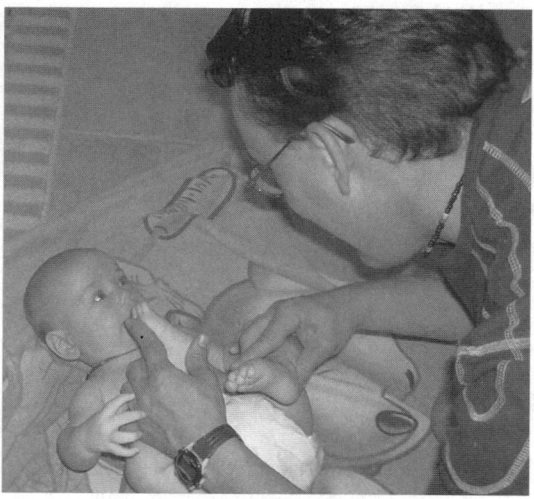

Une fois le bébé bien installé sur le dos, lui faire les gestes prévus dans la chanson : diriger les pieds vers le haut, coller les pieds ensemble, imiter des bécots. Terminer en plaçant le bébé à la verticale.

Je suis un polichinelle

Paroles et musique: Nicole Malenfant
A partir d'une chanson d'origine inconnue

Je suis un po-li-chi-nell', la vie est bell', la vie est belle. Je suis un po-li-chi-nell', ti-rez ma fi-cell'. Je ba-lan-ce les deux bras, comm' ceci et comm' cela. Je ba-lan-ce les deux bras, tout en haut et tout en bas.

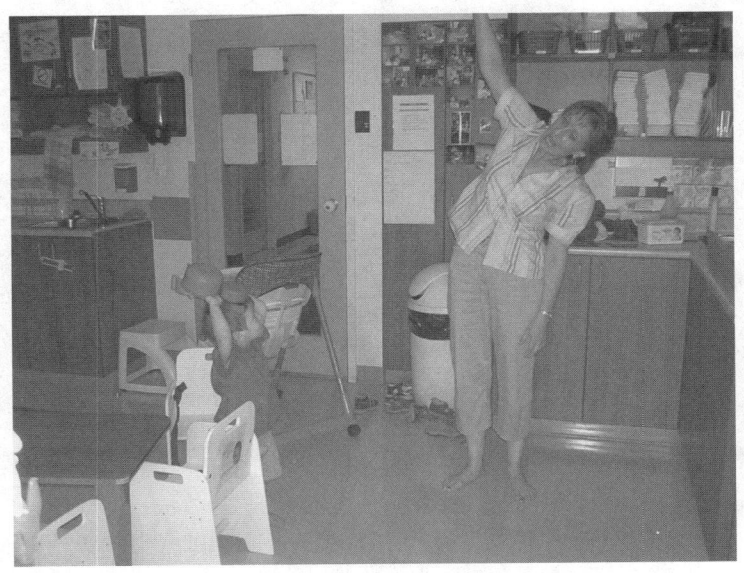

Cette chanson convient aux bébés en âge de marcher et capable de se tenir debout en équilibre. On fait les mouvements de manière à ce que le bébé voie les gestes à reproduire. *Je suis un polichinelle, la vie est belle, la vie est belle. Je suis un polichinelle...* : balancer les bras de chaque côté du corps. *Tirez ma ficelle* : Faire semblant de tirer une ficelle fixée à une épaule. *Je balance les deux bras comme ceci et comme cela* : balancer à nouveau les deux bras de chaque côté du corps. *Tout en haut et tout en bas* : hisser les bras puis les abaisser.

Sur ton cheval

Paroles: Nicole Malenfant

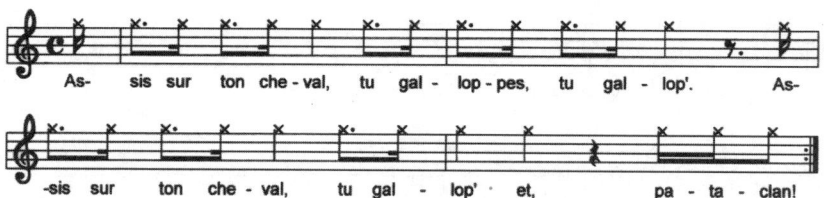

As- sis sur ton che - val, tu gal - lop - pes, tu gal - lop'. As- -sis sur ton che - val, tu gal - lop' et, pa - ta - clan!

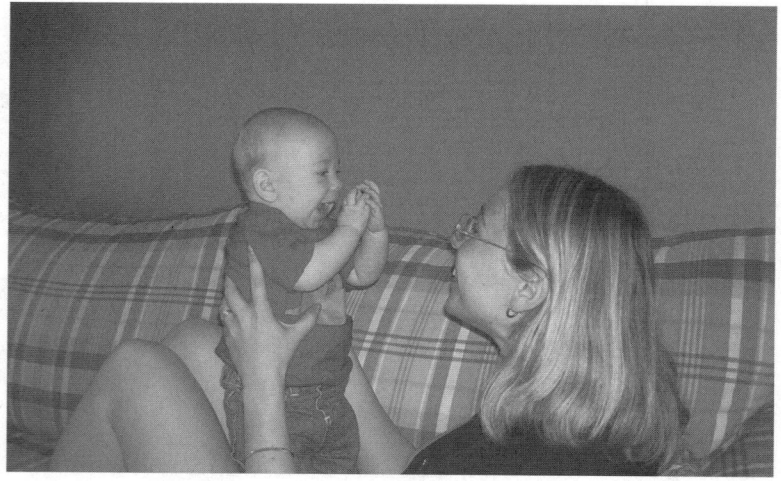

Jeu de galop ou de sauteuse où le bébé est assis sur les genoux de l'adulte face à lui. Celui-ci fait monter et descendre ses genoux en rythme. Terminer avec un mouvement de renverse.

Le petit pot

Paroles: Nicole Malenfant
Musique: Monique Rousseau

L'apprentissage à la propreté marque la période de deux ans. Pour inviter l'enfant à aller sur le pot, on peut recourir à cette chanson.

Hop! Je galope

Paroles: Nicole Malenfant

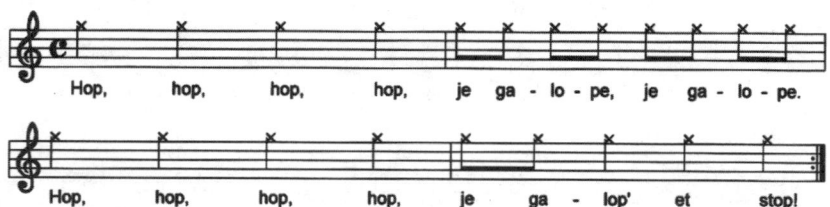

Hop, hop, hop, hop, je ga - lo - pe, je ga - lo - pe.
Hop, hop, hop, hop, je ga - lop' et stop!

Ce jeu imprègne l'enfant du rythme régulier de la pulsation que l'adulte lui fait ressentir en le faisant sautiller sur ses genoux. « À stop », cesser la cadence. Le jeu s'effectue aussi très bien sur un cheval à bascule.

A ram sam sam

Origine inconnue

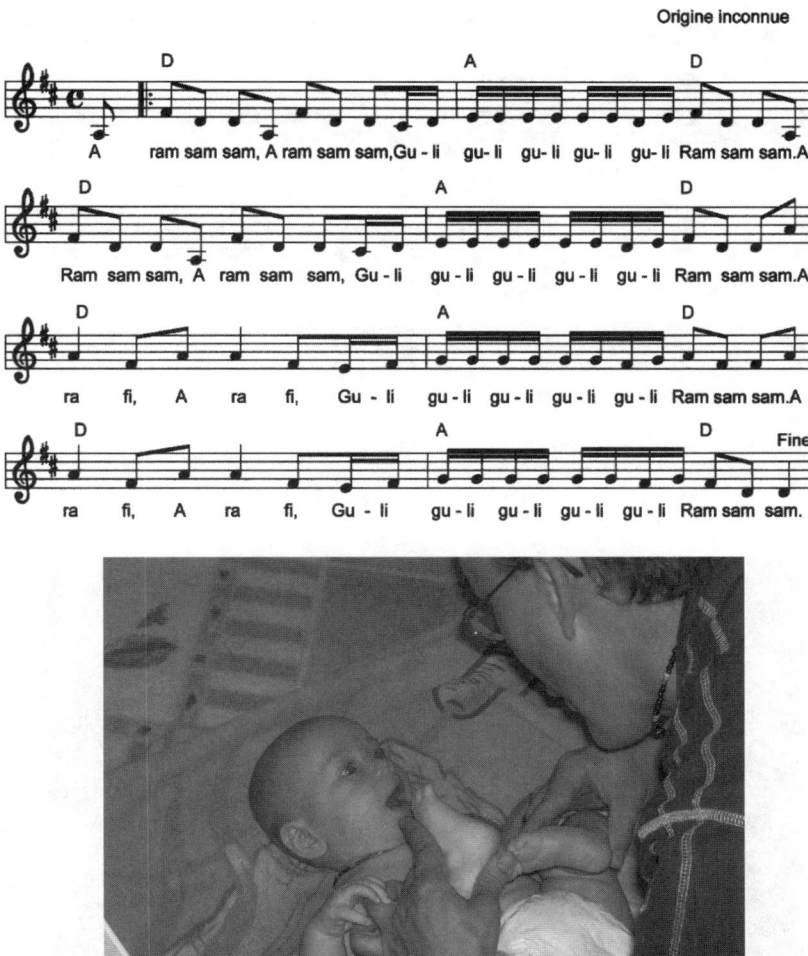

Cette chanson peut se faire avec le bébé allongé sur le dos. Lui faire les gestes correspondant aux paroles de la chanson : *A ram sam sam* : toucher les pieds ensemble. *Guli guli* : pédaler les jambes. *A ra* : relever les jambes. *Fi* : rejoindre les pieds. À faire avant ou après un changement de couche ou à la sortie du bain. Les enfants plus vieux sont invités à faire les gestes par eux-mêmes : *A ram sam sam* : frapper les mains sur les cuisses, *Guli...* : faire rouler les mains. *A ra* : agiter les mains en l'air. *Fi* : frapper les mains ensemble.

Les beaux câlins

Paroles: Nicole Malenfant
Musique: Monique Rousseau

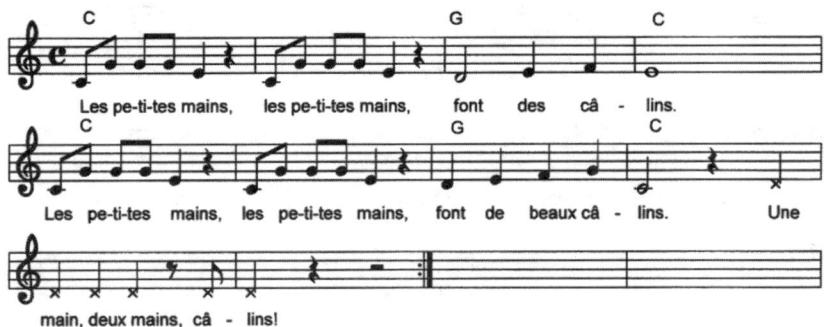

Les pe-ti-tes mains, les pe-ti-tes mains, font des câ - lins.
Les pe-ti-tes mains, les pe-ti-tes mains, font de beaux câ - lins. Une main, deux mains, câ - lins!

Mordre, tirer les cheveux, pousser un copain fait malheureusement partie des comportements des tout-petits en plein apprentissage social. Pour prévenir ces malencontreuses situations, on chante la chanson en guise de rappel des gestes souhaités à faire comme les câlins.

Pieds bien chaussés

Paroles: Nicole Malenfant
Musique: Monique Rousseau et Nicole Malenfant

La la la la la la la la la la la. La la la la la la la la la la la. Tu mets dans tes pieds des sou-liers, des sou-liers, tu mets dans tes pieds des sou-liers, 1- pour mar-cher.

2- pour danser.
3- pour patiner.
4- pour sautiller.
5- pour galoper.
6- pour te reposer.

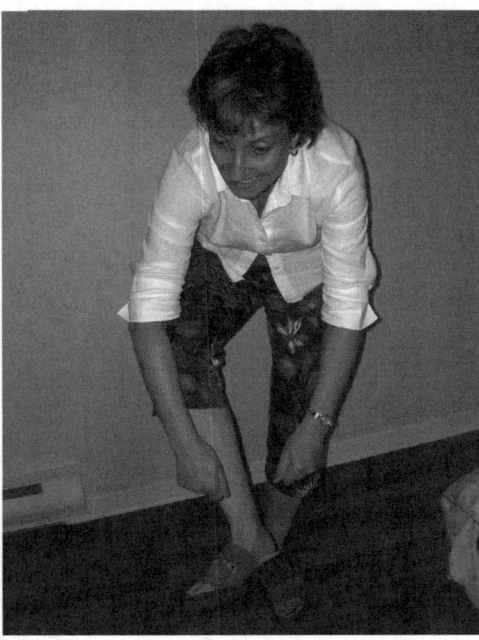

Avec les enfants en âge de marcher, faire semblant de chausser des souliers, des patins, selon les indications données dans la chanson. « Tu mets dans tes pieds des souliers pour… » À « la la la… », inviter les enfants à reproduire les actions indiquées : marcher, sautiller, patiner, etc. Pour agrémenter un moment d'attente, apporter de la nouveauté ou pour permettre de dépenser le trop-plein d'énergie, cette chanson à gestes convient très bien.

ANNEXE 2

Vingt-huit comptines et chansons populaires pour bébés issues de la tradition enfantine de la France et du Québec

(sur le disque compact)

Les comptines et chansons suivantes sont interprétées sans aucun accompagnement, c'est-à-dire *a cappella*, par souci de préserver le caractère simple et dépouillé propre aux chansons pour bébés.

Elles ont été recensées en fonction de leur diversité et de leur popularité dans la francophonie. Souvent de composition anonyme[2] et d'origine inconnue, elles ont l'avantage d'être adaptées aux bébés. Elles sont simples et courtes, faciles à mémoriser en plus d'êtres empreintes de candeur. Elles servent divers buts : calmer, jouer, stimuler, écouter, rire, s'amuser.

Le répertoire propose des sujets liés à la réalité du tout-petit qui l'amènent à découvrir les autres, les caractéristiques de son environnement et ses propres possibilités. On retrouve des occasions de communication interpersonnelle, des moyens d'accompagner les activités de tous les jours, différents thèmes appréciés des tout-petits comme les animaux, la famille, le corps ou la nature.

Ces comptines et chansons stimulent l'imagination et la curiosité de l'enfant tout en l'incitant à faire des gestes, à penser, à comprendre, à anticiper, à mémoriser et à acquérir du nouveau vocabulaire.

---

2. Que les auteurs de certaines comptines et chansons veuillent bien excuser la maison d'édition de ne pouvoir les nommer, faute de connaître leurs coordonnées.

- ☀ La petite bête 227
- ☀ Un p'tit chat dormait 228
- ☀ Que fait ma main ? 228
- ☀ Aiguille d'épinette 228
- ☀ Dodo, l'enfant do 229
- ☀ Fais dodo 230
- ☀ Au clair de la lune 230
- ☀ La poulette grise 231
- ☀ Bonsoir Madame la Lune 232
- ☀ P'tit lapin 233
- ☀ Tape dans les mains 234
- ☀ Violette à bicyclette 234
- ☀ Tape, tape, pique, pique 234
- ☀ Ainsi font, font, font 235
- ☀ Polichinelle 235
- ☀ Scions du bois 236
- ☀ Alouette 237
- ☀ Savez-vous planter des choux ? 237
- ☀ Jamais on n'a vu 238
- ☀ Meunier, tu dors 239
- ☀ Bateau sur l'eau 239
- ☀ Une poule sur un mur 241
- ☀ Un petit bonhomme 241
- ☀ Dans le pré 241
- ☀ Ron, ron macaron 242
- ☀ Sur le pont d'Avignon 243
- ☀ Nez cancan 244
- ☀ Le tour de la maison 244

POUR CHATOUILLER

C'est bien connu, les jeux tactiles font la joie des bébés. La plupart d'entre eux aiment se faire chatouiller. Mais il faut éviter de le faire trop longtemps ou trop intensément, car les chatouillements excessifs peuvent leur créer de la tension.

La petite bête
(parlé)

C'est la petite bête qui monte, monte, monte…
Et qui fait… guiliguiliguili…

Promener les doigts tout en douceur sur le corps de l'enfant, de la plante du pied jusqu'au creux du cou en passant par les jambes et le ventre. Commencer lentement puis accélérer le rythme en suivant la chanson.

Un p'tit chat dormait
(chanté)

Un p'tit chat dormait	*Caresser avec une main une partie du corps de l'enfant pendant que l'autre main reste cachée*
Sur son dos dansaient	*derrière le dos. Faire pianoter ses cinq doigts sur*
Cinq petites souris	*l'enfant pour représenter les souris qui dansent.*
Le chat les a…	*Faire apparaître la main dissimulée*
Pris'…	*(c'est le chat) Empoigner les doigts représentant les*
Tant pis !	*souris. Ouvrir les bras de chaque côté.*

Que fait ma main ?
(parlé)

Que fait ma main ?	*Montrer l'une de ses mains à l'enfant.*
Elle caresse : doux, doux, doux…	*Caresser une partie du corps de l'enfant.*
Elle gratte : grgrgr…	*Gratter en douceur.*
Elle chatouille : guiliguiliguili…	*Chatouiller en douceur.*
Elle applaudit : clapclapclap…	*Applaudir.*
Elle danse : lalalalala…	*Faire rebondir la main.*
Au revoir.	*Faire au revoir de la main.*
Elle s'en va.	*Cacher la main derrière son dos.*

Aiguille d'épinette
(parlé)

Pique, pique, pique	*Faire sautiller l'index sur le corps de l'enfant.*
Aiguille d'épinette	
Pique, pique, pique	
Aiguille de sapin	
Pique, pique, pique	
Aiguille de pin	
Pique !	

POUR BERCER OU CALMER L'ENFANT

Les berceuses ont depuis toujours calmé et réconforté l'enfant pour l'amener vers le sommeil ou l'apaisement. Leur rythme ternaire réparti sur deux temps forts permet le balancement horizontal qu'on leur connaît. Leur texte est empreint de mots tendres et affectueux.

Dodo, l'enfant do
(chanté)

> Dodo, l'enfant do
> L'enfant dormira bien vite
> Dodo, l'enfant do
> L'enfant dormira bientôt

Fais dodo

(chanté)

Fais dodo
Colas*, mon p'tit frère
Fais dodo
Tu auras du lolo.

Maman est en haut
Qui fait du gâteau
Papa est en bas qui fait du chocolat.

Fais dodo
Colas, mon p'tit frère
Fais dodo
Tu auras du lolo.

* Changer Colas pour le prénom de l'enfant. Le prénom est un mot que l'enfant ne se lasse pas d'entendre.

Au clair de la lune

(chanté)

Au clair de la lune
Mon ami Pierrot
Prête-moi ta plume
Pour écrire un mot
Ma chandelle est morte
Je n'ai plus de feu
Ouvre-moi ta porte
Pour l'amour de Dieu.

Autres couplets existants, mais moins connus :

Au clair de la lune
Pierrot répondit :
Je n'ai pas de plume
Je suis dans mon lit
Va chez la voisine
Je crois qu'elle y est
Car dans sa cuisine
On bat le briquet.

Au clair de la lune
On n'y voit qu'un peu
On cherche la plume
On cherche le feu
En cherchant d'la sorte
J'ne sais c'qu'on trouva
Mais bientôt la porte
Sur eux se ferma.

La poulette grise
(chanté)

C'est la poulette grise
Qui a pondu dans l'église
Elle a pondu un petit coco
Pour l'enfant* qui va faire dodo
Elle a pondu un petit coco
Pour l'enfant qui va faire dodo
Dodiche dodo.
C'est la poulette noire
Qui a pondu dans l'armoire
Elle a pondu un petit coco
Pour l'enfant* qui va faire dodo
Elle a pondu un petit coco
Pour l'enfant qui va faire dodo

Dodiche dodo.
C'est la poulette blanche
Qui a pondu dans la grange
Elle a pondu un petit coco
Pour l'enfant* qui va faire dodo
Elle a pondu un petit coco
Pour l'enfant qui va faire dodo
Dodiche dodo.
C'est la poulette brune
Qui a pondu dans la lune
Elle a pondu un petit coco
Pour l'enfant* qui va faire dodo
Elle a pondu un petit coco
Pour l'enfant qui va faire dodo
Dodiche dodo.

* Remplacer « l'enfant » par le prénom de l'enfant.

Bonsoir Madame la Lune
(chanté)

Bonsoir Madame la Lune   *Reproduire des gestes en lien avec les paroles.*
Que faites-vous là-haut ?
Je fais mûrir des prunes
Pour tous ces enfants-là.

Bonsoir Monsieur Soleil,
Que faites-vous là-haut ?
J'fais mûrir des groseilles
Pour tous ces enfants-là.

POUR BOUGER LES DOIGTS, LES MAINS ET LES BRAS

Par ce type de jeux, l'enfant a la possibilité de prendre davantage conscience de son corps et de développer la perception de l'espace : par derrière, par dessus, etc.

P'tit lapin
(chanté)

P'tit lapin plein d'poils	*Faire des gestes amples avec les deux mains.*
P'tit lapin plein d'poils	
P'tit lapin plein d'poils partout	
Par devant	*Montrer l'avant.*
Par derrière	*Montrer l'arrière.*
Par dessus	*Montrer en haut.*
Par dessous	*Montrer en bas.*
P'tit lapin plein d'poils partout.	*Ouvrir grand les bras.*

Tape dans les mains
(chanté)

Tape, tape dans les mains
Tourne, tourne le moulin
Tape, tape avec le pied
Toi et moi
On va danser.

Violette à bicyclette
(chanté)

Un, deux, trois quatre, cinq, six, sept	*Faire pédaler en rythme les bras ou les jambes du bébé. Pour les enfants capables de le faire, leur laisser la possibilité de le faire seuls.*
Violette*, Violette	
Un, deux, trois, quatre, cinq, six, sept	
Violette à bicyclette.	

* On peut remplacer *Violette* par le prénom de l'enfant.

Tape, tape, pique, pique
(parlé)

Pique, pique, pique	*Avec un index d'une main, piquer dans le creux de l'autre main.*
Roule, roule, roule	*Faire un moulinet avec ses deux mains.*
Tape, tape, tape	*Frapper dans ses mains.*
Et badaboum !*	*Se laisser tomber doucement.*

* Autre finale existante : cogne, cogne la caboche.

Ainsi font, font, font
(chanté)

1. Ainsi font, font, font *Agiter les deux mains dans les airs.*
Les petites marionnettes
Ainsi font, font, font
Trois p'tits tours et puis s'en vont. *Cacher les mains derrière son dos.*

2. Elles danseront *Danser*
Les petites marionnettes
Elles danseront
Et les enfants chanteront.

3. Elles repartiront *Faire un geste d'au revoir.*
Les petites marionnettes
Elles repartiront
Et les enfants dormiront. *Faire semblant de dormir.*
Chut ! *Mettre un doigt sur la bouche.*

Polichinelle
(parlé)

Polichinelle monte à l'échelle *Faire semblant de monter dans une échelle.*
Un peu plus haut
Se casse le dos *Toucher son dos en simulant la douleur.*
Aïe…
Un peu plus bas *Descendre de l'échelle.*
se casse le bras. *Toucher le bras en simulant la douleur.*
Outch…
Casse un barreau *Faire semblant de casser un barreau avec ses deux mains.*
Crac et…
Plouf ! à l'eau ! *Se laisser tomber doucement.*

Scions du bois
(chanté)

Scions, scions, scions du bois *Faire le geste de scier.*
Pour la mère, pour la mère
Scions, scions, scions du bois
Pour la mère de Nicolas*.

Varier la vitesse d'exécution à la reprise.

* On peut remplacer Nicolas par le prénom d'un enfant.

POUR NOMMER OU POINTER LES PARTIES DU CORPS

Ces jeux renforcent la connaissance des différentes parties du corps et de leurs possibilités motrices.

Alouette
(chanté)

Refrain

Alouette, gentille alouette *Se dandiner.*
Alouette, je te plumerai.

1. Je te plumerai la tête (bis) *Toucher la tête.*
   Ah! la tête (bis)
   Alouette (bis)
   Ah!

Refrain

2. Je te plumerai le bec. *Toucher la bouche.*
3. Je te plumerai les ailes. *Etc.*
4. Je te plumerai les pattes.
Etc.

Savez-vous planter des choux ?
(chanté)

Savez-vous planter des choux ? *Frapper dans les mains.*
À la mode, à la mode
Savez-vous planter des choux ?
À la mode de chez nous.

1. On les plante avec les pieds *Bouger les pieds en rythme.*
2. On les plante avec les mains *Bouger les mains en rythme.*
3. On les plante avec le nez *Bouger le nez.*
Etc.

Jamais on n'a vu
(chanté)

Jamais on n'a vu, vu, vu	*Faire non en pointant un index en l'air.*
Jamais on n'verra, ra, ra	*Faire le même geste avec l'autre index.*
La queue d'une souris	*Faire sembler de lisser la queue d'un souris.*
Dans l'oreille d'un chat.	*Pointer les oreilles avec les index.*
Miaou !	*Miauler.*

POUR FAIRE DES MOUVEMENTS D'EN AVANT À EN ARRIÈRE

En plus d'exercer l'équilibre, ces jeux permettent de bien ressentir le rythme en marquant la pulsation.

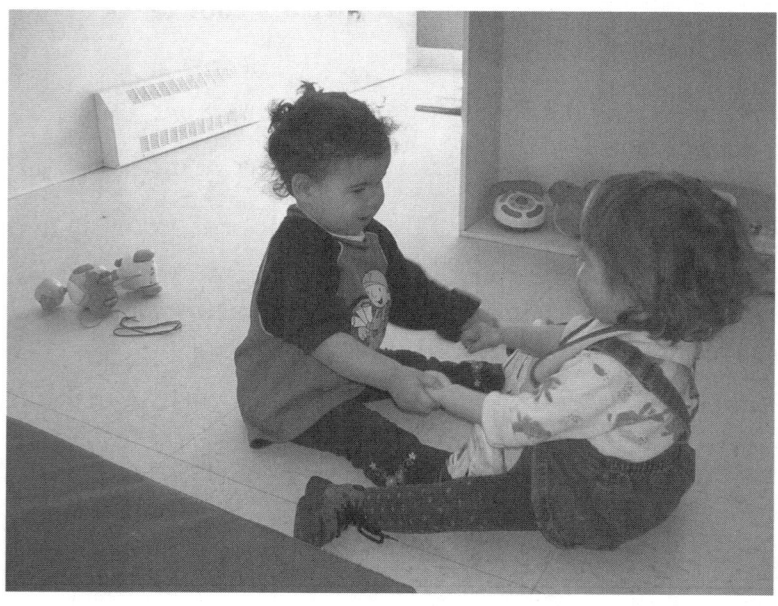

Meunier, tu dors
(chanté)

Meunier, tu dors, ton moulin va trop vite *Faire des balancements lents.*
Meunier, tu dors, ton moulin va trop fort.

Ton moulin, ton moulin va trop vite *Faire des balancements rapides.*
Ton moulin, ton moulin va trop fort.
Ton moulin, ton moulin va trop vite
Ton moulin, ton moulin va trop fort.

Bateau sur l'eau
(chanté)

Bateau sur l'eau *Se balancer d'en avant à en arrière.*
La rivière, la rivière
Bateau sur l'eau
La rivière et le canot.

Autres versions existantes :

Bateau sur l'eau
La rivière, la rivière
Bateau sur l'eau
La rivière au bord de l'eau.

Bateau sur l'eau
La rivière, la rivière
Bateau sur l'eau
La rivière et plouf dans l'eau.

POUR SAUTER SUR LES GENOUX

Placer le bébé bien en équilibre sur ses genoux en variant d'une fois à l'autre la position spatiale : de face, de côté ou de dos. Faire sautiller le bébé en élevant et abaissant les talons en rythme. Il vaut mieux attendre pour faire ce type de jeu que le bébé ait un tonus dorsal suffisant, c'est-à-dire à peu près à l'étape où il est prêt à s'asseoir seul. L'adulte doit veiller à bien appuyer son propre dos pour s'éviter les risques de blessure.
On peut terminer le jeu avec une renverse ou un envol. Avec le temps, l'enfant prendra plaisir à attendre la finale.

Une poule sur un mur
(parlé)

Une poule sur un mur *Faire sauter le bébé sur ses genoux.*
Qui picote du pain dur
Picoti, picota
Lève la queue et…
Et saute en bas. *Faire un mouvement de renverse ou laisser le bébé glisser le long des jambes.*

Un petit bonhomme
(parlé)

Un petit bonhomme *Faire sauter le bébé sur ses genoux.*
Assis sur une pomme
La pomme dégringole
Le bonhomme s'envole
Sur le toit d'l'école. *Faire un envol.*

Dans le pré
(parlé)

Dans le pré y'avait un lapin *Faire sauter le bébé sur ses genoux.*
Un p'tit lapin…
Qui marchait, qui marchait, qui marchait *Faire sauter l'enfant doucement.*
Qui sautait, qui sautait, qui sautait *Un peu plus sautillant.*
Qui courait, qui courait, qui courait *En accélérant.*

LES PREMIÈRES RONDES

Destinées aux enfants qui maîtrisent la marche, les rondes se font en se tenant la main tout en tournant en rond. Souvent très courtes, les premières rondes se terminent par un mouvement de chute.

Ron, ron macaron
(chanté)

Ron, ron macaron Ma p'tite sœur, ma p'tite sœur	*Se tenir les mains et marcher en rond.*
Ron, ron macaron Ma petite dans la maison.	*Marcher en sens inverse.*
Fais ceci, fais cela (en parlant) Apitchoum !	*Lever les bras puis les abaisser.* *Se laisser tomber par terre.*

Sur le pont d'Avignon
(chanté)

Refrain

Sur le pont d'Avignon On y danse, on y danse Sur le pont d'Avignon On y danse tout en rond.	*Faire une ronde.*

Couplets

1. Les messieurs font comme ça…	*S'immobiliser et faire un geste quelconque.* *Reprendre le refrain.*
2. Les mademoiselles font comme ça…	
3. Les p'tits chiens font comme ça	
4. Etc.	

POUR TOUCHER LE VISAGE

On touche des points précis du visage selon ce que dit la comptine. On peut finir le jeu par un jeu de massage. C'est un moyen ludique qui aide l'enfant à se faire laver le visage.

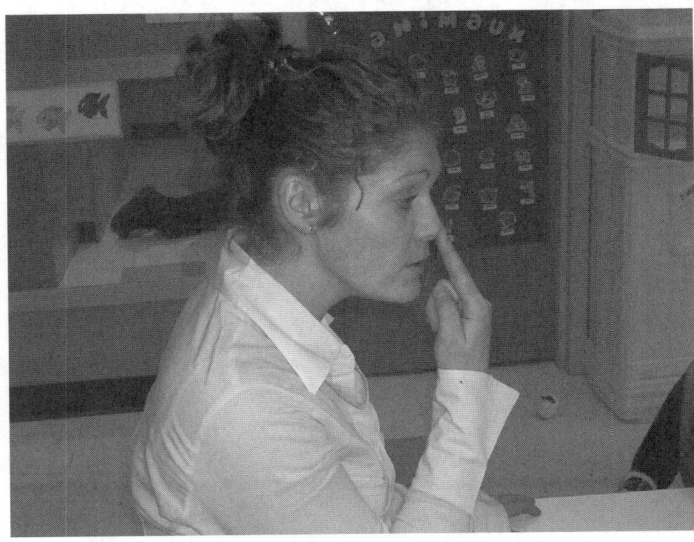

Nez cancan
(parlé)

Nez cancan	*Toucher le nez,*
Bouche d'argent	*la bouche,*
Menton fourchu	*le menton,*
Joue rôtie, joue bouillie	*une joue puis l'autre joue,*
Petit œil, gros œil	*un œil, l'autre œil,*
Sourcillon, sourcillette	*un sourcil, l'autre sourcil.*
Toc, toc la caboche.	*Frapper doucement la tête.*

Le tour de la maison
(parlé)

Je fais le tour de la maison	*Avec un index, tracer le contour du visage de l'enfant.*
Je ferme les fenêtres	*Fermer les paupières avec les deux index.*
Je ferme les rideaux	*Rabattre les oreilles avec les deux index.*
Je ferme la porte	*Pincer les lèvres avec l'index et le pouce.*
Et je fais… « clic clac ».	*Pincer le nez avec l'index et le pouce dans un mouvement de rotation.*

Dire le texte d'une voix chantante en touchant doucement les parties du visage nommées.

Faire attendre la fin prévisible « clic clac ».

Vers deux ans, l'enfant sera en mesure de faire certaines parties comme la fin, en l'anticipant.

CHAPITRE 4

Le matériel sonore

☀ **Le corps comme matériel sonore** 249
   – L'enfant 249
   – L'adulte 251

☀ **Les objets et les matériaux domestiques** 252
   – Les sons de la vie quotidienne 252
   – Des sons inusités 254
   – Jouer à reconnaître des sons en direct 255
   – Objets et matériaux sonores variés 257
   – Exploration active avec objets passifs 259
   – Les mains exploratrices 261
   – Les besoins particuliers des 1½ à 2½ ans 263
   – Observer, surveiller et laisser jouer 265
   – Mille et un attraits visuels 268
   – Un aménagement invitant 271

☀ **Les jouets sonores commerciaux** 275
   – Une nouvelle réalité 276
   – Le plaisir de l'enfant ne s'achète pas 276
   – Des critères de choix 278
   – Hochets 279
   – Objets à tirer ou à pousser 281
   – Couineurs et objets bruiteurs 282
   – Mobiles, boîtes musicales et boutons musicaux ... 283
   – Jouets sonores électroniques 285
   – Centres d'activités 288
   – Jouets « instruments de musique » 289

☼ **Les petits instruments de musique
    conventionnels** 290
  – *Quels instruments choisir ?* 291
  – *Maillets, bâtons et mailloches : mise en garde* 298
  – *Exploration libre et exploration assistée* 299
  – *Jouer de la musique aux enfants* 301
  – *L'entretien des instruments de musique* 306
  – *L'approvisionnement* 308

« L'enfant a une disposition naturelle à "jouer de la musique". Il s'amuse avec les sons sans rien attendre et se laisse surprendre par ses propres découvertes sonores. »
Nicole Malenfant

Tout comme pour les autres fonctions, les habiletés auditives du petit enfant se développent, en grande partie, grâce à l'environnement sonore et musical dans lequel il grandit. Selon le cas, il peut les améliorer ou les détériorer. Un bébé qui a la possibilité d'entendre régulièrement chanter, d'écouter de la musique, à qui l'on permet d'explorer sensoriellement des objets adaptés à ses capacités, qui assiste, à l'occasion, à des démonstrations musicales en plus de profiter de soins bienveillants, dispose de conditions favorables pour découvrir la richesse du monde sonore et musical.

Le jeu est une activité naturelle chez le jeune enfant. Pour lui, jouer et apprendre réfèrent à une seule et même fonction.

Un bébé saura écouter parce que les sons qui l'interpellent lui donnent envie d'écouter (Thirion, p. 300). En somme, c'est le plaisir ressenti qui assure l'assimilation de ses expériences. Quand le bébé est intrigué, interpellé, séduit par les sons qu'il fait ou qu'il entend, sa mémoire sensorielle s'imprègne de traces intérieures qui façonnent ses apprentissages, mais surtout son rapport affectif à la musique, présent et futur.

Le plaisir qu'il ressent à écouter des sons, à les mémoriser, à les reconnaître, à les différencier et à en créer est déterminant. Cet état se doit d'être suffisamment présent et intense pour que s'opère le développement des potentialités, sur le plan musical.

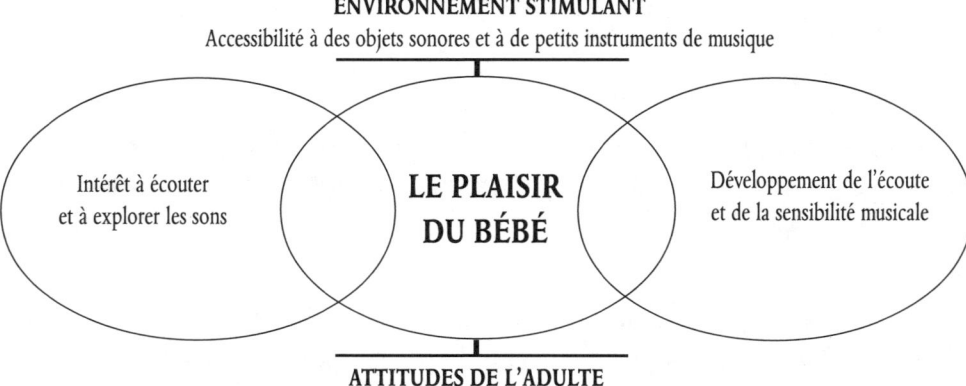

Figure 4.1
L'éveil aux sons et à la musique : une démarche globale au centre de laquelle se trouve le plaisir.

Dans ce chapitre, nous aborderons les matériaux sonores comme moyens de stimuler l'éveil sonore et musical du bébé au-delà de la voix et des chansons.

Parmi les sons possibles à privilégier auprès des enfants, on retrouve ceux qui sont engendrés par les moyens élémentaires et les matières premières : voix, percussions corporelles, sons de la nature, objets simples de la vie courante, petits instruments de musique le plus possible acoustiques.

Les ressources sonores susceptibles d'intéresser le bébé, de stimuler à la fois son ouïe et ses mouvements, se composent du corps, des objets d'usage courant, en plus des jouets sonores commerciaux et des petits instruments de musique. Voyons en détails ce que contient chacun de ces moyens.

LE CORPS COMME MATÉRIEL SONORE

L'ENFANT

Le bébé possède des compétences innées à faire des sons par lui-même, entre autres, avec son corps. Il le fait d'abord de façon fortuite, puis de manière de plus en plus volontaire selon les étapes de son développement.

Si le bébé profite des stimulations extérieures, c'est aussi par lui-même qu'il assure son éveil musical. On n'a qu'à regarder un bébé pour voir qu'il fait instinctivement des sons. À sa naissance, il émet son tout premier bruit lors de la première entrée d'air dans ses poumons ; c'est sa première inspiration. Puis suit de très près sa première expiration, bruyante ou à peine audible, sifflante ou accompagnée de pleurs. Le voilà devenu producteur de sons en arrivant à l'air libre, confiné qu'il était jusque-là à un rôle d'auditeur. Au fur et à mesure qu'il grandit, apparaissent d'autres bruits qu'il produit avec sa langue et sa bouche, avant même qu'il ne parle. Les bruits-langage qu'il émet – ses *dadadadada*, ses *gregregregre*, ses pleurs, son jasis, son babil, ses petits cris de joie – retiennent également son attention.

Vers l'âge de 15 à 20 mois, il découvre une nouvelle façon de jouer avec sa voix, qui consiste à la secouer en tournant rapidement sa tête de gauche à droite tout en émettant un son tel un *ahahahah* ; il joint des arrêts et des rires, puis reprend son jeu. Il aime aussi entendre sa voix moduler lorsqu'il se balance, se berce dans son lit, saute ou se fait rebondir sur les genoux d'un adulte, le plus souvent sur un rythme à deux temps. En d'autres moments, il frappe des mains sur ses cuisses, se trémousse le derrière pour extraire de sa couche de petits craquements qu'il prend plaisir à répéter encore et encore.

Avec l'arrivée des jeux symboliques vers l'âge de 18 mois, l'enfant s'adonne au bruitage d'actions, de déplacements et d'objets comme le démarrage d'une auto, le ronronnement du chat, le roulement de la brouette, le grincement de la porte, la sonnerie du téléphone, le son du séchoir à cheveux. Il devient alors un imitateur chevronné.

Les petits ont une sorte d'intuition acoustique pour reconnaître les objets susceptibles de faire résonner ou d'amplifier leurs sons vocaux (Bustarret, 1982, p. 54). Ils les transforment vite en résonateur ou en porte-voix, bol, cylindre, boîte, plat, arrosoir, gobelet, verre, cône pour café filtre, avec lesquels il joue. On a observé que de jeunes enfants faisaient davantage de sons avec leur voix derrière un objet résonnateur.

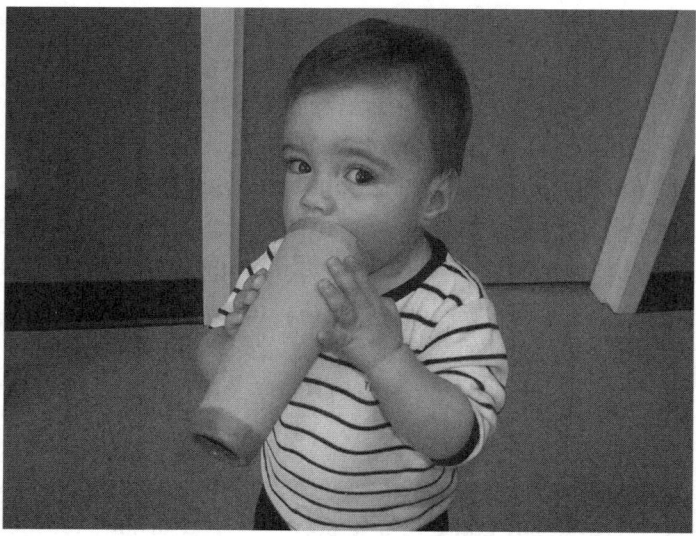

À partir de 15 mois, l'enfant commence à prendre plaisir à faire des sons dans un cylindre ou dans un cône lui servant de porte-voix. Il aime entendre sa voix transformée.

Même les percussions corporelles qu'il produit à ses dépens – ses éternuements, les bruits de son hoquet, ses rots et ses pets – le fascinent. Sans même qu'on ait à le lui enseigner, le bébé dispose de son corps comme d'un véritable instrument de musique.

L'ADULTE

Aucun autre moyen n'arrive mieux que le corps de l'adulte à stimuler plusieurs sens à la fois chez l'enfant, lorsqu'il peut l'entendre, le sentir, le humer et le voir simultanément. Le bébé s'amuse à voir son père ou son éducatrice taper des mains en le regardant, faire des bruits de langue en sentant ses bras toniques, roucouler, murmurer, siffler, chuchoter, tapoter sur ses joues gonflées en riant, claquer des doigts, jouer avec son souffle, chanter, tout en percevant la chaleur humaine. Ce sont autant de gestes simples qui procurent des sensations intéressantes gratuites à l'enfant tout en lui offrant des sonorités uniques. En se prêtant ainsi à ce jeu de sons corporels, l'adulte convie l'enfant à de savoureux moments de complicité tout en affinant son acuité auditive.

Pour le bébé, le meilleur spectacle musical peut tout simplement être... **vous** en train d'improviser des sons en claquant des doigts, en jouant avec votre souffle, en frappant sur vos cuisses, en hoquetant, en riant... C'est une fête sensorielle unique à laquelle vous conviez bébé.

LES OBJETS ET LES MATÉRIAUX DOMESTIQUES

Un bébé sécurisé sur le plan de l'attachement peut laisser libre cours à son envie irrésistible de connaître et d'explorer, d'agir sur les objets sonores qui l'entourent. Autrement dit, c'est le bien-être physique et affectif qui fournit au petit enfant les conditions premières à l'émergence de son potentiel musical.

LES SONS DE LA VIE QUOTIDIENNE

Il n'y a pas que les instruments de musique qui se prêtent à une écoute attentive amusante. Les sons du quotidien faits à partir d'actions courantes et d'objets familiers sont des plus intéressants pour l'oreille du petit. On prend le temps de s'attarder aux sons de l'eau qui coule du robinet, de la porte qui s'ouvre, du ballon qui tombe et rebondit, en les répétant plusieurs fois de suite. En étant ainsi invité à porter attention à ce qui se passe autour de lui, l'enfant devient plus réceptif à son environnement et aux autres.

Pour le petit enfant, tout matériel mis à sa disposition est prétexte à faire des sons : une feuille de papier, une chaussure qui traîne, des anneaux de serviette de table en bois, une fermeture éclair de manteau, un gobelet en plastique, un pied de table, une vieille poêle à frire, des jouets de bain. Plus l'objet ou le matériau est simple, plus le jeu du bébé pourra être complexe, car il aura la possibilité d'agir sur lui de diverses façons. Il s'amuse à brasser le contenant rempli de blocs, à les transvaser dans un autre contenant, à agiter un trousseau de clés, à laisser tomber une pièce de jeu, puis à la reprendre pour la frapper contre un autre objet. On peut voir dans ces gestes les premières explorations musicales de l'enfant qu'il réalise de manière autonome. C'est aussi cela, l'éveil musical du petit enfant.

Voilà des contenants sonores qui se transforment en jeu de construction.

> Le bébé est doué pour explorer les matériaux sonores. Il le fait soit pour attirer l'attention, soit pour imiter, pour se défouler ou bien pour le simple plaisir de produire des sons et de s'entendre. Il s'y adonne de façon spontanée ou intentionnelle, longtemps ou brièvement. Peu importe sa motivation, il a besoin de disposer des matériaux à sa convenance.

À divers moments de la journée, l'adulte peut amener le bébé à s'attarder aux sons de l'environnement familier : le froissement du recouvrement du sofa lorsqu'on s'assoit, le timbre de la minuterie du micro-ondes, le grincement d'une porte d'armoire, le ronronnement du lave-vaisselle, le bruissement des feuilles dans les arbres, le sifflement du vent. Tendre ainsi l'oreille, c'est s'ouvrir à la vie qui se fait entendre à tout moment.

DES SONS INUSITÉS

Il est toujours intéressant d'observer l'expression des bébés lorsqu'on leur fait entendre des petits sons près de l'oreille. En ce sens, les sons inusités sont du plus haut intérêt pour le bébé. Par réflexe, le jeune enfant est intrigué par les nouveaux sons de son environnement. L'activité d'écoute sera d'autant plus intéressante qu'on alternera entre différentes qualités sonores tels le timbre, la durée, l'alternance entre sons et silences, l'intensité. On voit alors les yeux de l'enfant qui se tournent vers la source sonore pour mieux comprendre ce qui se passe.

On peut exercer l'acuité auditive du bébé en l'exposant à différents sons faits à partir de matériaux moins accessibles pour lui : le craquement d'un emballage de biscuits, le grincement des pas dans la neige, le grésillement de la friture, le glissement d'un meuble mobile, le crépitement d'un carton froissé, le sifflement de la bouilloire, le pétillement du petit papier de friandise que l'on frotte, le cliquetis de clés qu'on agite, le glissement du fermoir.

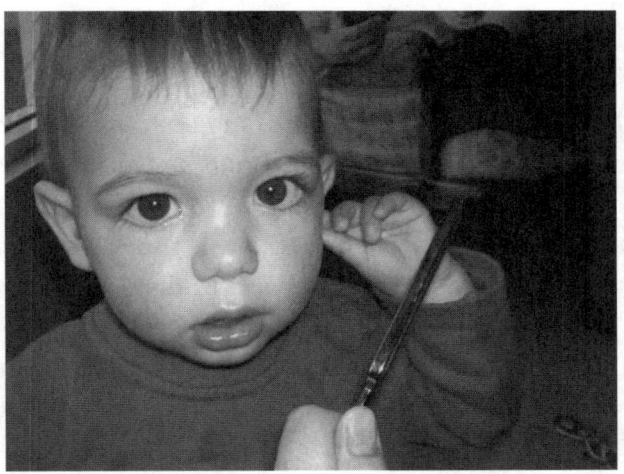

Le bébé aime entendre des sons doux et inusités près de son oreille. Il s'intéresse facilement au froissement d'un papier cellophane, au son aigu d'un diapason. Répétez le jeu quelques fois sans toutefois ennuyer l'enfant. Ne placez pas près de l'oreille de l'enfant un objet produisant un bruit d'intensité même modérée, car cela pourrait endommager son audition. Cette mise en garde vaut également pour les enfants malentendants dont 90 % d'entre eux bénéficient encore de résidus d'audition.

JOUER À RECONNAÎTRE DES SONS EN DIRECT

C'est en écoutant que l'enfant apprend à écouter. C'est en prêtant l'oreille aux sons qui l'entourent qu'il peut développer son attention, une habileté qui lui sera indispensable pour effectuer de nombreux apprentissages, notamment ceux qu'il fera plus tard à l'école.

Dès le plus jeune âge, les parents et les éducateurs sont portés à faire reconnaître aux enfants les objets qui les entourent de même que les couleurs et les formes. « Où est le nez de Marianne ? » « De quelle couleur est ta robe ? » « Oui, c'est rond comme un ballon. » Dans notre société à dominante visuelle axée beaucoup sur l'apparence, on a tendance à stimuler la vue et la motricité au détriment de l'ouïe alors que celle-ci est plus développée à la naissance. Par conséquent, on mesure souvent les progrès de l'enfant d'après sa mémoire visuelle.

Plus rarement, on fait remarquer au tout-petit les sons familiers comme les voix, les cris d'animaux, les bruits des appareils électriques, et encore moins les sons musicaux (Levine, p. 32). Pourtant, pour peu qu'on stimule sa curiosité et sa mémoire auditive, le bébé affine son écoute de manière remarquable. « Tu entends ? C'est Adrien qui arrive avec son papa… » « Est-ce que ce sont les cigales qui chantent ? » « Où est le camion que j'entends ? » Il est important de faire des pauses pour laisser le temps à l'enfant d'écouter.

> Tout en captant les sons, le bébé intègre les autres stimuli comme la forme, la chaleur, la texture, la couleur, l'odeur, la saveur, et ce, sans les percevoir de manière distincte. Même si sa perception est davantage globale que morcelée, il est bon de lui faire remarquer les sons de manière isolée. « C'est le bruit du séchoir à linge. » « Tu entends les gouttes de pluie sur le toit de la voiture ? »

Il est souhaitable d'attirer l'attention du bébé en présentant les sons un à un. En les écoutant, l'enfant les inscrit dans sa mémoire auditive et sera en mesure de les reconnaître la fois suivante. Parfois, rien ne semble se passer lorsque le bébé est invité à s'attarder à un son. La persévérance et la compréhension sont de mise, car le tout-petit ne démontre pas toujours sur-le-champ, ses apprentissages. Il n'en demeure pas moins que les sons entendus régulièrement sont enregistrés dans son cerveau.

Il existe sur le marché des enregistrements de bruits de toutes sortes, très valables, qui offrent l'avantage d'entendre des sons de son choix, au moment jugé opportun. On peut utiliser ces disques à l'occasion, en complémentarité avec les activités spontanées d'écoute. Dans l'un ou l'autre des cas, il importe avant tout d'écouter les sons avec l'enfant.

Quand on sait que les capacités d'attention relèvent de la plus haute importance dans le processus d'apprentissage de l'enfant, on est d'autant plus convaincu de l'importance de les aider à développer leurs habiletés auditives, dès leur plus jeune âge.

OBJETS ET MATÉRIAUX SONORES VARIÉS

Le goût de connaître et l'envie de vivre sont, en bas âge, presque synonymes.

Marie Thirion, *Les compétences du nouveau-né*, p. 282.

Il est étonnant de voir comment sont mieux tolérés les sons que font les enfants avec les jouets sonores ou les instruments de musique comparativement à ceux qui sont produits par d'autres objets, qui sont souvent ignorés ou interrompus par l'adulte (Bustarret, 1982, p. 45). Pourtant, les objets sonores sont tout aussi importants que les instruments de musique, pour l'éveil musical du tout-petit. À preuve, le bébé ne fait pas de distinction entre un tambourin et une casserole quand il explore des sons. On n'a qu'à observer les enfants jouer avec les matériaux domestiques pour s'en convaincre.

Dans les mains des bébés, les plats pour cuisiner, les casseroles, les anneaux de serviettes de table, les bols et contenants, les sous-verres, les cuillères de formats divers, les petits moules à gâteaux, les passoires et les tasses à mesurer se transforment en batterie élémentaire qui assouvit le besoin de faire du bruit du petit musicien. Il vaut mieux éviter les assiettes en aluminium qui peuvent laisser de fines particules métalliques dans la bouche des petits. On privilégie à la place les articles de cuisine en plastique, en acier inoxydable et en bois.

Le bébé se réjouit de découvrir à son aise des objets simples comme des clochettes, des petites tiges de métal, des maracas solidement accrochés à une corde servant de mobile sonore. Mais il vaut mieux éviter de proposer ce type de jeu dans le lit de bébé, car il pourrait, à l'heure du dodo, continuer d'associer cet endroit à un moment d'activité, nuisant ainsi à son endormissement.

Encadré 4.1 Liste de matériaux et d'objets sonores

- Couvercles de pots de bébé en métal léger ou en plastique.
- Ballon de plage à demi gonflé dans lequel on a mis des petites billes.
- Grande bande de papier-calque ou de film à bulles en plastique, temporairement fixé au sol.
- Bouteilles de jus, d'eau ou de boissons gazeuses, vides et parées de leur bouchon, de formats variés.
- Paniers en plastique souples et légers, de diverses dimensions. Attention aux paniers en osier qui peuvent provoquer des échardes. Vérifiez la dimension des orifices pour que ni doigts ni mains s'y coincent.
- Entonnoir souple.
- Vieilles casseroles ou chaudrons légers.
- Verres de plastique.

- Brosses à poils souples.
- Contenants en plastique.
- Tasses à mesurer.
- Plats pour cuisiner.
- Cuillères en plastique ou en bois.
- Petits moules à gâteaux.

N.B. Pour assurer la sécurité de l'enfant, la surveillance adéquate d'un adulte est requise.

EXPLORATION ACTIVE AVEC OBJETS PASSIFS

L'essentiel est de voir à ce que l'enfant puisse agir concrètement sur les sources sonores dès qu'il en a les capacités motrices. Un bébé de six mois ne peut agir sur la boîte musicale suspendue au-dessus de son petit lit, car il ne peut ni l'atteindre et encore moins activer le mécanisme musical. Dans le cas présent, c'est cette approche qui est recommandée, car ce type d'objet n'est généralement pas conçu pour être laissé en toute sécurité dans les mains d'un bébé. Il faut donc le retirer ou le rendre inaccessible dès que le bébé peut l'atteindre. Cependant, on verra à satisfaire autrement son besoin d'expression sonore.

Le bébé ressentira d'autant plus de plaisir qu'il pourra agir directement et concrètement sur l'objet sonore. Rappelons que le bébé acquiert plus facilement la notion de causalité (en faisant tel geste, j'entends tel son) en faisant divers gestes produisant des sons variés : « Je frotte ma main ouverte sur la bouteille et j'entends tels sons. » Il arrive même à anticiper : « Si je fais tel geste, je sais que j'obtiendrai tels sons. »

Mettez à la disposition du jeune enfant des objets sonores passifs avec lesquels il peut être suffisamment actif en faisant des gestes amples. Pour soutenir sa capacité d'établir une relation de cause à effet, le bébé doit pouvoir voir le jouet et ses mains à l'œuvre de différentes façons et entendre les divers sons qui en résultent.

Éviter les matériaux ou les objets qui émettent des sons sans la participation directe de l'enfant. C'est en étant actif et autonome, le plus possible, que le tout-petit arrive à comprendre la relation de cause à effet, c'est-à-dire l'idée qu'en faisant tel geste il obtient un son, qu'en faisant un geste plus ample il provoque un son plus fort, contrairement à un plus petit geste qui produit un son doux.

LES MAINS EXPLORATRICES

> Le petit procède davantage par tâtonnement, réflexe et intuition, que par raisonnement pour appréhender les notions musicales tels le silence, le rythme, l'intensité ou la mélodie.

Dès que ses capacités motrices le lui permettent, c'est-à-dire vers l'âge de quatre mois, l'enfant passe du mode *écoute* au mode *exploration-écoute*. À partir de cette étape, le bébé ne se contente plus seulement d'écouter les sons en tant qu'auditeur, mais il cherche également à en produire. Il le fait d'abord par hasard, puis de manière de plus en plus coordonnée et volontaire. Ainsi, ses mains, en devenant plus agiles, parviennent à s'emparer d'objets, d'abord avec toute la main, puis avec le pouce et l'index, pour ensuite les relâcher. Il secoue, frappe, laisse tomber les objets et écoute les sons qui en découlent.

Mettez à la portée du bébé divers objets sonores sollicitant ses diverses capacités de préhension et de production sonore : avec une seule main, avec un mouvement de pince, avec les deux mains, etc. Pensez également à favoriser le contact direct des doigts et de la main avec l'objet sonore en évitant l'usage de maillet.

Au fur et à mesure que le geste du bébé se raffine, vers 8 mois, la main remplace progressivement la bouche dans l'exploration des objets. Avec sa dextérité accrue, le bébé agrippe maintenant les objets entre le pouce et l'index. La prise de la pince lui donne l'occasion d'agripper des matériaux plus minces comme les ficelles, les feuilles de toutes sortes. Jusqu'à l'étape de marcher à quatre pattes, le bébé est capable d'expériences sonores stables et prolongées. Mais dès qu'il se déplace plus aisément, c'est-à-dire à partir de l'acquisition de la marche, les activités du bébé deviennent plus dynamiques et plus bruyantes, voire dérangeantes pour son entourage.

C'est aussi avec ses pieds, son dos, son fessier, que le tout-petit s'amuse à produire des sons. Une surface de grand papier métallique ou une pellicule de plastique à bulles valent leur pesant d'or en matière de stimulations.

L'utilisation de boîtes de formats différents permet au bébé d'en varier l'usage : les empiler, les faire tomber, les aligner, les emplir, les soulever, les agiter avec vigueur ou avec douceur, les faire rouler, s'asseoir dessus, les déménager. On peut enrichir les expériences sonores de l'enfant en présentant à l'enfant des contenants en apparence semblable, mais dont le contenu sonore diffère selon les objets insérés : riz, petites billes, papier bouchonné, sable. De cette façon, le bébé est invité à affiner son écoute en différenciant les sons de chacune des boîtes indépendamment de leur couleur et de leur format.

LES BESOINS PARTICULIERS DES 1½ À 2½ ANS

De 18 mois à 3 ans, l'enfant traverse une période de possession : « C'est à moi, à moi », d'opposition : « Non », d'affirmation : « Moi, veux aussi… » et d'indépendance : « Capab' tout seul… » Autant de raisons qui justifient d'offrir plusieurs exemplaires d'un même objet pour réduire les conflits et les frustrations lors des périodes de jeu en groupe. En raison des limites cognitives propres à leur âge, les tout-petits peuvent davantage échanger des objets que les partager.

Dès qu'il y a plus d'un enfant dans un même lieu, mettez à leur disposition plus d'un exemplaire d'un même instrument de musique. Les tout-petits convoitent souvent les mêmes objets qui se trouvent dans les mains de leurs congénères.

La période de 15 à 24 mois est aussi un âge où l'enfant est porté à mordre ou à frapper ses pairs en raison de sa difficulté à communiquer et à se faire comprendre. Frapper la tête d'un voisin avec un maillet comme s'il s'agissait d'un tambourin peut sembler normal pour un tout-petit. C'est pourquoi il est préférable de ne pas leur en offrir ; le cas échéant, il faut redoubler de vigilance en demeurant à leur côté et en leur montrant la façon acceptable de se servir des maillets. En somme, la prévention demeure essentielle pour minimiser les effets indésirables de tels comportements, le plus souvent passagers.

> Avant la marche, le bébé vit des périodes de jeux sonores plutôt stables et prolongées. Alors qu'avec l'acquisition de la locomotion, dont la marche, ses périodes de jeux sonores deviennent plus actives, voire plus dérangeantes, pour son entourage.

Les enfants de cet âge trouvent là un plaisir à faire du bruit par le tapage qu'ils font ou les sons qu'ils émettent. Ils crient pour libérer un trop-plein d'énergie, pour exprimer leur agressivité, pour avertir un pair trop envahissant ; ils frappent fort sur la table pour transgresser les limites, pour faire réagir leur entourage ou tout simplement pour imiter les copains qui le font. Avant tout, les enfants en bas âge aiment s'entendre.

Vers deux ans, les enfants démontrent une propension à imiter leurs pairs. Que faire quand huit petites mains énergiques de 15 à 18 mois suivent le leader du groupe en frappant leur cuillère sur le bord du bol, lors du repas du midi, créant ainsi un bruit d'enfer ? L'éducatrice doit-elle faire cesser ce boucan en retirant les cuillères ? Faut-il ignorer ce comportement et attendre que les enfants s'arrêtent par eux-mêmes ? Quelle attitude adopter quand les tout-petits crient et courent dans la pièce avant la sieste pendant que l'éducatrice installe les petits matelas ? C'est le genre de situations auxquelles l'adulte doit faire face dans un groupe d'enfants. En pareils cas, diverses interventions peuvent être envisagées en fonction du contexte, du lieu et du moment et, bien sûr, du niveau d'âge des enfants. Il faut se rappeler que les petits finissent toujours par se fatiguer à déployer une telle énergie. Quelquefois, c'est le degré de tolérance de l'adulte qui trace les limites. Néanmoins, démontrer une attitude ouverte face au besoin d'expression sonore des tout-petits ne signifie pas pour autant leur permettre de faire du bruit comme ils le veulent et quand bon leur semble. L'adulte peut réserver un endroit et un temps, ou limiter la durée, pour laisser la voie libre aux enfants désireux de se livrer à ce genre d'activité.

OBSERVER, SURVEILLER ET LAISSER JOUER

> Il faut savoir laisser le loisir à l'enfant de découvrir intuitivement et librement les matériaux sonores tout en lui assurant la sécurité et la bienveillance dont il a besoin pour s'adonner à ses expériences musicales.

C'est avec beaucoup d'attention et de compréhension de ce que fait et vit l'enfant durant ses activités exploratoires, plus que par une intervention directe, qu'on peut l'aider à développer ses habiletés d'écoute et d'expression (Bustarret, 1982, p. 32). Il n'apprend pas mieux lorsqu'on lui enseigne la façon de faire des sons avec un cylindre de carton ou en lui imposant la façon usuelle de tenir un tambourin. De fait, il assimile davantage de connaissances en faisant ses propres expériences.

Le rôle de l'adulte consiste à assurer un environnement sécuritaire et à lui enseigner la prudence au fur et à mesure qu'il grandit. Il doit veiller à remplacer les matériaux de récupération tels les cylindres et les boîtes de carton au moindre signe de détérioration.

> Hormis l'application des règles de sécurité servant à assurer sa propre protection et celle des autres enfants, l'adulte ne devrait pas dicter à l'enfant la marche à suivre. Le tout-petit gagne à disposer des objets à sa manière.

Le type d'objet à offrir à l'enfant à des fins d'exploration varie en fonction de son niveau de développement. Par exemple, on évite d'offrir au bébé des contenants à secouer tant qu'il ne peut les relâcher par lui-même, c'est-à-dire généralement pas avant l'âge de trois mois. Puisque les tout-petits risquent de se servir des maillets comme d'un marteau, il vaut mieux les retirer de leur champ d'exploration. Même si les papiers de toutes sortes sont intéressants à manipuler pour leurs multiples propriétés sonores, il faut éviter de les présenter à ceux qui sont à l'étape de tout porter à leur bouche, en raison du danger de suffocation et d'ingestion.

Les fibres nerveuses de la bouche du bébé étant plus développées que celles de ses doigts, il obtient plus d'informations sur la texture, la grandeur, le poids, la forme, la température des objets en les portant à la bouche. Ce n'est qu'à l'étape de marcher et d'utiliser habilement ses deux mains qu'il explorera les choses autant par ses mains et ses yeux que par sa bouche.

Arrivé à l'étape de se déplacer seul, il faut mettre hors de la portée de l'enfant tout objet dangereux, cassant, lourd et nocif. Mais la difficulté pour l'adulte réside à évaluer le moment où, pour la première fois, le bébé sera capable de se déplacer à quatre pattes, de monter sur une chaise ou de tourner la poignée d'une porte. Les accidents graves arrivent souvent quand l'enfant fait un geste dont l'entourage ne le croyait pas capable. « Nous sommes tous toujours en retard dans l'interprétation des possibilités des bébés » (Thirion, p. 283). En ce sens, il faut non seulement prévenir, mais anticiper, c'est-à-dire imaginer le bébé plus avancé dans ses capacités que ce que l'on croit.

> Il revient à l'adulte de créer un espace sécuritaire et d'offrir des objets de jeu sans danger ni interdits excessifs. La plupart des accidents peuvent être évités par une vigilance accrue, c'est-à-dire par une capacité d'anticiper des possibilités que le bébé ne démontre pas encore. Le bébé évolue très vite et l'adulte doit aussi appréhender, très vite, les risques.

Les critères de sécurité à appliquer pour choisir un bon jouet sonore maison demeurent les mêmes que pour tous les autres objets de jeu soumis ou non à une réglementation officielle. La liste des règles est considérable comme le démontre l'encadré 4.2.

Encadré 4.2 Critères de sécurité à appliquer dans le choix de matériaux sonores

- Simple à manipuler.
- Ni trop gros ni trop petit.

N.B. Tout objet qui passe à l'intérieur d'un rouleau de papier hygiénique ne convient pas aux enfants de moins de trois ans. Les morceaux de tissu doivent être de la dimension d'une débarbouillette, c'est-à-dire assez grands pour ne pas être avalés, et assez petits pour ne pas comporter de risques de strangulation.

- Exempt de fentes ou d'orifices où les doigts et les mains risquent de rester coincés.
- Muni de coins arrondis et de surfaces lisses (attention aux surfaces en bois pouvant occasionner des échardes).
- Léger.
- Non toxique ou néfaste pour la santé. *N.B. Éviter toutes les sortes de peinture ainsi que la colle ailleurs que sous le bouchon scellé. Veiller à retirer les matériaux en aluminium qui peuvent être mis en contact avec la bouche.*

- Lavable, facile d'entretien ; dans le cas contraire, matière jetable ou recyclable.
- Suffisamment solide. *N.B. Remplacer les objets et les matériaux au moindre signe d'usure et de détérioration.*
- Dépourvu de parties détachables (papier adhésif, accessoires décoratifs, peluche, ruban, autocollants).
- Dénué de cordes de plus de 12 cm, de tissus en nylon ou en plastique pour éviter les risques de strangulation et d'étouffement. Les tiges rigides peuvent remplacer les cordes.

N.B. Vérifier régulièrement la sécurité des objets et des matériaux.

MILLE ET UN ATTRAITS VISUELS

On sait que les couleurs jaune, rouge et bleue, les surfaces brillantes et les objets mobiles attirent le regard des tout-petits. Toutefois, ces indications sont souvent trompeuses. Un bébé peut s'intéresser autant à un cône gris pâle qu'à une boîte rouge. Somme toute, en variant les caractéristiques esthétiques des objets et des matériaux sonores, on risque de répondre aux goûts variés des bébés en matière de couleur, de forme et de grosseur. On peut varier la matière (plastique, bois, tissu, toile, carton, etc.), la couleur (unie, brillante, opaque, etc.), la surface (trouée, lisse, ondulée, etc.), la taille (petit, moyen, gros, en évitant les formats trop petits et trop gros), le volume (sphère, cube, cylindre, etc.).

En matière de résultats sonores, la possibilité de varier les gestes, soit de faire des sons avec la main ou le pied, ou avec toute autre partie du corps, s'avère importante. Voici quelques-unes des possibilités motrices qui s'offrent à l'enfant par les nombreux objets et matériaux mis à sa portée :

— geste contrôlé directement par l'enfant : son et arrêt ;
— préhension avec une main ou avec deux mains ;

- préhension avec la main complète ou préhension avec les doigts ;
- production de sons debout, assis ou couché ;
- production de sons en tirant, en poussant ou en écrasant avec le ventre, avec les pieds ou les fesses ;
- geste fait à l'horizontale ou à la verticale ;
- geste continu ou discontinu ;
- geste secoué ;
- geste frappé ;
- geste froissé, pressé et leur contraire ;
- geste frotté ou gratté ;
- geste avec mouvements combinés.

Favorisez une manipulation simple pour les instruments artisanaux. À l'aide d'un gros ruban adhésif en toile, fixez solidement un cylindre rigide pour faciliter le contrôle musculaire du bébé. Les enfants atteints d'une déficience physique ont besoin, plus que tous les autres, d'une telle assistance pour arriver à persévérer dans leurs jeux rythmiques.

À l'ère du recyclage, les contenants et les pots de toutes sortes gagnent en popularité au sein des objets de jeu offerts à l'enfant.

Encadré 4.3 Des jouets sonores écologiques grâce au recyclage

---

- **CONTENANTS DE TYPE TAMBOURIN**
  à frapper, à frotter, à gratter, à faire rouler

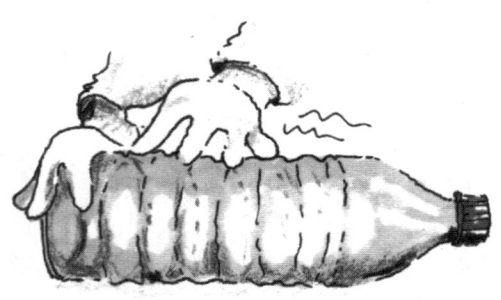 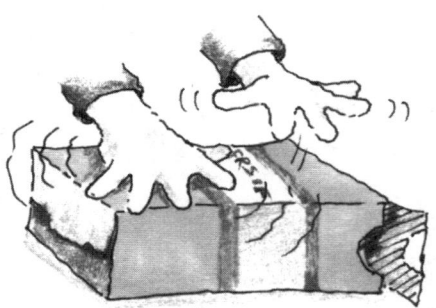

- **CONTENANTS DE TYPE MARACAS**
  (avec ou sans petits objets à l'intérieur)
  à secouer

—> Avec riz sec, petites pâtes alimentaires et légumineuses sèches, petites retailles de papier, eau colorée et confettis métalliques, graines séchées, petits cailloux, sable, trombones, perles, petites boulettes de papier, etc.

—> Ne rien mettre dans l'une d'elles pour écouter le silence qui y est contenu.

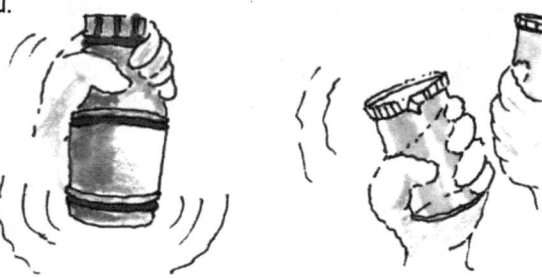

- CONTENANTS DE TYPE BOUTEILLE À PRESSER
  à presser et à relâcher

N.B. Les objets et les matériaux doivent être remplacés dès qu'ils se détériorent. Bien sceller les couvercles avec de la colle résistante sans laisser aucune trace qui pourrait entrer en contact avec les mains et la bouche des bébés.

UN AMÉNAGEMENT INVITANT

Retirer des objets d'une armoire, les changer de tablette constitue un jeu très apprécié pour le bébé qui est capable de s'asseoir seul. À cette étape, il est capable de saisir et de relâcher des objets, et de les déplacer. Pour qu'il puisse assouvir son besoin d'explorer en toute sécurité, il est bon de lui assigner un endroit réservé à cet usage où il pourra, à sa guise, prendre les objets qui l'intéressent. Éviter l'encombrement des tablettes.

Les meubles roulants à plusieurs tiroirs et les bacs à roulettes occasionnent parfois des problèmes en étant plus difficiles à manœuvrer. Choisir des modèles à un ou deux tiroirs et opter pour des meubles à barrure sécuritaire permettant de les immobiliser.

Réservez à l'enfant un endroit pour son usage exclusif : une armoire facile à ouvrir ou une étagère fixe avec une ou deux tablettes où sont placés des objets sonores bien en vue. Malgré sa popularité, le coffre à jouets n'offre pas au bébé la possibilité de repérer et d'atteindre les objets facilement.

Un tableau à pochettes de plastique transparent permet d'y insérer des objets que le bébé peut repérer et prendre à volonté. En rassemblant les objets au même endroit, on encourage ainsi l'autonomie du jeune enfant en plus de faciliter le rangement et de préserver la durabilité du matériel. On peut davantage inciter l'enfant à retourner les objets dans *leur maison*, une fois le jeu terminé. Ayant à sa vue et à sa portée les objets, l'enfant est davantage porté à s'en servir que s'ils sont dissimulés dans une boîte.

Chapitre 4 ▪ Le matériel sonore 273

Un tableau à pochettes de plastique transparent permet à l'enfant de repérer facilement les objets et de les prendre à sa guise pour créer ses propres jeux.

Il est important de refaire régulièrement la mise en place des objets afin d'éviter l'éparpillement qui occasionne souvent de la confusion et du désintéressement chez le bébé. Par crainte de voir le bébé s'ennuyer, les parents et les éducatrices ont tendance à lui donner trop d'objets. Résistez à la tentation de trop en offrir, de les empiler ou de les disposer en tas, car le petit enfant ne sait plus où donner de la tête face à de nombreux objets amoncelés.

Trop d'objets empilés rendent difficile le repérage des objets sonores par le bébé en plus de nuire à sa concentration. Offrez-lui-en peu à la fois en les disposant en ligne ou en demi-cercle, ou les fixant face à lui.

On range toujours les objets sonores au même endroit. L'introduction des objets nouveaux se fait le plus possible en présence du bébé. On se soucie de l'ordre et de l'emplacement du matériel en refaisant régulièrement la mise en place (Martin *et al.*, p. 328). Une organisation matérielle ordonnée et logique aide le bébé à se concentrer et à effectuer ses apprentissages.

Un juste équilibre entre peu ou trop de jouets à mettre à la disposition des enfants doit être maintenu. Un manque de jouets crée des frustrations alors qu'une grande quantité engendre de la confusion et de l'éparpillement.

On place les objets préférés à la hauteur des bébés. On évite de retirer de la portée des enfants des objets qui font leur faveur. Une rotation périodique peut être effectuée en maintenant l'équilibre entre nouveaux et anciens objets.

Des bacs larges, peu profonds et non remplis à ras bord permettent au bébé de repérer plus facilement les objets sonores. La vue du bébé étant sélective, il ne reconnaît que peu d'objets à la fois.

LES JOUETS SONORES COMMERCIAUX

Même s'ils suscitent un intérêt certain chez les tout-petits, ces jouets ne sont pas indispensables dans leur développement. Les jouets qui requièrent l'assistance constante d'un adulte ou sur lesquels l'enfant a peu ou pas d'action autonome sont peu recommandés. Un ou deux peuvent suffire parmi un ensemble offert. En aucun temps, ils constituent les seuls moyens par lesquels l'enfant vit ses expériences sonores.

UNE NOUVELLE RÉALITÉ

À l'heure actuelle, il existe un prolifique marché de jouets. De plus en plus de spécialistes, de magasins et de revues s'y intéressent. C'est une réalité dont il faut tenir compte. Les habitudes de consommation des temps modernes font que les enfants se retrouvent souvent avec bon nombre de jouets commerciaux. De nos jours, il est inconcevable d'imaginer les jeux des tout-petits sans jouets manufacturés. Le monde des jouets sonores n'échappe pas à cette tendance.

Malgré ses limites reconnues, le jouet n'est pas un objet comme les autres pour l'enfant en raison de la charge affective qu'il a souvent. Dans la vie familiale, le jouet est un objet le plus souvent offert par un être cher lors d'une occasion spéciale : anniversaire, Noël, visite d'un grand-parent. C'est un présent qui a été pensé pour l'enfant et on lui permet d'en faire un libre usage contrairement à beaucoup d'autres objets qui l'entourent.

Les jouets commerciaux ne devraient représenter qu'une partie des objets de jeu offerts au bébé et non la totalité. Tout est une question d'équilibre. En plus d'être sécuritaire, un jouet doit, avant tout, donner l'envie de jouer, de découvrir, qu'il soit naturel ou artificiel, artisanal ou commercial. On privilégie la qualité et la diversité des jouets commerciaux au détriment de l'abondance.

LE PLAISIR DE L'ENFANT NE S'ACHÈTE PAS

C'est bien connu : un enfant ne connaît pas la valeur marchande des jouets ; n'importe quoi ou presque – un ruban, un papier, une boîte – peut faire son bonheur tant qu'il peut agir sur l'objet et en retirer du plaisir. De son côté, l'adulte est porté à croire que ce n'est que par un jouet acheté que l'enfant trouve le bonheur de jouer. Qui n'a pas déjà été témoin de la propension qu'ont les jeunes enfants à s'intéresser davantage à l'emballage d'un cadeau qu'au cadeau lui-même ?

> Les personnes qui s'occupent de jeunes enfants le savent : il n'est pas nécessaire de recourir à des jouets sophistiqués ou dispendieux pour susciter l'intérêt du bébé. En effet, il arrive souvent qu'un simple objet comme une bouteille en plastique à faire rouler, à agiter, ou un vieux magazine à déchirer, fasse fureur.

Solène, 17 mois, vient de recevoir un cadeau de sa grand-maman. Aidée de ses parents, elle a finalement accès au contenu de la boîte, après plusieurs efforts. Elle parvient à déchirer le papier d'emballage pour enfin découvrir ce qui se trouve à l'intérieur : une planche de gros boutons en plastique aux couleurs très vives, qui émettent des effets lumineux et sonores, en les enfonçant. Même si ce jouet est considéré très populaire selon les messages publicitaires, Solène s'en lasse rapidement pour s'intéresser à la boîte elle-même et au ruban décoratif avec lesquels elle s'amusera pendant plus de dix minutes. Elle frappe sur la boîte, goûte au ruban, chiffonne le papier en boules, frotte l'une d'elles contre le sol et reprend le tout. Est-ce à dire que les bébés peuvent se contenter de matériaux de récupération et se passer de jouets manufacturés ? Dans la mesure où ces derniers apportent un complément aux découvertes de l'enfant, on peut les juger comme utiles sans pour autant les considérer comme indispensables.

> Pendant les deux premières années de vie, les jouets commerciaux ont peu d'importance, même s'ils peuvent très bien compléter les jeux auxquels s'adonne le bébé, à partir d'objets d'usage courant. On peut les considérer comme utiles sans toutefois les voir comme indispensables. Viser l'équilibre : quelques objets usuels, quelques jouets commerciaux, quelques instruments de musique. Voilà l'idéal.

Les longs déplacements en auto ou en poussette peuvent être agrémentés de jouets sonores, dont certains peuvent se fixer sur la barre avant du siège. On s'assure que la production sonore se fasse par l'action directe et autonome de l'enfant. En aucun temps ce type de jouet ne devrait remplacer les contacts vivants du bébé avec les personnes, la nature ou les animaux, source de stimulations des plus vitales pour lui, lors des promenades et des trajets.

DES CRITÈRES DE CHOIX

Qu'il soit commercial ou non, un jouet doit correspondre à des critères de qualité, dont voici les principaux parmi lesquels se trouvent ceux qui sont utilisés par les évaluateurs de la revue *Protégez-vous* (novembre 2002).

Encadré 4.4 Onze critères de choix de jouets sonores pour le consommateur averti

- Simplicité de la manipulation (stable, facile à faire rouler, etc.).
- Attrait esthétique (couleur vive, contours bien définis).
- Solidité, durabilité (résistance aux chocs et aux chutes).
- Intensité du bruit (possibilité de régler le volume).
- Originalité et qualité des sons.
- Facilité d'entretien (pour assurer une hygiène minimale).
- Intérêt suscité.
- Conformité entre emballage et contenu.
- Rapport qualité/prix.
- Rapport âge indiqué/âge réel.
- Clarté des instructions.
- Absence de valeurs de violence, de sexisme, de racisme.

Il faut savoir que les petits de moins de deux ans peuvent avoir besoin d'aide pour comprendre le fonctionnement des jouets sonores. Entre les laisser faire et les contraindre, il existe un juste milieu qui s'avère, le plus souvent, une bonne voie à suivre.

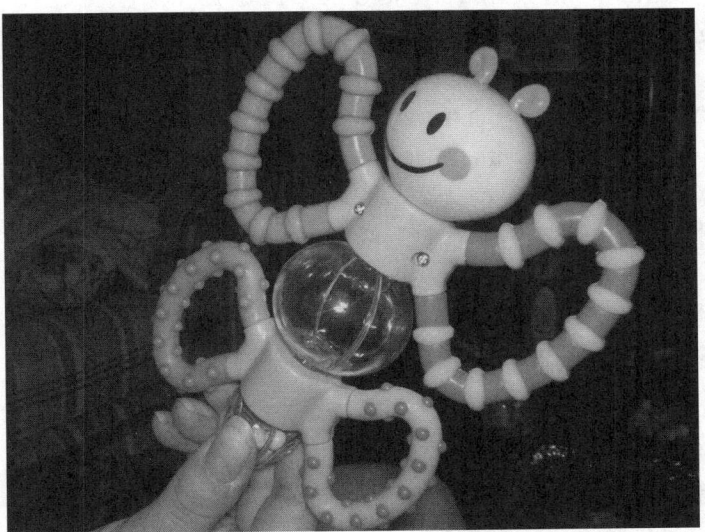

HOCHETS

Présent depuis la haute Antiquité, le hochet figure parmi les premiers jouets offerts au bébé. Depuis les hochets faits d'argile jusqu'à ceux qui sont fabriqués en matière synthétique, en passant par les hochets garnis de grelots, ce type de jouet a évolué au gré des changements tout en préservant ses caractéristiques premières. Son principal intérêt consiste à captiver l'ouïe du bébé grâce aux sonorités obtenues au moyen de petites billes enfermées à l'intérieur, bruits que l'on obtient en l'agitant. Il est le plus souvent utilisé pour calmer et distraire le bébé, ou encore pour l'éveiller ou l'occuper tout en stimulant sa préhension.

C'est en bougeant l'objet que l'on obtient des sons. D'ailleurs, hocher signifie « bouger ». De nos jours, le hochet est le plus souvent recouvert de tissu espacé par des parties en plastique ou en caoutchouc. Il offre diverses possibilités de jeu. Le bébé peut le mordiller et s'en servir comme anneau de dentition ; il peut l'agiter, le sucer, le regarder, le frapper contre une surface, le prendre à deux mains ou à une seule main, et palper ses différentes textures.

Bien entendu, on s'attend à ce qu'un hochet fasse des sons. En effet, la plupart du temps, il émet des petits sons produits par des petites billes en plastique, des clochettes ou des grelots contenus à l'intérieur, que l'on peut voir ou non à travers une partie transparente. Ni trop fort ni trop doux, le volume doit être vérifié avant l'achat. On le fait en agitant le hochet près de l'oreille avec la distance minimale que le bébé le prend, soit à environ 10 cm.

Encadré 4.5 Les qualités d'un bon hochet

- Est en matière non toxique.
- Émet des sons ni trop forts ni trop doux.
- Offre diverses possibilités de jeux : mordiller, agiter, regarder les couleurs vives et les motifs, le tenir avec une ou deux mains, etc.
- A des surfaces variées : en tissu, en plastique, en caoutchouc.
- Offre des textures variées : doux, rugueux, à rainures, uni ou non.
- Est facile à prendre et à relâcher.
- N'est ni trop lourd ni trop gros.
- Est souple.
- Est lavable.
- Est incassable.

Le hochet convient généralement au bébé à partir de trois mois, étape où il commence à agripper seul les objets et à les tenir. Mais il faudra attendre quelque temps avant de le voir relâcher le hochet tenu dans sa main. Pour être facile à prendre et à tenir, le hochet ne doit pas être lourd.

Avec ses habiletés motrices grandissantes, le bébé délaisse peu à peu les hochets pour s'intéresser à d'autres jouets requérant une dextérité supérieure ou sollicitant son ouïe d'une manière différente.

OBJETS À TIRER OU À POUSSER

Il existe sur le marché un rouleau musical avec balles rebondissantes que l'enfant tire ou pousse en se déplaçant debout. Même si les enfants de 15 à 20 mois aiment particulièrement ces jouets sonores, on le retrouve de moins en moins dans les garderies en raison de leurs bruits forts. En effet, le niveau élevé de décibels au plus fort de leur utilisation peut occasionner du stress, surtout chez les personnes qui doivent subir les bruits. Néanmoins, on peut limiter les effets néfastes de l'exposition sonore en donnant accès à ce type d'objet que pour de courtes périodes de jeu, où les trottineurs ont, par ailleurs, l'occasion d'assouvir leur besoin de faire du bruit. Un modèle de rouleau moins bruyant existe également avec des petites billes produisant des sons plus doux.

Bien qu'ils ne soient pas recommandés en raison de leur longue corde, les téléphones sur roues figurent parmi les objets sonores à tirer qui font fureur chez les petits. On retrouve aussi des animaux qui se dandinent et des chenilles ondulantes. On préférera les modèles munis d'une tige rigide au lieu de la corde habituelle qui comporte des risques réels de strangulation. Évitez les ficelles de plus de 30 cm tout en prévoyant une longueur permettant de faire traîner l'objet au sol.

Les marcheurs débutants utiliseront d'abord l'objet à pousser alors que les trottineurs plus solides sur leurs deux jambes pourront jouer avec le jouet à tirer.

COUINEURS ET OBJETS BRUITEURS

C'est bien connu, le bébé, dès qu'il en a la possibilité, aime déclencher des effets sonores. C'est à loisir qu'il le fait, avec les couineurs où il s'amuse à obtenir des « pouet, pouet » en pressant le jouet. Fabriqués en caoutchouc, ces couineurs figurent parmi les premiers jouets, après le hochet, que le bébé tient dans sa main. Il y a aussi bruiteurs, le plus souvent fait en tissu ou en matière synthétique, qui font entendre un petit son de papier ou un son aigu, lorsqu'on les presse avec la main, la bouche ou toute autre partie du corps.

Il est important de faire une rotation des jouets pour maintenir un intérêt. Lorsqu'ils sont offerts en permanence, les enfants sont portés à s'en désintéresser.

Arrivé à une étape de son développement intellectuel marqué par plus d'imagination, le tout-petit de 18 à 24 mois peut être impressionné ou effrayé par certains sons. Il importe de ne pas l'exposer inutilement à ce qui l'apeure tout en l'aidant à apprivoiser les situations anxiogènes. De la compréhension de la part des parents et des éducateurs, sans surprotection ni banalisation, vient généralement à bout de ces réactions le plus souvent épisodiques.

MOBILES, BOÎTES MUSICALES ET BOUTONS MUSICAUX

Au cours des siècles, on a vu plusieurs jouets apparaître, faire fureur, puis tomber dans l'oubli. Le mobile musical suspendu au-dessus du lit de l'enfant est l'un de ceux qui semblent résister aux modes. En effet, depuis nombre d'années, il fait partie des jouets de la première enfance. Conçu avant tout pour être entendu et regardé, le mobile, avec ses petites pièces non sécuritaires, n'est généralement pas conçu pour être manipulé par les enfants de moins de trois ans. On doit donc le retirer ou l'éloigner du bébé dès qu'il peut l'atteindre.

La boîte musicale présentée dans la version « petit téléviseur» de se démode guère et demeure toujours aussi populaire auprès des tout-petits.

Activé par un système le plus souvent mécanique, le mobile permet de faire tourner de façon intermittente des formes, des animaux ou des personnages aux allures variées, tout en émettant des mélodies, comme la très populaire berceuse de Brahms, ou des sons tels des vagues. Le déclenchement de la musique se fait à l'aide d'un remontoir. Des modèles récents de mobiles et de boîte à musique font entendre des sons qui diminuent d'intensité à la fin de la musique. D'autres, plus sophistiqués, incluent même une télécommande, ce qui fait augmenter le prix de vente. De son côté, le traditionnel coffre à bijoux fascine encore les enfants tant par sa musique cristalline que par son petit personnage dansant. De courte durée et présentée au bon moment, cette activité a toujours sa raison d'être auprès des bébés.

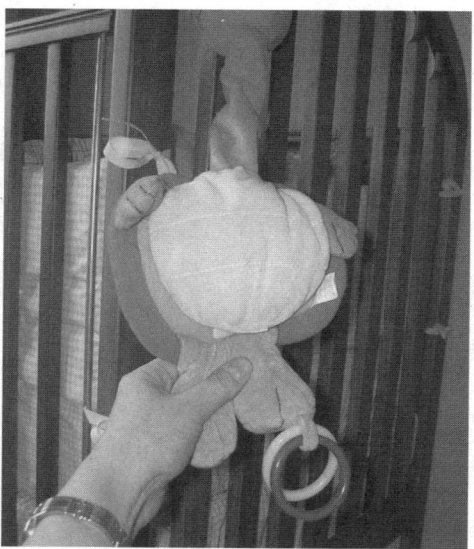

Tout à fait envoûtant le spectacle de cette petite ballerine dansant sur une jolie musique!

On retrouve des versions plus modernes de la boîte à musique sous forme de personnage ou d'animal en tissu, dont la musique s'active au moyen d'une bande rétractable sécuritaire. Le mécanisme pouvant être difficile à actionner pour les moins de un an, une assistance leur sera peut-être nécessaire. Particulièrement doux et moelleux, le jouet sert également d'objet

Chapitre 4 ▪ Le matériel sonore

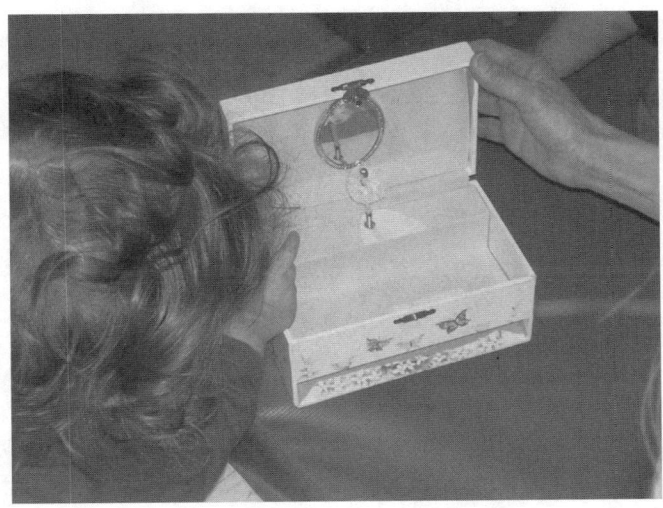

Un grand nombre de boîtes à musique destinées aux enfants sont offertes sur le marché. Parmi celles-ci, on retrouve des modèles munis d'une bande rétractable que l'on tire pour déclencher une musique.

à dorloter tout en répondant au besoin de mordiller du bébé. Il existe aussi des boîtes à musique de type « petit téléviseur » muni d'un bouton que l'on remonte et qui fait défiler des images sur un fond musical.

Quant aux boutons musicaux de 3 cm de diamètre, ils sont le plus souvent dissimulés à l'intérieur d'un animal en peluche qui émet un son ou une musique quand on le presse au bon endroit. Ces boutons, fonctionnant de manière électronique, se vendent séparément dans les boutiques ou les magasins de textiles. On peut alors s'en servir comme jeu de cache-cache musical en invitant les tout-petits à repérer la musique d'un bouton caché.

JOUETS SONORES ÉLECTRONIQUES

À l'heure où les gadgets électroniques occupent de plus en plus de place dans la vie des adultes, il n'est pas étonnant de voir les enfants subir cette influence. On le constate, entre autres, par la place croissante du jouet sonore électronique dans la vie des enfants au détriment du jouet mécanique.

> Un jouet témoigne toujours de son époque. Les jouets électroniques marquent les temps actuels comme jamais auparavant. C'est une réalité dont il faut tenir compte dans la variété des jouets à offrir aux enfants.

Fonctionnant la plupart du temps à piles, les jouets électroniques mêlent signaux lumineux et signaux sonores déclenchés à partir de boutons à presser. Ils font entendre des sons d'animaux, d'insectes, de moteurs, de cris de bébé, des klaxons, des rires, des mélodies souvent américaines ou encore des paroles : noms de couleurs, de formes, de chiffres ou de lettres. Mais les sons sont limités : peu ou pas de modifications ne peuvent leur être apportées quant à la durée, au rythme, à la vitesse ou à l'intensité. Le contrôle que l'enfant exerce se limite à déclencher ou à faire cesser le son ou l'effet visuel, rien de plus.

> Un jouet exempt de tout risque de danger n'existe pas en dépit des règles assurées par le fabricant. En ce sens, l'adulte doit veiller d'une manière constante sur l'enfant qui joue.

Ce type de jouets permettant l'établissement du lien de cause à effet fait entendre des bruits de klaxon, de cris de bébé, des rires, des sons d'animaux, des mots, des chiffres, des lettres de l'alphabet, des noms de couleurs. Il vaut mieux les présenter un à la fois et les rendre accessibles seulement à l'occasion. Dans un sondage réalisé auprès des parents, ceux-ci disent apprécier pouvoir régler le volume des jouets sonores.

> Le jouets sonores électroniques limitent les actions du bébé en ne permettant que le déclenchement d'un effet sonore quelconque sans la possibilité d'intervenir sur les qualités de son comme l'intensité, la durée, le rythme, la mélodie ou la hauteur. Il vaut mieux limiter leur usage et compléter avec d'autres moyens sonores.

Encadré 4.6 Des statistiques qui parlent...

- Sur 46 jouets sonores mis sur le marché en 2003 visant les enfants de 3 à 24 mois :
  - 8 % produisent seulement des sons de manière mécanique (produits par pression, glissement ou agitation) ;
  - 30 % produisent seulement des sons de manière électronique ;
  - 28 % émettent des bruits divers : animaux, insectes, klaxon, moteur, rire, friture, astres, vagues, cris de bébé ;
  - 26 % font entendre de la musique ;
  - 6 % font entendre des paroles.

Interprétation de la compilation : parmi les sons produits par les jouets sonores, on retrouve en plus grand nombre des sons produits de manière électronique comparativement aux sons produits de manière mécanique.

Compilation menée à partir du « Guide annuel des jouets 2003 » de la revue *Protégez-vous*, novembre 2002.

Le centre d'activités se réserve une place de choix parmi les jouets des petits. Sa variété d'effets sonores et visuels les stimulent différemment selon leur niveau d'âge.

CENTRES D'ACTIVITÉS

Depuis son arrivée sur le marché dans les années 1980, le centre d'activités est toujours demeuré aussi populaire. Présenté sous forme de tableau, d'arche, de tapis, de barre, ce type de jouets est muni de touches de clavier ou de boutons, de roulettes trouées qui, une fois activées, déclenchent un cliquetis, une mélodie ou des effets sonores. Son utilisation requiert diverses habiletés manuelles : presser, enfoncer, faire tourner avec le pouce et l'index, faire rouler, glisser avec un doigt, pivoter, etc. On fixe le centre d'activités aux barreaux du lit ou du parc ou sur une barre au mur. Il peut aussi être utilisé à plat au sol.

Il est facile à suspendre et à transporter. Pour ne pas stimuler le bébé au moment de sa mise au lit, il vaut mieux installer le centre d'activités en un autre endroit.

Les jeux possibles à faire avec un centre d'activités couvrent une tranche d'âge très longue de 8 à 18 mois, ce qui explique que l'enfant apprend à s'en servir différemment au fil des mois (Bacus, p. 52). Pour éviter la lassitude, on retire le jouet pendant une ou deux semaines et on l'offre à nouveau au bébé pour raviver le plaisir de la découverte.

Chapitre 4 ▪ Le matériel sonore 289

Encadré 4.7 Les sons des jouets sonores sont-ils trop forts, répétitifs, agaçants ? Une vérification s'impose...

- Les jouets font-ils entendre de la musique forte et répétitive qui peut agacer les joueurs et leur entourage ?
    - Tester le volume. Vérifier la possibilité de régler le volume.
    - Vérifier si la musique s'arrête automatiquement ou si le jouet est muni d'un bouton d'arrêt des sons.
    - Vérifier si le bouton d'arrêt est facile à déclencher par les petites mains agiles.
- Les jouets font-ils entendre un bruit de moteur qui diminue la qualité des sons ?
    - Vérifier si un bruit de fond comme celui d'un moteur encombre les sons dans leur ensemble.
- Les jouets parlants font-ils entendre les paroles de chiffres, de phrases, de manière audible ?
    - S'assurer que les paroles sont faciles à comprendre.
- Les jouets font-ils entendre une mélodie éraillée, des sons désagréables à l'oreille ?
    - Choisir des jouets qui font entendre des sons de qualité.

JOUETS « INSTRUMENTS DE MUSIQUE »

Petit accordéon, tambour, maracas, bâton à billes descendantes, clavier, flûte, xylophone constituent la plupart des jouets vendus comme des instruments de musique. Pourtant, aucun ne peut remplacer les riches sonorités des véritables instruments de musique. De plus, les jouets dans lesquels les enfants doivent souffler, comme des flûtes, des harmonicas ou des petits saxophones, ne conviennent pas aux bébés. D'une part, les bébés n'arrivent pas à souffler et à appuyer sur les touches en même temps et, d'autre part, l'hygiène de ces instruments est difficile à assurer en présence de plusieurs bébés. Malheureusement, plusieurs sons de jouets-instruments accusent une piètre qualité sonore. En somme, les jouets imitant les instruments de musique ne sont nullement nécessaires dans l'éveil sonore et musical du bébé.

LES PETITS INSTRUMENTS DE MUSIQUE CONVENTIONNELS

> En chaque bébé se trouve un musicien en herbe pour peu qu'on lui donne la chance de s'exprimer dans le respect de son humeur et de ses capacités réelles.

Tout comme il a besoin de trébucher avant de marcher, de gribouiller avant de dessiner et d'écrire, de babiller avant de parler, le bébé a besoin de jouer librement avec les sons avant d'entreprendre éventuellement un apprentissage systématique de la musique (Bustarret, p. 1982, p. 19). Il a besoin de s'amuser à produire des sons avec une boîte de carton ou avec la bande de velcro de ses chaussures avant de se lancer dans les techniques d'un instrument de musique. Il n'est nullement question d'apprentissage du solfège – apprendre les notes de musique et les règles établies – avant l'âge de quatre ans, encore moins d'apprentissage d'un instrument de musique qui ne saurait être recommandé avant que l'enfant ait commencé à écrire et à lire, c'est-à-dire avant 6 ou 7 ans. Toutefois, on peut lui faire entendre des instruments de musique et même en mettre quelques-uns à sa disposition en veillant à la sécurité.

> Les instruments de musique offrent l'occasion de produire ou d'entendre des sons plus musicaux.

QUELS INSTRUMENTS CHOISIR ?

Quelle place doit-on accorder aux instruments de musique auprès des enfants ? Cette question se pose souvent. Dans un premier temps, il convient de se demander si un tel matériel répond aux besoins des enfants de 0 à 2 ans. Bien qu'ils puissent présenter un certain intérêt, les instruments de musique sont rarement indispensables à cet âge. Par contre, leur présence fournit une occasion intéressante de se familiariser avec des sonorités autrement impossibles à entendre.

En appuyant sur les touches d'un petit clavier des sons se déclenchent, mais l'enfant demeure limité dans ses possibilités d'action. Leur avantage réside dans le fait que les enfants peuvent en disposer comme bon leur semble, ce qui est impossible avec de véritables instruments de musique.

Pour déterminer quels instruments conviennent le plus aux bébés, on considère avant tout la sécurité, l'hygiène et la maniabilité. En ce sens, peu d'instruments correspondent aux capacités motrices des petits enfants. On retrouve, entre autres, les instruments à percussions comme les couronnes ou les bracelets de grelots ou de clochettes, certains tambourins légers dépourvus de vis, les petits maracas en bois lisse ou en plastique. Quant aux instruments à vent – kazoo, flûte à bec, harmonica – ou à cordes – guitare, ukulélé, lyre –, plus difficiles d'utilisation, ils n'ont pas leur place dans les mains des petits. Par ailleurs, on les réserve aux enfants plus âgés ou aux adultes qui en jouent à l'enfant.

Le tableau 4.1 donne des indications quant à la pertinence du choix d'instruments de musique pour des enfants de moins de deux ans. Les instruments à percussions dominent la liste alors que les instruments à vent et à cordes se retrouvent en minorité.

Tableau 4.1
Proposition d'instruments de musique possibles à présenter aux enfants

Nom et type d'instrument de musique	Photos	À manipuler par l'adulte qui en fait la démonstration à l'enfant	Possible à manipuler par l'enfant avec la supervision de l'adulte selon ses capacités
Bâton de pluie Vérifier leur niveau sonore, car certains modèles en plastique sont très bruyants. *À percussions*	Modèle conventionnel Version moderne	★	★
Bongo *À percussions*		★	
Bloc de bois *À percussions*		★	

Chapitre 4 ▪ Le matériel sonore   293

Tableau 4.1 (suite)
Proposition d'instruments de musique possibles à présenter aux enfants

Nom et type d'instrument de musique	Photos	À manipuler par l'adulte qui en fait la démonstration à l'enfant	Possible à manipuler par l'enfant avec la supervision de l'adulte selon ses capacités
Blocs sablés *À percussions*		★	★
Cabessa (petit) dénommé aussi cabasa afuche *À percussions*		★	
Carillon suspendu *À percussions*		★	
Carillon ou glockenspiel (fines lames de métal fixées à une base ; instrument souvent confondu avec le xylophone) *À percussions*		★	★

Tableau 4.1 (suite)
Proposition d'instruments de musique possibles à présenter aux enfants

Nom et type d'instrument de musique	Photos	À manipuler par l'adulte qui en fait la démonstration à l'enfant	Possible à manipuler par l'enfant avec la supervision de l'adulte selon ses capacités
Claves *À percussions*		★	
Clavier électronique (petit synthétiseur) *Électronique*		★	★
Cymbalettes à manches *À percussions*		★	★
Crotales ou cymbalettes à doigts *À percussions*		★	

Chapitre 4 ▪ Le matériel sonore

Tableau 4.1 (suite)
Proposition d'instruments de musique possibles à présenter aux enfants

Nom et type d'instrument de musique	Photos	À manipuler par l'adulte qui en fait la démonstration à l'enfant	Possible à manipuler par l'enfant avec la supervision de l'adulte selon ses capacités
Cymbales *À percussions*		★	★
Flûte à coulisse *À vent*		★	
Grelots : bracelet à accrocher au poignet ou à la cheville, ou couronne à secouer Version artisanale : grelots cousus solidement à une mitaine *À percussions*		★	★
Guiro (prononcer *guiéro*) *À percussions*		★	

Tableau 4.1 (suite)
Proposition d'instruments de musique possibles à présenter aux enfants

Nom et type d'instrument de musique	Photos	À manipuler par l'adulte qui en fait la démonstration à l'enfant	Possible à manipuler par l'enfant avec la supervision de l'adulte selon ses capacités
Lame sonore en métal *À percussions*		★	
Maracas *À percussions* Un seul suffit. Préférer ceux en bois, de sonorités généralement plus intéressantes que ceux en plastique.		★	★
Tambour à fentes, tambour de bois, tambour africain *À percussions*		★	★
Tambour à clochettes *À percussions*		★	★

Tableau 4.1 (suite)
Proposition d'instruments de musique possibles à présenter aux enfants

Nom et type d'instrument de musique	Photos	À manipuler par l'adulte qui en fait la démonstration à l'enfant	Possible à manipuler par l'enfant avec la supervision de l'adulte selon ses capacités
Tambourin À jouer directement avec la main, sans maillets. *À percussions*		★	★
Tambour de basque *À percussions*		★	★
Triangle *À percussions*		★	
Tube résonnant *À percussions*		★	
Xylophone (lames de bois déposées sur un socle) À ne pas confondre avec le carillon *À percussions*		★	

Le rapport établi avec les instruments de musique a la caractéristique d'évoluer au gré du développement de l'enfant. Des variantes dans leur utilisation et leur attrait s'observent au fur et à mesure que les bébés acquièrent de nouvelles compétences. On parle alors d'instruments « évolutifs ». Par exemple, un bébé de 14 mois se contente de frapper vigoureusement avec une seule main un tambourin posé au sol, alors que, plus vieux, il poussera son exploration plus loin en produisant quatre ou cinq sons différents à l'aide de ses doigts, de ses deux mains, en cherchant à varier leur durée et leur intensité. On assiste à une hausse des niveaux de difficulté en fonction des capacités grandissantes de l'enfant. Par ailleurs, on parle davantage de gestes instrumentaux harmonisés aux capacités motrices des enfants que d'instruments de musique adaptés à eux.

MAILLETS, BÂTONS ET MAILLOCHES : MISE EN GARDE

En général, les instruments nécessitant l'utilisation de maillets (baguettes munies de boules arrondies aux extrémités, parfois appelées mailloches) sont davantage appropriés aux capacités des enfants de plus de trois ans, surtout si la surface de frappe est étroite. Avant cet âge, les enfants ne maîtrisent pas suffisamment leurs gestes pour frapper au bon endroit et avec une intensité raisonnable. Il existe un risque réel d'étouffement si la partie ronde collée à l'extrémité du maillet se détache. Préférer un maillet en plastique moulé dans une seule et même pièce.

Avant trois ans, le contact direct de la main avec l'instrument apporte des stimulations autrement moins risquées qu'avec l'emploi de maillets. Ne faisant pas encore clairement la distinction entre le bien et le mal, les petits peuvent croire que la tête du voisin peut servir de point de frappe autant qu'une peau de tambourin. Par ailleurs, l'usage des maillets peut se faire en étroite collaboration avec l'adulte. En guidant les enfants, en jouant de la musique avec eux, les risques de blessures se trouvent grandement diminués, sans altérer le plaisir de faire des sons.

> Soyez très vigilant pour éviter les malencontreuses conséquences des gestes sonores très vigoureux des enfants qui ne contrôlent pas encore leur force musculaire. Le bébé de 15 mois est capable de déployer une grande énergie motrice pour arriver à extirper un son puissant d'un objet, d'autant plus qu'il aime naturellement faire ce genre d'expériences.

EXPLORATION LIBRE ET EXPLORATION ASSISTÉE

Pour les quelques rares instruments de musique mis à la portée des bébés, il n'est pas opportun leur de montrer comment les manipuler. Il sont à l'âge de découvrir librement les sons sans souci d'appliquer des conventions. Tant que leur façon de faire ne menace pas leur sécurité ni celle des autres et qu'ils préservent le bon état de l'instrument, les enfants devraient, le plus possible, en disposer à leur guise. Par contre, on peut leur faire des suggestions sans toutefois les contraindre : « On va faire beaucoup de sons… On frotte avec la paume sur le tambourin… On fait comme Adrien, on gratte avec nos doigts… »

À partir de 9 mois, la plupart des bébés se livrent à des activités comme emplir et vider des paniers sans se lasser. Les caissons de plastique quadrillés permettent aux bébés de repérer rapidement le contenu. Mais une mise en garde s'impose quant à leur aspect sécuritaire : les orifices du quadrillage doivent être assez grands pour que les enfants ne puissent s'y coincer les doigts et assez petits pour éviter de s'y bloquer la main. Les bacs de plastique transparents permettent également un repérage rapide.

Emplir et vider des paniers, déplacer les objets d'un endroit à l'autre est une activité des plus populaires chez les tout-petits de 15 mois et plus. On peut disposer des paniers et des corbeilles d'instruments à divers endroits de la pièce.

On peut guider le bébé dans ses explorations de façon à éviter une détérioration des instruments de musique ou une dégénérescence sonore qui résultent parfois de ses explorations libres. L'adulte joue de l'instrument en parallèle, dirige doucement la main de l'enfant en lui proposant une technique sans toutefois imposer des règles absolues. Néanmoins, il ne cherche pas à éliminer les sons forts à tout prix et en tout temps, car un tintamarre bien dosé fait partie de l'éveil sonore et musical des tout-petits.

Bien que le tintamarre puisse devenir insupportable pour l'adulte, pour le tout-petit il est un début de rythme qu'il faudrait du moins tolérer pour un court moment.

On peut réduire le désagrément occasionné par ce genre d'activités en prévoyant une période précise et un lieu approprié pour s'y adonner. Aussi, jouer à faire du bruit avec les enfants rend la cacophonie moins pénible à supporter.

Il vaut mieux montrer à l'enfant comment se servir d'un instrument en le faisant à côté de lui que de le faire à sa place. Selon ce qu'il désire, il imitera ou non l'adulte.

JOUER DE LA MUSIQUE AUX ENFANTS

L'adulte peut jouer quelques notes à l'harmonica, scander des rythmes sur un tambour de basque, faire glisser ses doigts sur les cordes d'une guitare, tirer quelques notes en soufflant dans la flûte à coulisse, tenter une mélodie sur un carillon. Nul besoin de jouer de la musique selon les règles de l'art pour amuser les petites oreilles. Il suffit d'un peu d'audace, de fantaisie et de créativité pour arriver à improviser de la musique à partir de deux ou trois notes qui sauront intéresser le jeune public, conquis d'avance par le seul fait d'être témoin du plaisir de l'instrumentiste.

Pour s'aider à risquer quelques rythmes sur un instrument à percussions, pour le ravissement auditif des bébés, il est possible de recourir à quelques motifs rythmiques faciles à reproduire, comme ceux-ci :

1) ____ ____ ____ ____
2) __ __ ____ __ __ ____
3) ____ ____ __ __ ____
4) __ ____ __ ____ __ ____ __ ____

____ = long   __ = court

N.B. *Reproduire chaque formule rythmique deux fois ou plus.*

C'est bien de jouer de la musique aux bébés, mais il faut savoir ménager des moments de silence. Les bébés plus particulièrement jusqu'à 3 mois sont facilement trop stimulés. Quand il détourne le regard, chigne, se retourne, il faut cesser l'activité.

D'autres préfèreront reprendre les rythmes de chansons qu'ils connaissent comme dans les exemples suivants :

J'ai du bon tabac dans ma tabatière
J'ai du bon tabac, tu n'en auras pas…

Vive le vent, vive le vent
Vive le vent d'hiver…

Joyeux anniversaire, joyeux anniversaire…

Chapitre 4 • Le matériel sonore 303

Jouez en toute modestie quelques notes sur un instrument de musique devant l'enfant fait partie des expériences auditives des plus enrichissantes pour lui. Sans être expert en la matière, amusez-vous à en extirper des sonorités aussi fantaisistes les unes que les autres. L'important est de créer un contact avec le bébé par le son. Respectez les indices que donne le bébé pour signifier qu'il est prêt à passer à autre chose.

Il faut réserver à l'enfant des moments de silence et de calme pour lui permettre d'intérioriser et d'assimiler les expériences sonores. Le bébé a des cycles d'éveil et de repos bien distincts à prendre en compte. C'est d'abord et avant tout cela, respecter les enfants.

Pour aider les bébés à se repérer dans le temps et l'espace, rien de mieux que des sons cristallins comme ceux d'un carillon suspendu, pour annoncer une activité de tous les jours : promenade, changement de couche, préparation au repas.

Quelle que soit la façon dont on fait entendre des instruments de musique aux bébés, la démonstration vivante et ludique demeure essentielle. On peut jouer de la flûte à coulisse en se promenant dans la pièce. Les bébés présents prendront plaisir à suivre le musicien des yeux. On peut scander des rythmes sur le tambourin tout en invitant les marcheurs à suivre :

« Écoute le tambour, écoute le tambour. Il dit de… : marcher ». X X X
X X X X X

« Écoute le tambour, écoute le tambour, il dit de… : sautiller
xxxxxxxxxxxxx

Ah ! Il s'est arrêté… »

En complicité avec l'enfant, on prend plaisir à s'accroupir, à courir au rythme plus rapide et à s'immobiliser à l'arrêt. On revient à la cellule initiale en terminant le jeu avec une petite chanson calme. Plus que tout, on tient compte des signes de désintéressement des enfants en évitant de les forcer à participer.

Encadré 4.8 De bonnes attitudes sont requises pour favoriser d'heureux moments musicaux avec le bébé

- Choisir un moment propice où les enfants sont frais et dispos, où il y a peu d'enfants à la fois.
- Préférer une pièce calme en évitant les grandes superficies et les plafonds hauts.
- Rassembler des instruments aux timbres et usages variés : deux tambourins à utiliser avec les mains, deux maracas, un tambour de bois avec deux maillets pouvant être utilisés avec la supervision de l'adulte.
- Introduire un nouvel instrument à la fois.
- Prévoir deux instruments de chaque type.
- Avant de les présenter aux enfants, recouvrir les instruments d'un tissu et les montrer un à un, comme des trésors précieux.
- Présenter chacun des instruments en disant son nom.
- Restreindre au minimum les interventions verbales pour faire place aux sons musicaux.
- Personnaliser les interventions : « Ouvre grand tes oreilles, Alexis. » « Avec une douceur, Méliane. Oui, c'est ça Méliane. ».
- Observer pour saisir les meilleures idées qui viennent souvent des enfants eux-mêmes.
- Manier les instruments avec précaution pour donner le bon exemple.
- Permettre une expression libre, sans intervention directe de l'adulte, si ce n'est que pour contrer les conflits et la détérioration du matériel. Trop d'attention pourrait faire croire à l'enfant qu'il ne peut rien faire seul.
- Insérer à l'occasion des jeux plus directifs.
- Ne pas imposer une façon conventionnelle de tenir les instruments de musique.
- Limiter la durée d'exploration en fonction de la qualité d'attention des bébés.

- Créer l'occasion régulièrement, une ou deux fois par semaine, par exemple.
- Laisser le temps aux bébés de regarder l'instrument, de le toucher, d'hésiter avant de le prendre et d'en extirper des sons.
- Éviter de trop stimuler les enfants et ménager des moments de pause.
- Éviter de placer d'autres objets ou jouets à leur portée pour ne pas les distraire.
- Veiller à préserver le bon état du matériel.

L'ENTRETIEN DES INSTRUMENTS DE MUSIQUE

On le sait : les instruments coûtent cher. La qualité et la rareté des matériaux de base utilisés comme le bois, le cuir, leur fabrication souvent manuelle et spécialisée expliquent, en grande partie, leur prix élevé. Raison de plus d'en prendre soin pour les faire durer très longtemps.

L'instrument de musique véritable doit revêtir un caractère précieux, voire sacré que n'ont pas les autres objets. Il est important que l'adulte apporte, devant les enfants, une attention et un soin particulier, dans la manière de les manier, de les ranger et d'en parler.

« Je vais sortir les petits tabourins de leur boîte. Puis, je vais les déposer doucement sur un petit tapis et y faire attention. Les instruments de musique sont des objets très précieux. Regarde comment je fais... »

En portant attention à la façon de manier les instruments de musique, les enfants seront portés à faire de même, ce qui freinera la détérioration des objets.

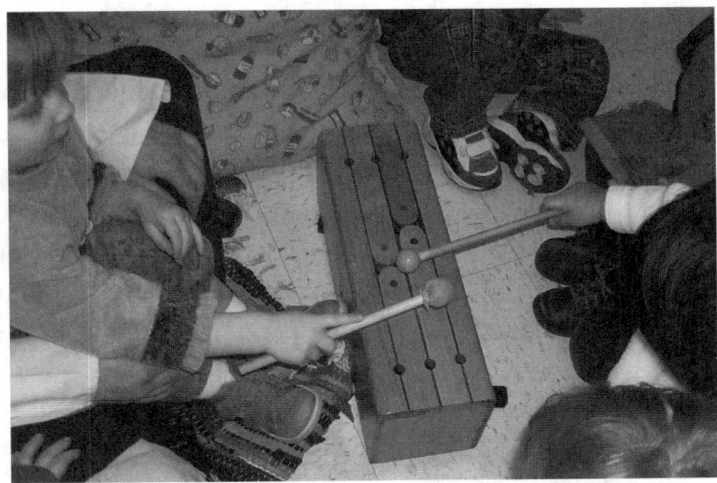

Vive les petits dialogues musicaux avec le tambour de bois où l'on joue chacun son tour.

Pour préserver le bon état des instruments de musique, un rangement systématique s'impose à l'abri des chutes, des changements de température et des empilements. Il est important de ranger les instruments de manière à les retrouver facilement, ce que permet un contenant en plastique transparent, peu profond et de format moyen.

Pour préserver le bon état des instruments de musique, on conseille de les transporter et de les ranger dans un contenant robuste et fermé.

L'APPROVISIONNEMENT

On évoque souvent le budget limité pour expliquer le peu d'instruments de musique offerts aux enfants. Il est vrai que les véritables instruments de musique valent plus cher que les jouets sonores, mais la supériorité de leur qualité sonore est à considérer, sans compter leur meilleure durabilité et leur excellente résistance. En garderie, on peut emprunter les instruments d'une éducatrice d'un groupe d'enfants plus vieux, se monter au fil des années une petite collection d'instruments communs aux membres du personnel. Il n'est pas nécessaire de les acheter tous en même temps.

Les magasins de musique de bonne réputation offrent généralement une sélection intéressante d'instruments. On peut se les procurer un à la fois selon le budget disponible en les choisissant en fonction, bien sûr, de la qualité, mais aussi de la variété des sons. Pour commencer, deux tambourins sans cymbalettes et sans vis, sans maillets, un tambour de bois avec deux maillets, deux paires de petits maracas en bois, une flûte à coulisse, un triangle ou des crotales ou des cymbalettes à doigts, quatre couronnes à grelots et un petit carillon avec un maillet peuvent suffire.

Encadré 4.9 Suggestions d'achat d'instruments de musique de base

- Deux tambourins sans cymbalettes, ni vis.
- Un tambour de bois.
- Deux paires de petits maracas en bois.
- Une flûte à coulisse.
- Un triangle ou des crotales (cymbalettes à doigts).
- Quatre couronnes à grelots.
- Un petit carillon.

Les véritables instruments de musique n'ont rien à voir avec les jouets sonores. Ils s'achètent dans des magasins spécialisés où l'on vend des instruments de musique, et non dans des boutiques de jouets. Mieux vaut n'avoir en sa possession que quelques instruments solides qui sonnent très bien, plutôt qu'un grand nombre, fragiles, émettant des sons éraillés. La qualité sonore se paie.

CHAPITRE 5

Les musiques enregistrées

☼ **Pourquoi faire écouter de la musique aux bébés ?** 313
 – *Le fœtus à l'écoute* 315
 – *En se dandinant* 317
 – *Les goûts musicaux se développent* 320
 – *Les besoins particuliers des enfants* 321

☼ **Quelles musiques faire écouter ?** 323
 – *Au-delà des goûts personnels* 324
 – *Esquisse d'une discographie* 326
 – *Ce qui plaît aux enfants : mythes et réalités* ... 328
 – *Les sons enregistrés* 330
 – *La télé et les vidéos* 332

☼ **Comment et quand faire écouter de la musique ?** 334
 – *La participation des bébés* 334
 – *Dans les activités de tous les jours* 338
 – *Une bonne habitude à prendre* 342
 – *Attention à la musique de fond continue* 347

« L'éveil musical du bébé débute neuf mois avant la naissance de la mère. »
Zoltan Kodaly

Toute activité qui aiguise l'oreille du bébé, comme le fait l'écoute musicale active, renforce nécessairement les habiletés d'expression et de communication.

On a montré comment les comptines, les chansons et les jeux sonores offrent des occasions de développer les potentialités du bébé en plus de l'ouvrir au monde fabuleux de la musique. Les enregistrements musicaux sur disque compact engendrent également de nombreux bienfaits tant pour le corps que pour l'esprit du jeune enfant lorsqu'ils sont présentés avec discernement.

POURQUOI FAIRE ÉCOUTER DE LA MUSIQUE AUX BÉBÉS ?

Grâce aux recherches menées notamment sur la formation du cerveau, on connaît plus que jamais la valeur de la musique sur le développement du tout-petit. On sait maintenant que la musique peut détendre le bébé, stimuler sa créativité, développer sa capacité à communiquer, favoriser sa coordination de même que ses facultés de raisonnement en plus d'accroître son acuité auditive et d'atténuer ses malaises. De fait, elle agit comme mode d'éveil et d'apprentissage par excellence durant les premières années de vie. Qui plus est, Howard Garner, psychologue et chercheur à l'Université Harvard, a mis au point une théorie hautement reconnue des intelligences multiples parmi lesquelles il a inscrit l'intelligence musicale comme forme d'intelligence intégrée au potentiel humain.

Promenez le bébé joyeusement au rythme de la musique, en le portant de dos pour lui offrir un meilleur champ de vision tout en lui procurant une liberté de mouvement des bras et des jambes.

Pour l'enfant, la musique employée judicieusement est un langage en soi par lequel il accède à de nombreuses découvertes.

Les vibrations de la musique sollicitent les mêmes parties du cerveau que celles qui sont liées à la mémoire et à l'émotion. Aussi, les habiletés développées par la musique – suivre du regard un son, chanter, reconnaître un fragment mélodique, frapper un rythme – alimentent les aptitudes associées à l'expression et à la communication, en plus de stimuler les facultés liées aux mathématiques. Enfin, la musique crée un effet puissant sur l'humeur. Les cinéphiles pourraient en témoigner : la trame sonore d'un film ou d'une vidéo affecte grandement ce qu'ils ressentent et ce dont ils se souviennent, tout en influençant largement leur appréciation. Pour les enfants, une musique agréable qui accompagne un moment difficile comme une attente ou la mise au lit, avec une attention joyeuse d'un adulte, influe sur leur motivation et sur leur perception.

Déjà à l'âge utérin, le bébé est sensible aux musiques qui lui parviennent. La science médicale arrive maintenant à mesurer les réactions fœtales de manière précise : changement du rythme cardiaque, modification de la tension artérielle, variation des mouvements fœtaux.

LE FŒTUS À L'ÉCOUTE

Le fœtus se montre réceptif à la musique qu'il perçoit lorsqu'il y est exposé régulièrement ; il fait preuve d'accoutumance et d'association. L'arrêt des mouvements du bébé à l'audition d'une musique connue signifie généralement qu'il la reconnaît. Par ailleurs, il réagit par des mouvements à l'introduction d'une nouvelle musique. De nombreux témoignages font état de bébés manifestant, à leur naissance et ultérieurement, des signes de reconnaissance pour des musiques entendues régulièrement pendant le dernier trimestre de la grossesse. Ils ouvrent leurs yeux, tournent la tête ou font des mimiques faciales. D'autres anecdotes rapportées corroborent le fait que l'enfant à naître montre explicitement une préférence, à sa naissance et plus tard, pour une histoire que sa mère lui avait lue à haute voix pendant sa grossesse (Campbell, p. 43).

La musique qu'on joue au fœtus ou celle qu'on lui fait entendre l'éveille déjà au monde extra-utérin qu'il s'apprête à découvrir ; elle l'instruit sur son futur environnement et le prépare à la naissance.

« La musique offre un merveilleux avantage aux bébés en développement ; mais il est possible d'abuser de cette bonne chose » (Campbell, p. 63). Certains programmes de stimulation prénatale préconisent le recours à des écouteurs posés sur l'abdomen de la future mère pour stimuler le fœtus. Puisque nous ignorons encore la durée et l'intensité de la musique qui conviennent vraiment au fœtus, il vaut mieux être prudent avec ce type d'approche et s'en tenir à 20 ou 30 minutes de diffusion musicale, à bas volume, par des enceintes acoustiques.

La musique module, pour le meilleur ou le pire, l'état d'esprit de la femme enceinte et son état physiologique. Son niveau de détente ou de stress détermine son taux d'hormone qui, à son tour, dicte son rythme cardiaque, sa tension artérielle et la qualité de sa respiration, affectant alors indirectement le fœtus. La musique qui fait du bien à la mère risque d'en faire autant chez le fœtus.

La musique qui réjouit la future maman et lui procure consciemment un bienfait la rapproche de son bébé à qui elle propose un monde extérieur positif.

Bien sûr, les musiques ne sont pas toutes apaisantes ; elles peuvent être animées et énergisantes. Lesquelles conviennent le mieux au bébé ? Difficile à déterminer. C'est pourquoi un choix musical judicieux s'impose parmi l'éventail varié de musiques offertes sur le marché, que ce soit le chant grégorien, la salsa, la musique nouvel âge en passant par le reggae, l'opéra, le jazz et les airs populaires, pour n'en citer que quelques-unes. On suggère à la femme enceinte d'expérimenter diverses musiques afin de découvrir celles qui semblent procurer à son bébé les bienfaits recherchés. Pour y arriver, elle s'installe pour écouter de la musique ; yeux fermés, elle visualise son bébé en train d'écouter la même musique qu'elle. En étant attentive à ses réactions personnelles et à celles du bébé, elle peut arriver à choisir la ou les musiques qui semblent provoquer un effet calmant. Ainsi, tout au long de la grossesse, elle les écoute régulièrement en se remettant dans le même état de bien-être. Pour diminuer le stress lors de l'accouchement, elle peut refaire l'expérience qui peut s'avérer salutaire tant pour elle que pour son bébé.

EN SE DANDINANT

> L'intérêt pour la musique ne se dément pas chez les tout-petits. À son contact, ils se montrent enthousiasmés, attristés, intrigués, incommodés ; ils n'y sont jamais indifférents.

C'est bien connu, les jeunes enfants réagissent à la musique. Ils n'y sont jamais indifférents. Dès les premières semaines de vie, ils sourient, se calment, cessent leur activité pour s'y attarder, ou, incommodés par celle-ci, ils se mettent à chigner ou à pleurer. Arrivés à une étape déterminante de leur maturation physiologique et neurologique, c'est-à-dire à la période où ils peuvent s'asseoir seul ou se hisser à un meuble, les bébés répondent à la musique de manière plus manifeste en se balançant, en se dandinant, en battant des mains, en pliant les genoux, en se tournant le tronc ou en hochant la tête. « Dans les premières minutes de sa diffusion, la musique semble avoir un rôle d'activation motrice sans qu'on puisse facilement discerner s'il s'agit d'une réponse spontanée ou acquise » (Bustarret, 1982, p. 36). Comme en témoigne le tableau 5.1, des réactions à la musique sont décelables dans les comportements des enfants de 0 à 2 ans.

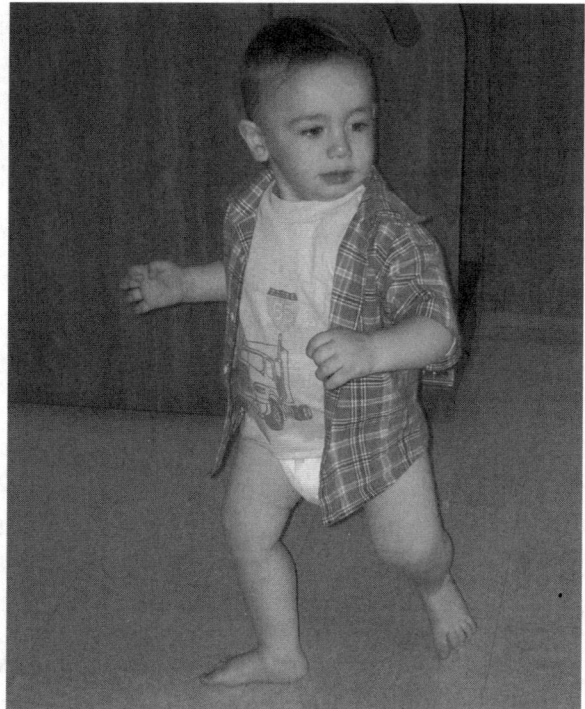

Dès qu'il arrive à se hisser ou à se tenir debout, l'enfant est porté à réagir à la musique en se dandinant.

Tableau 5.1
Quelques réponses motrices du tout-petit face à la musique diffusée

De 0 à 2 mois	• Puisque ce sont les voix parlées ou chantées qui intéressent le plus le bébé, il ne manifeste pas ou peu d'intérêt pour la musique diffusée par un appareil.
	• La musique ne le réveille pas, ne l'incite pas non plus à bouger. Mais s'il est bien éveillé, il peut tourner la tête en direction d'une musique pour un court moment.
	• La musique jouée en direct, par exemple, un air interprété à la flûte près de lui, arrive à lui faire bouger les bras et les jambes, mais de manière aléatoire.

Tableau 5.1 (suite)
Quelques réponses motrices du tout-petit face à la musique diffusée

De 3 mois et plus	• Les voix familières font encore ses préférences, mais il prête davantage attention à la musique qu'aux autres sons, comme s'il y était attiré malgré lui.
De 7 mois et plus	• Le bébé se dandine du derrière en se tenant agrippé à un meuble tout en pliant ses genoux de manière saccadée. Assis au sol, il tape des mains ensemble ou sur ses cuisses.
	• Même s'il le fait de manière maladroite et inconstante, on note une réaction plus suivie avec la musique qu'il fait surtout en bougeant sur place, et sans se déplacer.
	• Il peut continuer à bouger même si la musique cesse et s'immobiliser alors qu'elle se fait encore entendre. La synchronisation geste et musique fait encore défaut.
	• Il montre une manifestation physique plus grande pour une musique contenant des gammes et des rythmes utilisés dans sa culture.
De 12 mois et plus	• Il réagit à la musique sur demande ou le plus souvent par lui-même.
	• Il aime susciter l'approbation de l'entourage en dansant ou en frappant des mains.
	• L'enfant fait des gestes plus synchronisés avec la musique. Il peut se déplacer, décoller les pieds du sol et danser en répétant les mêmes gestes.
	• Il est encore difficile pour lui de s'immobiliser immédiatement dès que la musique s'arrête. Il peut prendre de 3 à 5 secondes pour le faire. Quand la musique reprend, il peut attendre quelques secondes pour réagir au changement avant de s'élancer à nouveau. Ses réflexes demeurent limités.
De 16 mois et plus	• L'enfant imite maladroitement des gestes qu'il a déjà vus faire comme donner la main, se balancer, se tordre le tronc. Ses mouvements deviennent de plus en plus stéréotypés, même si on ne lui a pas appris à danser. Ses pieds demeurent encore collés au sol.
	• Son temps de réaction est plus court. Il commence à réagir plus rapidement aux premières notes de musique et aux changements de dynamique. Mais il demeure plus synchronisé à l'interruption de la musique qu'à la relance. L'intérêt pour le jeu de la statue musicale (se mouvoir au son de la musique puis s'immobiliser à son arrêt) s'accroît avec l'amélioration de ses réflexes.
	• Il se trompe peu entre un tempo lent et un tempo rapide : il bougera lentement sur une musique lente et plus vigoureusement sur une musique enjouée.

Tableau 5.1 (suite)
Quelques réponses motrices du tout-petit face à la musique diffusée

À partir de 24 mois
- Il peut chantonner lorsqu'il entend des voix dans une musique enregistrée.
- Sa capacité à réagir rapidement aux changements dans la musique augmente. Désormais, il bouge en décollant les pieds du sol.
- S'il agite un carré de tissu qu'il tient dans les mains, il est porté à le faire sans se déplacer. S'il se déplace, il cesse alors d'agiter le tissu. Ce n'est qu'à partir de trois ans qu'il parviendra à faire les deux actions simultanément et de manière volontaire.

Pourquoi faire écouter de la musique aux bébés? Tout simplement, parce qu'ils aiment cela, surtout lorsqu'ils le font en complicité avec l'adulte.

LES GOÛTS MUSICAUX SE DÉVELOPPENT

Malgré une énergie débordante, une curiosité insatiable et une sensibilité sensorielle fort enviable, l'enfant en bas âge demeure tributaire des initiatives prises par les personnes de son entourage, sur le plan de la musique à écouter. Il apprend à aimer les musiques qu'on lui présente. Aussi, l'intensité émotive influence l'imprégnation de ses expériences musicales. Les informations transmises au cerveau dans une ambiance de plaisir stimulent davantage les circuits neurologiques que celles qui sont engendrées dans un contexte neutre.

> Les goûts musicaux se développent dès les premiers mois de vie et les effets des premières expériences musicales se prolongent des années durant.

Durant l'enfance, le goût pour la musique est essentiellement lié à l'amour reçu des parents et de ceux qui assurent le bien-être des enfants. Ce n'est pas tant l'environnement musical lui-même dans lequel ils baignent qui détermine leur goût pour la musique, mais la valeur affective qui lui est associée. Nous pouvons supposer qu'un enfant qui grandirait dans une famille imprégnée de musique, sans toutefois pouvoir établir de liens affectifs solides avec les membres de sa famille, aurait tendance à rejeter leur musique (Delalande, 1984).

LES BESOINS PARTICULIERS DES ENFANTS

Les statistiques révèlent que près de 3 bébés sur 100 naissent avec une anomalie qui nuira gravement à leur développement (Campbell, p. 138). Alors que certains problèmes sont détectés pendant la grossesse ou à la naissance, d'autres se manifesteront durant les premières semaines de vie. Les recherches ont démontré comment la musique, et plus particulièrement la musicothérapie, améliore la communication chez les enfants atteints de troubles du développement. C'est le cas d'enfants atteints d'autisme, de paralysie cérébrale, de dysphasie et de trisomie. La musique contribue à les égayer, à briser leur isolement, à pallier leurs difficultés langagières, à s'épanouir et à entrer en contact avec le monde environnant. La musique est loin de laisser ces enfants indifférents. Elles les touche en les rendant plus alertes, plus vivants.

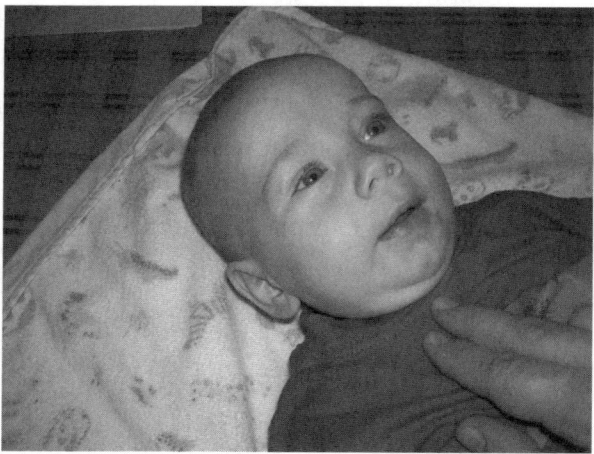

Tambourinez et effleurez le corps du bébé avec des rythmes tout en suivant la musique.

Les thérapeutes emploient aussi la musique pour atténuer les séquelles dues aux retards moteurs : renforcement du tonus musculaire et de la coordination, développement des réflexes et de l'équilibre, amélioration du schéma corporel et des perceptions spatiales et temporelles. La musique, plus que tout autre moyen, arrive à faire bouger les enfants tout en stimulant leurs capacités sensorielles. En agissant à la fois sur les facultés auditives et sur les habiletés motrices, on intervient sur plusieurs aires du cerveau. On sait que les enfants atteints de troubles de l'attention et d'hyperactivité gagnent à développer leur écoute et leur concentration, ce à quoi les activités musicales peuvent contribuer. De plus, il est prouvé que la musique de qualité, diffusée judicieusement dans un contexte propice, réduit l'agressivité et la tension en améliorant les échanges sociaux. Les lieux accueillant de jeunes enfants requérant une attention particulière ont intérêt à recourir à la musique comme moyen d'intervention et de stimulation.

Dans le cas d'enfants adoptés en bas âge, on suggère de faire entendre des enregistrements musicaux provenant de leur culture maternelle, quelle qu'elle soit. La rupture d'avec les liens sonores d'avant expliquerait, en partie, la détresse de l'enfant adopté. Lui faire entendre des musiques d'origine qu'il semble apprécier peut faciliter l'adaptation à sa nouvelle réalité. Si la musique semble activer le chagrin de l'enfant, c'est qu'elle lui offre probablement le moyen d'exprimer librement ses émotions l'aidant alors à s'en dégager. Pour alléger les états d'âme du bébé, il importe de demeurer disponible et détendu en sa compagnie.

QUELLES MUSIQUES FAIRE ÉCOUTER ?

> Les musiques qui plaisent au bébé sont presque toujours celles dont il a besoin pour bouger, pour reconnaître les contrastes, pour apprendre.

Avec l'avènement du magnétophone et du lecteur de disque compact, la musique est devenue accessible à tous. Des musiques d'ailleurs – la salsa brésilienne, les jeux de gorge *Kattajak* des Inuit, les voix Bulgares – aux musiques des siècles passées en passant par celles de genres variés – musique contemporaine, blues, gospel –, on a maintenant accès à un vaste éventail de musiques. En plus de l'avantage de s'ouvrir aux musiques du monde, il y a l'inconvénient de voir la musique dépouillée de son sens sacré. Sa trop grande disponibilité finit par la rendre banale, la maintient dans un rôle de divertissement, la réduit à un produit de consommation. On l'utilise à tort et à travers : souvent de mauvaise qualité, on la diffuse trop longtemps, sans le faire de la bonne façon ni au bon moment. En somme, on ne lui accorde plus autant la valeur qu'elle revêtait au temps où seule la musique interprétée en direct par des musiciens permettait d'accéder au monde fascinant de la musique. Néanmoins, il n'en tient qu'à l'adulte de lui redonner ses lettres de noblesse par l'utilisation qu'il en fait, entre autres, auprès des bébés.

Pour l'enfant, la musique est synonyme de mouvement. Plus que tout autre moyen, un simple bout de tissu léger et coloré l'incite à bouger au rythme de la musique.

AU-DELÀ DES GOÛTS PERSONNELS

Il est tentant d'oublier les goûts des bébés au profit de ses préférences en matière de musique à faire entendre. Il faut éviter de se substituer à l'enfant, d'avancer des généralités quant aux critères musicaux des petits ou, pire encore, de lui imposer ses choix personnels.

Les goûts musicaux des bébés peuvent varier d'un âge à l'autre, d'une personnalité à l'autre, d'un besoin immédiat à l'autre, comme c'est le cas chez les adultes. La règle à suivre serait de favoriser une diversité de styles, de provenance et d'époques en évitant d'imposer ses goûts personnels. Force est de constater que les musiques *heavy metal* ou des ambiances musicales à caractère haineux n'ont pas leur place dans le monde des petits.

Au rythme de la musique, bercez le bébé dans une couverture servant de hamac. Et présentez-lui des musiques offrant quelques contrastes : lent/vite, relance/arrêt, etc.

Puisque le rythme constitue généralement le premier attribut musical et provoque des effets positifs sur le bébé, on a intérêt à lui présenter des musiques rythmées. Mieux encore, choisissez une musique offrant des contrastes : rythme lent et rapide, ajout d'instruments ou d'effets, insertion régulière de silences de durées variées, etc.

Les musiques au rythme binaire, c'est-à-dire à deux temps, incitent davantage le petit aux mouvements verticaux, comme le sautillé et le galop sur les genoux d'un adulte, alors que les musiques à trois temps, ternaires, favorisent les mouvements plus amples tels les balancements de côté ou d'avant à en arrière.

> *Il ne faut pas croire que la musique doit être toujours employée à des fins utilitaires. Elle peut tout simplement être belle et merveilleuse (Campbell, p. 21).*

Une croyance veut que toute musique classique est intéressante à écouter alors qu'il en existe qui déplaisent à l'enfant. Il existe des musiques à caractère émotif qui portent à la mélancolie ou à l'anxiété. On opte pour des musiques expressives, bien sûr, mais dépourvues de tout excès d'émotions.

La musique classique recèle des pièces musicales très intéressantes à découvrir. Éveiller le bébé à ce type de musique fait partie du rôle éducatif de l'adulte nourricier.

> *Comme musique à faire entendre au bébé, il est préférable de ne pas se référer à la musique de la radio et encore moins à celle de la télévision. On offre plutôt une diversité de styles musicaux de qualité.*

ESQUISSE D'UNE DISCOGRAPHIE

La musique d'un disque compact est préférable à celle de la radio, car elle offre la possibilité d'intervenir sur le type de musique entendue, le moment de sa diffusion et sa durée. L'encadré 5.1 propose une liste de musiques pouvant intéresser le bébé.

> *La recherche de musiques variées à présenter à l'enfant peut être une occasion de se découvrir une passion personnelle.*

Encadré 5.1 Suggestions de musiques intéressantes à se procurer

- Sons de la nature enregistrés à l'état pur, c'est-à-dire sans ajout de musique, ni narration.
- Musique classique instrumentale, sans paroles, permettant au bébé de remarquer davantage les qualités musicales que linguistiques de la musique. Musiques de styles, d'époques, de provenance et de compositeurs variés. Chant grégorien, symphonie, concerto, valse viennoise, airs d'opéra, etc.
- Musique classique destinée aux enfants : *Carnaval des animaux* de Saint-Saëns, *Symphonie des jouets* de Mozart, *Casse-Noisette* de Tchaïkovski, etc.
- Musiques issues de sa propre culture : chants traditionnels, chansons d'enfants, musiques pour danser : rigaudon, tarentelle, flamenco, tango, salsa, etc.
- Musiques d'autres cultures : blues, musique tzigane, voix bulgares, musique japonaise, etc.
- Musique populaire instrumentale sans paroles dont les pièces de musique originales présentées sur le disque compact accompagnant le présent ouvrage.

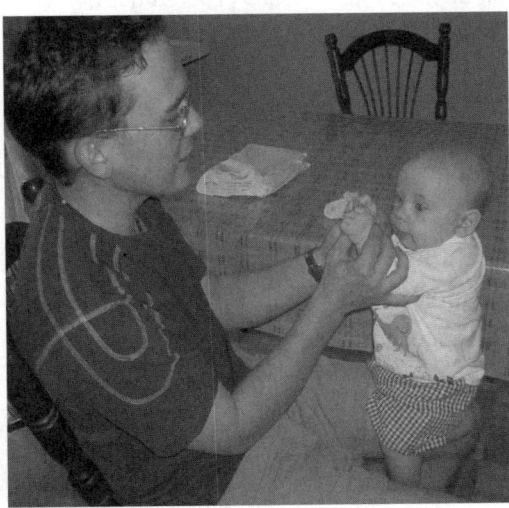

Si le bébé est devenu trop lourd pour être porté dans vos bras, faites-le sursauter doucement en rythme sur vos genoux. C'est une excellente façon de lui faire ressentir la musique tout en ménageant votre dos.

CE QUI PLAÎT AUX ENFANTS : MYTHES ET RÉALITÉS

Loin d'être le fruit du hasard, le choix de musiques doit s'effectuer avec connaissance et conscience. Certaines approches vantent les mérites éducatifs de la musique classique au détriment d'autres genres. Elles leur attribuent notamment de nombreuses vertus comme l'accroissement des habiletés langagières, l'amélioration des facultés de raisonnement, l'enrichissement du langage. Il n'y a pas que la musique classique qui arrive à procurer aux bébés de tels bienfaits. Plusieurs autres genres y parviennent. On privilégie un assortiment des styles musicaux en diversifiant les pays et les époques.

Loin de ces postulats, le critère le plus important à prendre en considération dans le choix de musiques à diffuser demeure la réaction positive du bébé à l'audition de la musique : vivacité du regard, manifestation d'énergie, rire, attention soutenue, expression gestuelle. Et l'on sait qu'un bébé reposé, rassasié et dispos sera d'autant plus attiré par la musique [qu'un béb]é affamé, fatigué ou frustré.

[Les goû]ts musicaux des enfants sont en grande partie conditionnés par [ceux de] leur entourage. C'est pourquoi nous avons le devoir de varier [les styl]es musicaux et non de nous limiter à ses propres goûts.

Dans son ouvrage *L'effet Mozart sur les enfants*, l'auteur Don Campbell présente sa théorie qui attribue à la musique des effets bénéfiques sur le développement intellectuel et socio-affectif de l'enfant. Ses études tendent à démontrer que la musique de Mozart, par ses mélodies et ses hautes fréquences, et par sa clarté d'écriture, stimule et nourrit les régions du cerveau régissant la création et la motivation. Selon l'auteur, ce n'est pas seulement une question de préférence, mais de propriétés inhérentes à l'écriture musicale de Mozart qui produirait des effets très différents de ceux des autres musiques. Selon Campbell, la musique de Mozart n'aurait pas le développement architectural de celle de Bach ou l'émotion tourmentée de celle de Beethoven. Elle n'aurait pas non plus le dépouillement du chant grégorien ni la légèreté du gospel. Elle serait fondamentalement simple et accessible, évoquant la joie de vivre tout en demeurant profonde et mystérieuse.

> La qualité de la musique et l'effet réel suscité chez l'enfant importent plus que les principes dictés par les théories pour choisir la « bonne musique » à lui faire entendre. Lorsque le plaisir du bébé passe en premier, son intérêt suit.

Contrairement à Campbell, Jean Epstein considère hasardeuse l'idée d'avancer des règles objectives en matière de préférences musicales des tout-petits. Selon lui, leurs goûts varient d'un âge à l'autre, d'un type de personnalité à l'autre, d'un besoin immédiat à l'autre, à la manière des adultes. Selon l'angle abordé, l'opinion des auteurs diffère en fonction de leur conception. Idéalement, l'approche à privilégier serait d'exposer le bébé à divers styles de musique, de provenances et d'époques variées, en tenant compte de l'effet réel suscité chez le bébé.

> En cultivant son propre éveil sonore et musical, en scrutant les sons et la musique avec une écoute renouvelée comme le font les enfants, on participe à l'accroissement de leur potentiel « de petit musicien ».

LES SONS ENREGISTRÉS[1]

Écouter les sons sans ajouter trop d'informations verbales. Le plaisir d'écouter et d'imaginer, plus que les connaissances ajoutées, doit motiver l'écoute de sons enregistrés.

En plus de la musique et des chansons, on retrouve des sons enregistrés sur disque. Plusieurs disques compacts offrent une variété de sons intéressants autrement difficiles à écouter. Ils présentent des sons d'animaux domestiques, des bruits d'appareils ou de véhicules, des sons de la nature, des voix et des instruments de musique, des bruits issus de la vie courante. Il y a, par exemple, des sons de chat, de chien, de coq, des bruits de sèche-cheveux, de micro-ondes, de téléphone, des sons de pluie, d'orage, de vent, des sons de vagues ou des voix. Dans l'encadré 5.2, on retrouve des suggestions variées de sons intéressants à faire entendre aux enfants, dont on peut s'inspirer pour faire un montage sonore.

Pour rendre encore plus intéressante l'écoute de sons d'animaux à partir d'un disque compact, fournissez à l'enfant des images représentatives qu'il peut manipuler à sa guise.

---

1. On retrouve des suggestions de sons sur le disque compact.

Encadré 5.2 Pour faire de l'écoute de sons enregistrés une activité des plus intéressantes

- Sons issus de la vie de l'enfant ou qui lui sont familiers : voix, animaux domestiques et de la ferme, bruits de moteurs, sons de la nature, instruments de musique, bruits de la vie courante.
- Sons uniques non mixés à d'autres sons.
- Exposition assez longue de chacun des sons.
- Temps de 4 à 5 secondes de silence entre chacun des sons pour assurer un équilibre entre son et silence.
- Enchaînement contrasté des sons.
- Réexposition de quelques sons de la série.
- Absence de paroles pour distinguer les sons ou de narration pour raconter une histoire ; garder l'écoute simple.
- Bonne qualité de l'enregistrement pour reconnaître facilement les sons.
- Bon rendement acoustique du lecteur laser.
- Activité d'écoute faite sans recours systématique à des images correspondantes. Écouter les sons seuls devrait suffire.

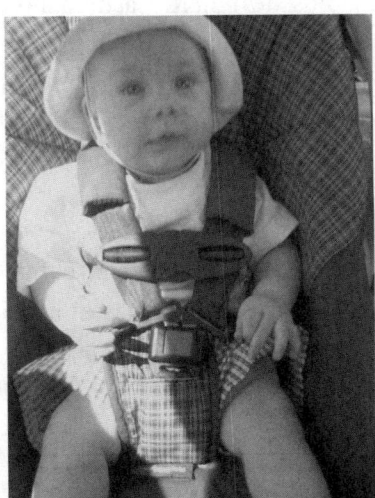

L'enfant peut tirer plaisir à écouter une série de sons enregistrés pendant un moment d'attente comme celui précédant le repas ou lors d'un trajet en auto.

On privilégie des enregistrements sonores sans narration ni récit pour laisser une large place aux sons eux-mêmes. Ni trop long ni trop court, chaque groupe de sons est idéalement précédé et suivi de quelques secondes de silence. La présentation d'un seul groupe de sons similaires à la fois suffit pour permettre à l'enfant de les distinguer clairement. La variété de sons est enchaînée par contrastes. Enfin, on assure une bonne diffusion sonore avec un appareil de bonne qualité. Quant aux nombreux jeux de loto sonore offerts sur le marché, ils correspondent davantage aux capacités d'enfants plus vieux qu'à ceux de deux ans et moins. Trop souvent, ils présentent des sons qui demeurent inconnus aux bébés et qui sont enchaînés trop rapidement.

LA TÉLÉ ET LES VIDÉOS

À une étape de la vie de l'enfant où l'exploration demeure très importante dans son développement apparaît la « télévision ». Cherchant à imiter les personnes de son entourage et ayant moins le besoin de concentrer son énergie à maîtriser la marche, l'enfant, vers 18 mois, va commencer à s'intéresser aux émissions télévisées et aux vidéos. Malheureusement, cette activité stimule la pensée abstraite du tout-petit au détriment de son éveil sensoriel et moteur, en plus de l'inciter à demeurer passif. La télé ne requérant qu'un minimum de surveillance de la part de l'adulte, l'enfant est laissé à lui-même devant le téléviseur et a tendance à délaisser ses jeux d'exploration et ses échanges sociaux pour se contenter d'un rôle de spectateur se laissant divertir.

Aucune émission de télévision ni vidéo n'arrive à procurer à l'enfant l'expérience physique requise pour développer ses aptitudes et ne lui apporte les bienfaits du jeu libre ou du jeu interactif avec une personne qu'il affectionne.

Il est désolant de voir des enfants âgés d'à peine deux ans rivés au petit écran, 20 heures et plus par semaine. En outre, si la télévision et les vidéos peuvent apporter des connaissances à l'enfant, ils ne permettent pourtant pas de développer ses talents. L'information transmise dans un contexte affectif et relationnel semble davantage stimuler le cerveau de l'enfant qu'à travers un écran impersonnel. Aucun appareil ni produit soi-disant « éducatif » ne peut améliorer la coordination, favoriser la socialisation, développer la conscience corporelle, remplacer l'interaction dynamique avec une personne comme dans un jeu musical vécu avec du vrai matériel et en interaction avec des personnes vivantes.

Mal informés, plusieurs parents croient que le fait d'exposer leur petit à des émissions musicales éducatives ou à des vidéos améliore leurs capacités auditives et accroît leur culture musicale. C'est ce qu'exploitent les fabricants qui ont mis sur le marché des vidéos, des cédéroms destinés aux tout-petits pour les éveiller à la musique. On retrouve, entre autres, des vidéos visant à initier les bébés à la musique de grands compositeurs tels Mozart. De qualité sonore parfois médiocre, ces produits ne correspondent pas toujours aux capacités réelles des bébés et n'encouragent que très peu l'apprentissage actif. Le cas échéant, on suggère que les séances télé soient de courte durée et soutenues par la présence d'un adulte capable d'encourager la participation active du jeune enfant.

Quiconque connaît le développement du bébé sait comment l'abus d'activités passives, comme la télé, constitue une entrave dans la formation des êtres en devenir que sont les enfants.

COMMENT ET QUAND FAIRE ÉCOUTER DE LA MUSIQUE ?

Il importe de laisser le bébé être le chef d'orchestre de ses explorations sonores en le laissant libre de ses mouvements. Les marchettes ou trotteurs, les « jolly jumper », les sièges sauteurs ou les balançoires mécaniques limitent ses expérimentations.

De la même manière que les goûts alimentaires, les goûts musicaux se développent en bas âge, notamment durant la période de 0 à 2 ans où les enfants se montrent particulièrement sensibles aux nouveaux stimuli. Le cerveau du bébé est nettement plus actif que celui de l'adulte ; des recherches démontrent qu'à deux ans il l'est deux fois plus. Ses 100 milliards de neurones sont aptes à former plus de 100 billions de connexions au cours des premiers mois de vie (Campbell, p. 83). C'est donc une période propice pour faire vivre à l'enfant des expériences musicales appropriées, capables de stimuler autant son corps que son cerveau.

LA PARTICIPATION DES BÉBÉS

La participation active à la musique est plus efficace à tous points de vue que la seule écoute passive (Campbell, p. 154). En engageant le corps et les sens de l'enfant, la musique accroît ses capacités d'une façon agréable et naturelle.

On laisse le bébé libre de s'exprimer en faisant appel à ses mouvements naturels de petit enfant. De cette manière, il développe une perception joyeuse et vivante de la musique tout en façonnant une image positive de lui-même.

> On peut apprendre aux enfants plus vieux les signaux donnés par le bébé pour exprimer son contentement ou sa baisse d'intérêt : rire, sourire, détourner la tête, fixer son regard, rechigner, etc. Ainsi, ils deviennent sensibles et plus empathiques à ce que ressent l'autre.

Puisque le bébé a aussi besoin de répit et de calme, on ne cherche pas à l'inonder de toutes sortes de stimulations durant toute la journée. En suivant les signes qu'il manifeste à travers son visage et son corps, on saisit vite son intérêt ou son désintéressement à être stimulé.

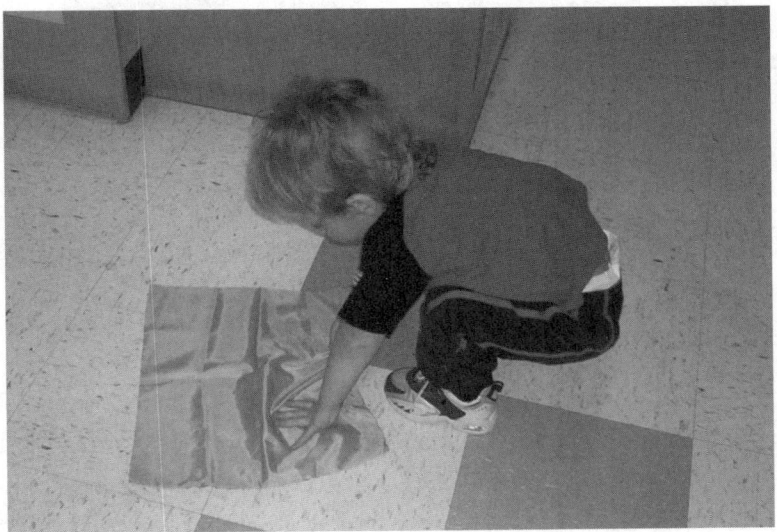

Laissez le bébé faire usage des écharpes de danse à sa manière. Tôt ou tard, la musique l'attirera et il prendra alors plaisir à danser en agitant le bout de tissu.

On peut insérer des arrêts réguliers dans le déroulement musical qui l'inciteront à s'immobiliser jusqu'à la relance de la musique. Apprendre à interrompre un mouvement est un défi que le tout-petit de 15 à 18 mois a besoin de relever pour diverses raisons.

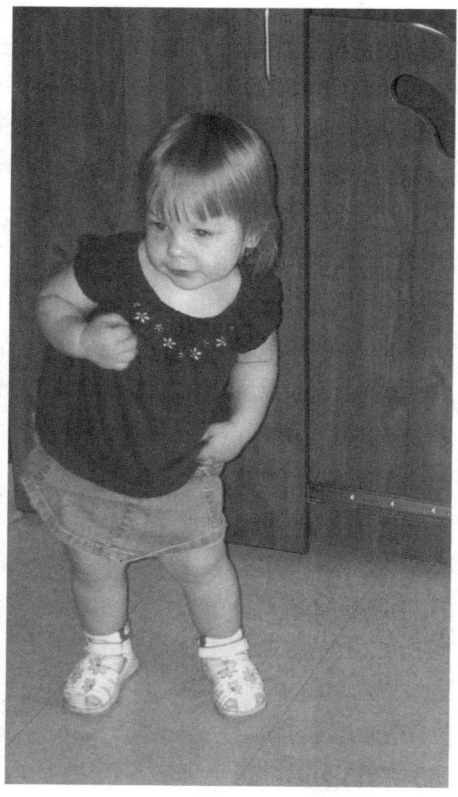

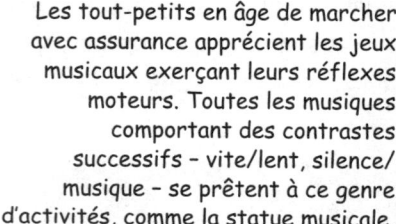
Les tout-petits en âge de marcher avec assurance apprécient les jeux musicaux exerçant leurs réflexes moteurs. Toutes les musiques comportant des contrastes successifs – vite/lent, silence/musique – se prêtent à ce genre d'activités, comme la statue musicale.

En plus d'être un jeu apprécié à cet âge, bouger au son de la musique et figer à son arrêt, pour ensuite recommencer, stimule le contrôle du corps avec le cerveau. Cet exercice contribue à la mise en place d'autres habiletés. En effet, pour parvenir à inhiber un comportement désapprouvé comme tirer les cheveux d'un copain de jeu, pour refréner une action interdite telle que monter sur la table, pour contracter et relâcher délibérément ses sphincters permettant de contrôler l'élimination de la vessie et de l'intestin, pour réfléchir aux comportements de ses actes avant d'agir, la participation du cortex – la partie du cerveau qui gère les mouvements volontaires – est requise tout comme dans jeu de la statue musicale. Enfin, chez le jeune enfant, la moindre amélioration dans sa coordination ou le sentiment de maîtrise dans ses nouvelles aptitudes renforce sa confiance en lui.

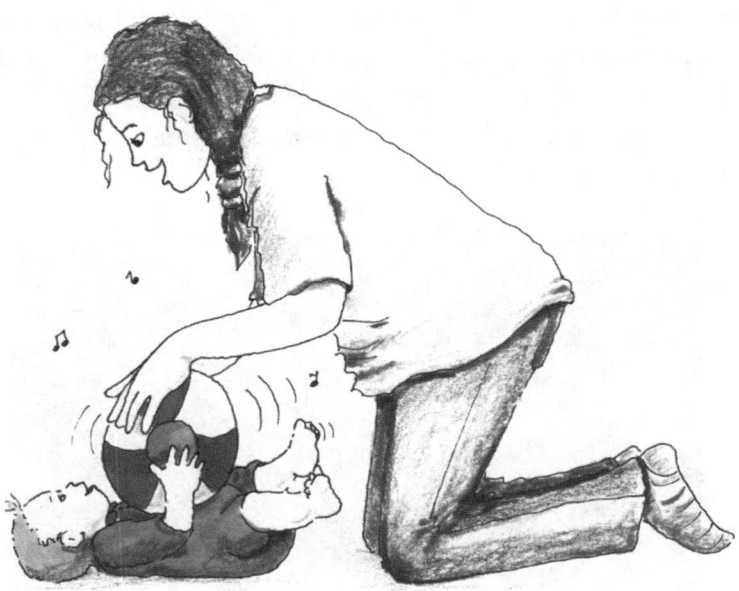

Sur une musique tantôt rythmée tantôt paisible, faites rouler en douceur un petit ballon de plage sur le ventre du bébé, sur ses jambes ou ses bras.

Pour développer son sens du rythme tout en exerçant son équilibre et ses mouvements, on promène le bébé dans ses bras en suivant la musique ou on le fait rebondir doucement sur ses genoux. La conscience corporelle, le développement de la mémoire, l'échange social se joignent aux objectifs visés par ce genre d'activité.

La fonction d'écoute du bébé peut s'exercer chaque jour. Que ce soit à travers les conversations des personnes de son entourage, le bruit des appareils électriques, les pas qui vont et viennent dans la pièce, le murmure maternel tentant de calmer un bébé, ou par les musiques jouées devant lui ou entendues d'un disque, l'enfant aime entendre et réentendre les mêmes sonorités qui lui servent également de repère pour se situer dans le temps et l'espace. On peut contribuer à l'instauration en douceur de routines par la présentation de courts extraits musicaux. Durant la période d'entraînement à la propreté, par exemple, on fait entendre à l'enfant une musique qu'il apprécie, chaque fois qu'il s'apprête à aller sur le pot. En associant une musique agréable à une action prévisible qui se déroule en un endroit précis et à un moment donné, l'intérêt pour cet apprentissage s'accroît.

Réservez-vous de courts moments d'écoute que vous partagez avec le bébé. Prêtez l'oreille, placez l'appareil audio tout près pour permettre au bébé de voir d'où provient la musique. Dansez, frappez des mains, amusez-vous le temps d'une musique...

DANS LES ACTIVITÉS DE TOUS LES JOURS

Il n'est pas toujours nécessaire de faire vivre la musique aux enfants de façon officielle. On peut profiter des activités de tous les jours pour leur faire entendre des musiques, pour danser devant eux ou pour les transporter en rythme d'un lieu à l'autre.

Trop d'adultes se sentent obligés d'animer le bébé sous forme d'activité officielle. Pourtant, une écoute musicale informelle d'une minute ou deux, ici et là au long de la journée, suffit à alimenter son intérêt pour la musique. On peut faire vivre la musique de manière informelle à travers les tâches routinières. Devant l'enfant que l'on invite à participer, on passe le balai en dansant au son de la musique, on plie des vêtements ou on range la vaisselle.

Si le bébé bouge ses bras et ses jambes, s'il sourit ou gazouille au son d'une musique, c'est qu'il prend probablement plaisir à l'entendre. Dans ce cas, il est bon de lui présenter régulièrement la même musique et de la même manière pour favoriser le développement de sa mémoire auditive.

Sur une musique apaisante, bercez doucement le bébé installé en position ventrale sur une serviette roulée. Assurez-lui le confort en appuyant bien son dos et sa tête.

Avant qu'il n'arrive à le faire par lui-même, on peut amener le bébé à ressentir la musique de diverses façons : en le promenant dans ses bras, en faisant rouler un petit ballon sur son corps, en marquant des rythmes sur son corps, en remuant des carrés de tissu devant lui. L'encadré 5.3 propose plusieurs idées à ce sujet.

Encadré 5.3 Diverses façons de faire ressentir la musique au bébé

AVANT L'ÉTAPE DE LA MARCHE

Au rythme de la musique et dans une ambiance chaleureuse...
- Promenez le bébé dans vos bras en lui permettant de voir et de bouger librement.
- Faites-le sauter doucement sur vos genoux.
- Balancez-le en douceur d'en avant à en arrière ou de côté, ou sur un traversin. Bercez-le à deux dans un hamac ou une couverture.
- Faites rouler un petit ballon de plage sur son ventre, ses jambes ou ses bras.
- Tambourinez, effleurez des rythmes sur le dos du bébé.
- Battez des mains en cadence, tapez sur vos cuisses, sur votre tête à la vue du bébé.
- Faites du vélo avec les jambes du bébé couché sur le dos.
- Faites tourbillonner un ruban de couleur vive devant lui.
- Laissez le bébé ressentir la musique comme il l'entend et imitez-le dans ses gestes et mimiques.

APRÈS L'ÉTAPE DE LA MARCHE
- Faites le jeu de la statue musicale.
- Mettez à la disposition de l'enfant un carré de tissu léger qu'il peut agiter.
- Reprenez les gestes que fait l'enfant.
- Prenez les mains de l'enfant et dansez avec lui, ou faites une ronde.

À retenir :
- Le bébé doit toujours se sentir en sécurité et à l'aise dans la posture qu'on lui fait prendre ; mieux, on le laisse se positionner par lui-même.
- La posture prise et tenue par l'adulte doit aussi être confortable. Éviter le portage du bébé loin du corps et le maintien prolongé et répété de postures contraignantes. Afin de prévenir la fatigue du dos, placer le bébé rendu trop lourd sur ses genoux au lieu de le promener dans ses bras.
- Laisser le bébé en âge de marcher faire ses propres mouvements au son de la musique sans jamais le contraindre.
- Habiller l'enfant de vêtements confortables lui permettant de bouger à son aise en lui évitant d'avoir chaud.

Le plus important dans ce genre d'expériences consiste à partager un moment de complicité avec l'enfant. Et la première condition pour y arriver consiste à tenir compte de l'enfant, avant tout.

La musique qui joue doit faire l'objet d'une attention partagée par l'adulte. Prêter l'oreille, placer le lecteur de disque compact tout près pour voir d'où la musique provient, danser, s'arrêter pour se relaxer quelques instants au son d'une musique calme, frapper des mains, dire « bravo » à la fin d'une pièce musicale sont toutes des attitudes que peut démontrer l'adulte dans le but d'initier le tout-petit au plaisir de l'écoute musicale.

Limiter à 5 ou 10 minutes la durée de la musique diffusée et accompagnée d'une simple activité demeure un conseil judicieux pour les adultes désireux de faire respecter les capacités auditives du bébé. Si la musique s'avère de bonne qualité et est présentée plusieurs jours d'affilée, le bébé aura l'occasion de développer son oreille musicale.

Amenez l'enfant à comprendre d'où vient la voix sans visage qu'il entend par l'intermédiaire de l'appareil audio.

UNE BONNE HABITUDE À PRENDRE

En étant présentée à des moments précis, la musique de courte durée a le pouvoir d'amener l'enfant à comprendre agréablement la routine des activités quotidiennes. Elle sert d'interlude, de repère pour anticiper le changement de couche, la préparation aux sorties extérieures, le lever de la sieste, le rangement des jouets.

De nature sensorielle et affective, le plaisir musical de l'enfant semble proportionnel à l'habitude d'écoute. La fréquence à laquelle il écoute la musique en courts moments lui offre la possibilité de la reconnaître, même de l'anticiper. En y joignant des pas de danse, des gestes rythmés et une variété de stimuli sonores disposés en suites plus ou moins contrastées, on offre au bébé des conditions favorables pour éveiller sa tendre oreille (Bustarret, 1982, p. 82).

Chapitre 5 • Les musiques enregistrées

Une pièce de tissu souple comme du nylon arrive à stimuler les bébés à bouger au son de la musique. Par mesure de sécurité, limitez sa dimension à 30 centimètres carrés.

L'intérêt et la présence bienveillante de l'adulte font pleinement exister la musique qui joue. Pour que la joie de faire ensemble soit davantage au rendez-vous, on propose régulièrement aux enfants de courtes séances d'écoute.

Des études ont fait valoir la capacité des bébés dès l'âge de trois mois à retenir une mélodie et à se forger des souvenirs musicaux. On a découvert que, s'ils entendent une mélodie sur un disque qu'ils ont déjà entendue sur leur mobile musical, ils se mettent à interagir avec celui-ci (Masi et Leiderman, p. 83).

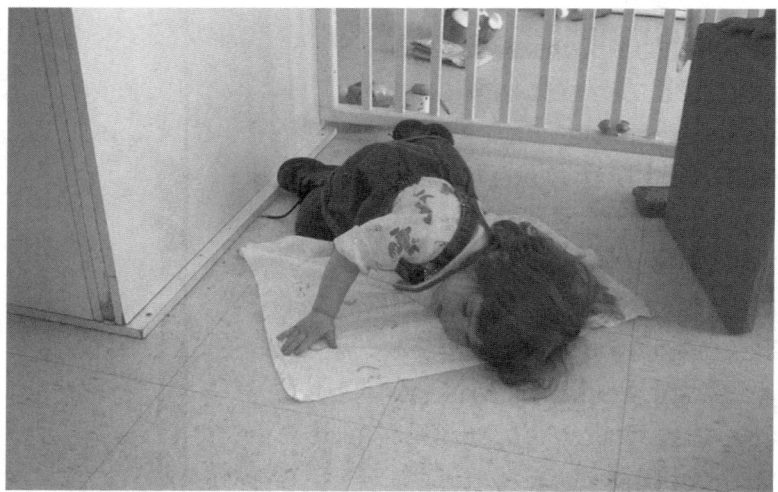

Après une activité de grande dépense d'énergie comme la danse, le tout-petit ressent le besoin de se relaxer.

L'audition de musiques peut participer à l'établissement d'une routine. Par une même musique, informez le bébé qu'il est temps de dormir, de manger, d'aller jouer dehors. C'est un moyen qui, conjugué à d'autres, vaut son pesant d'or en éducation musicale.

Une musique entraînante se fait entendre. Un bébé assis au sol, à proximité, qui semblait jusque-là peu motivé, tourne sa tête et dirige son regard en direction de la source sonore. Son regard s'illumine, ses bras s'agitent vigoureusement, son tronc bouge en cadence ; il s'arrête un moment, l'instant d'un répit, puis reprend de plus belle. Quand la musique cesse après deux minutes, il grogne et bouge des mains en signe de protestation. Encore et encore, semble réclamer le bébé. Encore le son du piano, encore le rythme saccadé des percussions. Encore le son de la cymbale entendu pour la huitième fois. « 'core bisique », dit l'enfant. Pour le bébé, les répétitions vécues avec plaisir, loin d'être synonymes de monotonie, lui sont agréables en plus d'être bénéfiques. Un bébé se construit peu à peu à travers un grand nombre d'événements qui se répètent. Les expériences musicales maintes fois répétées l'amènent à accroître ses habiletés et marquent sa mémoire pour longtemps. Enfin, elles font office de toile de fond où s'imprègnent les sensations servant à forger les connaissances de l'enfant.

Chez le bébé, la répétition vécue avec joie est nécessaire à ses apprentissages. La répétition joyeuse représente une nourriture vitale pour son cerveau.

Encadré 5.4 Moments propices et façons de faire écouter de la musique aux bébés

- Privilégier de courtes périodes de danse ou d'écoute active, présentées fréquemment, au lieu de trop longues séances, espacées l'une de l'autre. Il est mieux de laisser les bébés sur leur appétit de musique que de les gaver.
- Choisir des extraits musicaux rythmés pour donner la possibilité au bébé de réagir par des gestes rythmiques.
- Varier les dynamiques et les enchaîner en suites contrastées : vite/lent, son/silence, fort/doux ; jouer à la statue musicale ou au repos.
- Ajouter des sons vocaux ou des rythmes en frappant dans les mains.
- Participer activement aux expériences musicales proposées en interagissant avec le bébé : le prendre dans ses bras, le faire sauter sur ses genoux, le bercer, agiter un ruban de couleur devant lui ; la présence de l'adulte amplifie l'effet bénéfique de la musique.
- Profiter des diffusions de musique au restaurant pour attirer l'attention du bébé : « Tu entends la musique ? »

- Montrer soi-même que l'on aime écouter de la musique.
- Créer des habitudes d'écoute qui offrent la possibilité de reconnaître des pièces de musique. Proposer des temps réguliers d'écoute, faire entendre, par exemple, à différents moments de la journée et de la semaine, un même court extrait musical avant de procéder à l'habillage, pour agrémenter des trajets en auto, pour informer qu'il est temps d'aller au lit ou d'appliquer la pommade ou l'onguent. La répétition est bénéfique pour le développement du cerveau du bébé.
- Permettre aux bébés de chercher la provenance de la musique ; les amener à prendre conscience qu'elle provient d'un appareil situé à un endroit facile à repérer.
- À la vue des bébés, agiter des bouts de tissu de couleurs vives au son de la musique.

Amenez le bébé à suivre la musique en vous promenant dans la pièce avec un appareil fonctionnant à piles. Cette activité renforce l'habileté à localiser le son.

ATTENTION À LA MUSIQUE DE FOND CONTINUE

Pourquoi fait-on jouer la radio ? Pour qui ? Pour soi ? Pour briser l'isolement et garder un contact avec le monde extérieur ? Par simple habitude ? L'adulte fait jouer de la musique en vaquant aux tâches ménagères, en mangeant, sans en être dérangé. Mais que se passe-t-il du point de vue du bébé qui ne choisit pas la musique, ni la durée de sa diffusion ni le volume, qui, autrement dit, subit la musique ? Le bienfait et l'agrément qu'il en retire sont-ils les mêmes que chez l'adulte ? Voilà une question qui invite à une sérieuse réflexion.

Il est vrai que la musique diffusée semble avoir, du moins en apparence, un effet bénéfique sur les enfants, mais de courte durée. De fait, en début de diffusion, la musique arrive à diminuer le bruit, à attirer l'attention, à apporter une diversion, selon le but recherché, mais, après deux ou trois minutes, elle ne semble plus maintenir les résultats positifs du début. Bien au contraire, elle devient vite un bruit de fond indifférencié du reste et pour lequel l'enfant, au début, s'adapte. À la longue, loin de demeurer indifférent, l'enfant devient incommodé en étant irritable et en ayant des comportements agressifs. Et voilà que les effets créés deviennent désastreux : le ton hausse alors que les productions sonores des enfants – paroles, jeux sonores, jeux de voix – diminuent, une nervosité surgit dans les attitudes des enfants, les interventions des adultes s'accroissent et deviennent plus autoritaires pour demander aux enfants de se calmer, et la musique de fond persiste sans qu'on ne la remette en cause.

Le fonctionnement continu de la radio même à faible niveau correspond davantage au besoin de l'adulte qu'à celui de l'enfant. C'est une pratique souvent difficile à enrayer, mais qui doit être remise en question, car les bébés, plus vulnérables que les adultes, sont facilement dérangés par cette forme de pollution sonore. Hélas, ils sont peu nombreux à s'en plaindre.

Force est de constater que la musique diffusée répond davantage aux besoins du personnel qu'à ceux des enfants. Pourtant les conduites adoptées devraient protéger les besoins des enfants, car ceux-ci se montrent plus sensibles aux bruits de fond continus beaucoup plus que les enfants plus vieux et les adultes.

Le fond sonore continu fait écran à la communication.

Des observations menées dans les lieux d'accueil de jeunes enfants indiquent que, dans un environnement bruyant, les adultes leur transmettent des messages relativement courts, sans grand contenu. Pire encore, les enfants ne comprennent qu'une partie du message et ont tendance à moins parler.

La musique de fond pendant la sieste n'est pas recommandée. Mais, si elle semble déjà faire partie des habitudes d'endormissement des enfants, on recommande de s'en tenir à 10 ou 15 minutes de diffusion, à bas volume, et de la diminuer graduellement jusqu'au silence, pour laisser le cerveau se reposer le plus possible. Mieux encore que la musique, la diffusion de sons naturels enregistrés, comme la pluie, les ruisseaux, les gazouillis d'oiseaux, est préférable.

Rappelons que le seul fait de faire entendre de la musique aux enfants pendant la sieste n'affine pas pour autant leur oreille musicale. On le fait, en voulant masquer le bruit dérangeant et pour aider les enfants à se calmer. Pendant l'endormissement, la musique de fond peut, en effet, être utile pour contrecarrer les effets nuisibles du bruit des portes qui claquent, du va-et-vient dans la pièce voisine, du téléphone qui sonne, de la circulation automobile provenant de la rue. En pareil cas, il faut privilégier une musique douce sans paroles, ni trop mélancolique ni trop chargée sur le plan de l'arrangement musical. Les enregistrements de sons naturels de ruisseaux, de vagues calmes, de gazouillis d'oiseaux s'avèrent d'excellents choix en début et fin de sieste tout en préservant l'oreille musicale de l'enfant. Un ronronnement continu d'un appareil, tel un ventilateur ou un déshumidificateur, peut également faire l'affaire.

Sachons que la musique continue, en plus de fatiguer l'oreille, entrave le repos du cerveau lors du sommeil. Le silence relatif, tout comme la pénombre, augmente la qualité du sommeil. Mais se détendre en écoutant un air de guitare de La Renaissance pendant l'endormissement, se réveiller en douceur aux sons d'oiseaux provenant d'un disque permet de se retrouver dans le temps et dans l'espace. Il ne faut pas priver l'enfant des bienfaits d'une telle utilisation de la musique et on peut le faire sans toutefois lui imposer un fond musical continu. Autrement dit, la musique de fond de courte durée peut avoir sa raison d'être en début et fin de sieste, sans toutefois être indispensable.

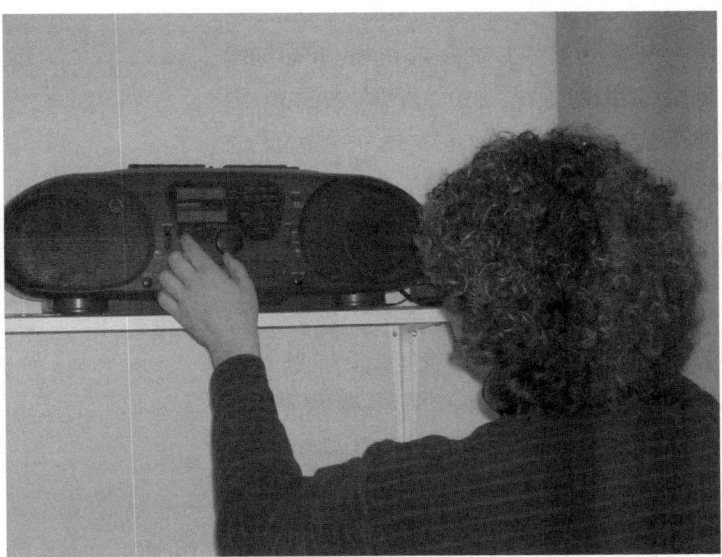

Avec les bébés, il faut savoir faire cesser la musique dès qu'ils n'y portent plus attention.

Pour aviser les enfants du repas, la musique enregistrée s'avère utile si l'on sait la faire durer juste assez longtemps sans créer de fatigue auditive. Lors de trajets en auto, elle semble occuper l'enfant pour quelques minutes. Dès qu'il s'en désintéresse, il vaut mieux la faire cesser.

Plus que les disques compacts, la radio constitue une véritable source de pollution sonore. En laissant jouer la radio, on soumet le bébé aux nombreuses publicités, aux propos de l'animateur, à une seule et même sorte de musique. Même les postes de musique classique ne conviennent pas toujours. On y diffuse des musiques qui peuvent séduire les adultes, mais qui ne correspondent aux besoins des enfants de par leur caractère mélancolique. Aucun choix ne peut être exercé sur les musiques présentées à la radio ; on doit malheureusement les subir. Il faut savoir que le bébé est plus sensible que l'adulte aux stimuli sonores. Par ailleurs, le bébé ne peut se retrouver dans ce brouillard sonore. Il ne peut reconnaître des musiques préalablement entendues, ne peut les anticiper alors que ses besoins intellectuels le requerraient.

Il vaut mieux créer le calme pour faire écouter la musique que de faire écouter de la musique pour créer le calme.

Fait étonnant, plus les enfants sont petits, plus le temps de diffusion musicale semble élevé. Il n'est pas rare de voir des lieux accueillant des enfants de 0 à 2 ans faire jouer la musique de la radio ou d'un disque compact, du matin au soir. Même s'il ne se plaint pas directement des effets néfastes d'une exposition prolongée à la musique de fond, le bébé voit ses capacités d'attention, de communication et de socialisation diminuer, et ce, même à faible niveau sonore.

Il n'y a pas de moyenne à proposer quant à la durée idéale de diffusion de la musique. La juste mesure semble fonction des possibilités d'attention tenant compte du niveau de développement de l'enfant. En outre, on estime entre 5 et 10 minutes le temps idéal de diffusion d'une musique que l'on fait entendre si on l'accompagne d'une activité précise : danser, tendre l'oreille, fredonner, écouter. Qu'il s'agisse de la meilleure musique qui soit, la musique de fond pendant longtemps et ne faisant pas l'objet d'une écoute active finit par lasser l'oreille des bébés et par irriter leur humeur, en plus de freiner leurs productions vocales à l'âge où leur langage se met en place. De fait, elle est à bannir dans une approche d'éveil sonore et musical.

> Réserver au bébé des moments réguliers de calme et de silence relatif qui lui permettent d'écouter ses propres sons.

Il faut assurer de longues périodes sans musique pour laisser place aux creux et aux pointes des niveaux sonores produits naturellement par les voix, les bruits ambiants renseignant l'enfant sur son environnement et sur les activités en cours ou à venir, les chansons interprétées par l'adulte.

Les moments où la musique joue doivent demeurer des instants d'écoute privilégiée dans la journée d'un enfant (Epstein et Radiguet, p. 22). Des diffusions trop longues saturent l'écoute, effet qui se trouve éloigné du but d'éveil recherché. L'ouïe du tout-petit ne peut capter et suivre la musique qui joue longtemps. Son oreille finit par se fatiguer et, en guise de défense, elle finit par faire abstraction de la musique de fond au point de ne plus l'entendre.

Les éducateurs doivent agir pour contrer l'effet paradoxal de la diffusion continue de la musique. L'enfant devient confus face aux musiques entendues : il constate l'existence d'une musique qui s'écoute et celle que l'on doit ignorer, selon ce que l'adulte décide, plus ou moins consciemment. Mais, pour le tout-petit, il ne devrait exister qu'une seule sorte de musique : celle qu'on écoute et à laquelle on porte un intérêt. Et la présence attentive de l'adulte rehausse l'attrait initial de l'enfant.

En éveil sonore et musical, l'audition bénéfique de musique requiert une oreille attentive que le bébé développe avec l'exemple donné par l'adulte. Soutenu en bas âge, l'intérêt suscité pour la musique risque de demeurer toute la vie.

Bibliographie

ANTIER, Edwidge. *Itinéraire d'un nouveau-né.* Marabout, 2002.

ARMSTRONG, Thomas. *Les intelligences multiples.* Chenelière/McGraw-Hill, 1999.

BACUS, Anne. *Le guide du jouet.* Marabout, 2002.

BACUS, Anne. *Questions au psy.* Marabout, 2001.

BACUS, Anne. *Votre bébé de 1 jour à 1 an.* Marabout, 1991.

BEE, Helen et Denise BOYD. *Les âges de la vie.* Erpi, 2003.

BERGER, Kathllen Stassen. *Psychologie du développement.* Modulo, 2000.

BIRKENSHAW, Lois et Marcelle CORNEILLE. *Épanouissons-nous par la musique.* Gordon V. Thompson Music, 1999.

BOUTELOUP, Philippe. *Musiques autour du berceau.* Érès, 1999.

BUSTARRET, Anne. *L'oreille tendre.* Enfance heureuse. 1982.

BUSTARRET, Anne. *La mémoire enchantée.* Enfance heureuse. 1986.

CAMBPELL, Don. *L'effet Mozart sur les enfants.* Le jour Éditeur, 2000.

CHAUMIE, Agnès. « Crèche en chanson », dans *Musiques autour du berceau.* Érès, collection Spirale n° 13, 1999.

COMEAU, Gilles. *La musique à quatre pattes.* Centre de ressources franco-ontarien de ressources pédagogiques, 1992.

DELALANDE, François. *La musique est un jeu d'enfant.* Buchet/Chastel, 1984.

DESCHÊNES, Rosine. *L'éveil musical de l'enfant.* Le Héron bleu, 1990.

DESPINS, Jean-Paul. *Le cerveau et la musique.* Christian Bourgeois Éditeur, 1986.

DOLTO, Françoise. *Lorsque l'enfant paraît.* Le Seuil, 1977.

EPSTEIN, Jean et Chloé RADIGUET. *L'explorateur nu.* Éditions Hurtubise HMH, 1986.

GAGNÉ, Pierre-Paul. *Être attentif… une question de gestion.* Chenelière/McGraw-Hill, 2001.

GROSLÉZIAT, Chantal. « Une aube musicale », dans *Musiques autour du berceau.* Érès, collection Spirale n° 13, 1999.

GROSSER, Anne-Marie. *Le monde des jeux-chantés.* Éditions musicales Alphonse Leduc, 1988.

HORAK, Sylvie. *1000 jeux d'éveil pour les tout-petits.* Casterman, 1994.

KLAUSS, Marshall H. et Phyllis KLAUSS. *L'étonnant nouveau-né.* Les Éditions de l'homme, 1990.

LAUZON, Francine. *L'éducation psychomotrice.* PUQ, 1990.

LEVINE, Fabienne. *L'éveil musical avant quatre ans.* Éditions Alphonse Leduc, 1982.

MARTIN, Jocelyne *et al. Le bébé en garderie.* PUQ, 1992.

MASI, Wendy S. et Roni LEIDERMAN. *Jouer avec votre tout-petit.* Broquet, 2001.

MASI, Wendy S. et Roni LEIDERMAN. *Jouer avec votre bébé.* Broquet, 2001.

MESLI, Catherine. « Le développement de l'enfant dans le jeu », dans *Le jeu et les jouets.* Éditions Hommes et perspectives, 2000, p. 35-51.

MIKOLAJCZAK-ALPEROVITCH, Stéphanie, « Quand et comment l'initier à une seconde langue ? », dans le magazine *Maman !*, n° 19, février 2003.

MORY, Marie-Françoise. « Musique et environnement sonore en service de réanimation néonatale », dans *Musiques autour du berceau.* Érès, collection Spirale n° 13, 1999.

OLDS, Sally W. et Diane PAPALIA. *Le développement de l'enfant.* Éditions Études vivantes, 1998.

PINELLI, Anna. *Porter le bébé vers son autonomie.* Érès, 2004.

PINELLI, Anna. *Des bébés en motricité libre.* Regroupement des CPE de la Montérégie, 1991.

PRANDONI, A. *Les plus belles comptines et berceuses pour les tout-petits.* Éditions de Vecchi, 2000.

RESSICAUD, Robert. *La musique dans l'éducation.* Maynard, 1988.

RENARD, Claire. « Longtemps, j'ai enseigné le piano », dans *L'enfant vers l'art.* Éditions Autrement, Série Mutations n° 139, 1993.

THIRION, Marie. *Les compétences du nouveau-né.* Albin Michel, 1994.

TOMATIS, Alfred. *L'oreille et le langage.* Le Seuil, 1978.

WARNER, Penny. *Bébé joue et apprend.* Les Éditions de l'homme, 2000.

WILLEMS, Edgar. *La préparation musicale des tout-petits*, 5ᵉ éd. Éditions Maurice et Pierre Foetisch.

WOOLFSON, Richard. *Premiers échanges, premiers mots.* Hachette, 2002.

WOOLFSON, Richard C. *Bébé malin : 0-15 mois.* Hachette, 2002.

Contenu du disque compact
L'Éveil du bébé aux sons et à la musique
LISTE DES COMPTINES, CHANSONS, MUSIQUES ET SONS DE L'ENVIRONNEMENT ET LEUR UTILISATION

	Titre	Type	Paroles	Musique	Page
1)	Petit oiseau	Chanson	Nicole Malenfant	Monique Rousseau	206
	Objectif: Amener le bébé à reproduire différentes actions lors d'un temps d'attente.				
2)	Les premiers pas	Chanson	Nicole Malenfant	Monique Rousseau	207
	Objectif: Encourager le bébé à faire ses premiers pas.				
3)	Toi et moi	Chanson	Nicole Malenfant	Monique Rousseau	208
	Objectif: Créer un rapprochement entre le bébé et l'adulte.				
4)	Colibri et escargot	Musique		Michel Bonin	
	Objectif: Inviter le bébé à réagir corporellement aux changements de rythmes.				
5)	À l'eau les mains	Chanson	Nicole Malenfant	Monique Rousseau	209
	Objectif: Favoriser l'intérêt pour le lavage des mains.				
6)	Hue mon cheval	Comptine	Nicole Malenfant		210
	Objectif: Faire rebondir le bébé sur ses genoux en rythme.				
7)	Miam miam	Chanson	Nicole Malenfant	Monique Rousseau	211
	Objectif: Annoncer la collation ou le repas et soutenir l'intérêt du bébé à manger.				
8)	Sons divers	Voir p. 132 pour la liste des sons			132
	Objectif: Occuper le bébé pendant un moment d'attente en l'invitant à reconnaître des sons variés.				
9)	Pique nique	Musique		Michel Bonin	
	Objectif: Réagir à la musique.				
10)	Hop là!	Comptine	Nicole Malenfant		212
	Objectif: Faire sautiller le bébé sur ses genoux en rythme.				
11)	Ce qui se cache là	Chanson	Nicole Malenfant	Monique Rousseau	213
	Objectif: Annoncer agréablement le changement de couche.				
12)	Petit nez à moucher	Chanson	Nicole Malenfant	Monique Rousseau	214
	Objectif: Rendre plus agréable le mouchage.				
13)	Berceuse	Chanson	Nicole Malenfant	Monique Rousseau	215
	Objectif: Favoriser le calme ou l'endormissement du bébé.				
14)	Les deux pieds tralalé	Chanson	Nicole Malenfant	Monique Rousseau	216
	Objectif: Faire bouger les jambes et les pieds du bébé en suivant les paroles et le rythme, après un changement de couche ou à la sortie du bain.				

Titre	Type	Paroles	Musique	Page
15) **Passage**	Musique		Michel Bonin	
Objectif : Inciter le bébé à se détendre au son d'une musique. Développer l'écoute musicale.				
16) **Je suis un polichinelle**	Chanson	Nicole Malenfant	Monique Rousseau	217
Objectif : Amener le bébé à reproduire les gestes de la chanson.				
17) **Sur ton cheval**	Comptine	Nicole Malenfant		218
Objectif : Développer le sens rythmique en faisant sursauter le bébé sur ses genoux.				
18) **Le petit pot**	Chanson	Nicole Malenfant	Monique Rousseau	219
Objectif : Agrémenter l'apprentissage à la propreté.				
19) **Hop ! Je galope**	Comptine	Nicole Malenfant		220
Objectif : Développer le sens rythmique en faisant sautiller le bébé sur ses genoux.				
20) **A ram sam sam**	Chanson	Nicole Malenfant	Monique Rousseau	221
Objectif : Faire bouger les jambes et les pieds du bébé en suivant les paroles et le rythme après un changement de couche.				
21) **Les beaux câlins**	Chanson	Nicole Malenfant	Monique Rousseau	222
Objectif : Amener le bébé à faire des câlins et des caresses tout en prévenant les gestes brusques.				
22) **Pieds bien chaussés**	Chanson	Nicole Malenfant	Monique Rousseau	223
Objectif : Amener le bébé à se déplacer selon des rythmes variés. Saisir la différence entre marcher, sautiller, patiner, etc.				
23) **La petite bête**	Traditionnel			227
Objectif : Créer un moment de complicité avec le bébé par un jeu de chatouille.				
24) **Un p'tit chat dormait**	Traditionnel			228
Objectif : Divertir et amuser le bébé par un jeu de doigts et de mains.				
25) **Que fait ma main ?**	Traditionnel			228
Objectif : Divertir et amuser le bébé par un jeu de doigts et de mains.				
26) **Aiguille d'épinette**	Traditionnel			228
Objectif : Divertir et amuser le bébé par un jeu de doigts.				
27) **Dodo, l'enfant do**	Traditionnel			230
Objectif : Bercer, calmer ou réconforter le bébé à l'aide d'une berceuse.				
28) **Fais dodo**	Traditionnel			230
Objectif : Bercer, calmer ou réconforter le bébé à l'aide d'une berceuse.				
29) **Au clair de la lune**	Traditionnel			230
Objectif : Bercer, calmer ou réconforter le bébé à l'aide d'une berceuse.				
30) **La poulette grise**	Traditionnel			231
Objectif : Bercer, calmer ou réconforter le bébé à l'aide d'une berceuse.				
31) **Bonsoir Madame la Lune**	Traditionnel			232
Objectif : Bercer, calmer ou réconforter le bébé à l'aide d'une berceuse.				

Titre	Type	Paroles	Musique	Page
32) **Tape, tape, pique, pique**	Traditionnel			234
Objectif : Développer la motricité en amenant à coordonner gestes et paroles.				
33) **Ainsi font, font, font**	Traditionnel			235
Objectif : Développer la motricité en amenant à coordonner gestes et paroles.				
34) **Scions du bois**	Traditionnel			236
Objectif : Inviter à faire des balancements en rythme d'en avant à en arrière.				
35) **Alouette**	Traditionnel			237
Objectif : Développer la conscience des parties du corps.				
36) **Savez-vous planter des choux ?**	Traditionnel			237
Objectif : Développer la conscience des parties du corps.				
37) **Jamais on n'a vu**	Traditionnel			238
Objectif : Développer la motricité en coordonnant gestes et paroles.				
38) **P'tit lapin**	Traditionnel			233
Objectif : Développer la spatialisation : avant, arrière, etc.				
39) **Tape dans les mains**	Traditionnel			234
Objectif : Développer la conscience des parties du corps.				
40) **Violette à bicyclette**	Traditionnel			234
Objectif : Faire bouger les jambes et les pieds du bébé en suivant les paroles et le rythme.				
41) **Meunier tu dors**	Traditionnel			239
Objectif : Amener le bébé à réagir corporellement aux changements de rythme.				
42) **Bateau sur l'eau**	Traditionnel			239
Objectif : Amener le bébé à faire des balancements d'en avant à en arrière.				
43) **Une poule sur un mur**	Traditionnel			241
Objectif : Faire sautiller le bébé sur ses genoux en rythme.				
44) **Un petit bonhomme**	Traditionnel			241
Objectif : Faire sautiller le bébé sur ses genoux en rythme.				
45) **Dans le pré**	Traditionnel			241
Objectif : Faire sautiller le bébé sur ses genoux en rythme qui accélère.				
46) **Ron, ron macaron**	Traditionnel			242
Objectif : Faire une ronde.				
47) **Sur le pont d'Avignon**	Traditionnel			243
Objectif : Faire une ronde et imiter diverses actions.				
48) **Nez cancan**	Traditionnel			244
Objectif : Favoriser l'identification des parties du visage.				
49) **Le tour de la maison**	Traditionnel			244
Objectif : Favoriser l'identification des parties du visage.				

LISTE DES PARTICIPANTS

Michel Bonin : coréalisation, arrangements musicaux, enregistrement, voix (22), clavier (3-4-7-11-13-14-15-16-18-21), guitare acoustique (1-2-3-5-9-11-13-15-16-18), guitare synthétiseur (3-4-5-7-11-12-13-14-15-16-18-20-21), triangle (1-2-13-18), tube résonnant (2-10-22), carillon (4-10), cabessa (4-9-12-14), cymbalettes à manches (4-7-10-20), maracas (5-11), guiro (5-16), flexatone (5-10-12-16), crotales (10-13-20), claves (10), darbouka (20), tambour à clochettes (20).

Nicole Malenfant : conception, coréalisation, voix (1-2-3-5-6-7-10-11-12-13-14-16-17-18-19-20-22, 23 à 50), flûte traversière (1-13), flûte à bec (16-20), carillon (18), flûte à coulisse (14-16), tube résonnant (1-2-17).

Monique Rousseau : clavier (21-22), voix (22), arrangements musicaux (1, 22).

Daniel Scott : voix (20).

Carolyne Scott : voix (21).

Roger Venne : basse électrique (1-2-3-4-5-7-9-11-12-13-14-16-18-21-22).

Jean-François Bélanger : violon (9).

Frédéric Beauséjour : guitare *steel* (9) et mandoline (9).

Pierre Rondeau : cloches à vache (20), woodblock (20), udu (20), darbouka (20).

N.B. Les comptines et les chansons de 23 à 50 ont été enregistrées *a cappella*, c'est-à-dire avec la voix seulement sans accompagnement instrumental, dans le but de conserver la simplicité qui caractérise ce type de répertoire vocal destiné aux bébés.